我国产业结构调整中的
"逆库兹涅茨化"研究

Research on "Reverse Kuznetsization"
in China's Industrial Restructuring

李玉梅 著

经济管理出版社
ECONOMY & MANAGEMENT PUBLISHING HOUSE

图书在版编目（CIP）数据

我国产业结构调整中的"逆库兹涅茨化"研究/李玉梅著 . —北京：经济管理出版社，2023.11

ISBN 978-7-5096-9249-3

Ⅰ.①我… Ⅱ.①李… Ⅲ.①产业结构调整—研究—中国 Ⅳ.①F121.3

中国国家版本馆 CIP 数据核字（2023）第 179716 号

组稿编辑：梁植睿
责任编辑：梁植睿
责任印制：黄章平
责任校对：张晓燕

出版发行：经济管理出版社
　　　　　（北京市海淀区北蜂窝 8 号中雅大厦 A 座 11 层　100038）
网　　址：www. E-mp. com. cn
电　　话：（010）51915602
印　　刷：唐山玺诚印务有限公司
经　　销：新华书店
开　　本：720mm×1000mm/16
印　　张：14.75
字　　数：298 千字
版　　次：2023 年 11 月第 1 版　　2023 年 11 月第 1 次印刷
书　　号：ISBN 978-7-5096-9249-3
定　　价：88.00 元

前　言

从一般意义上讲，发展问题就是经济结构的转型或演进问题。何谓一国经济结构的演进呢？美国经济史学家罗斯托将之视为这样一个进程：经济增长对技术创新的吸收以及主导产业经济部门依次更替。从中可以看出，技术进步和产业结构变迁被视为经济发展的两大源泉。在特定历史阶段，针对某一经济体，这两大源泉中的一个可能发挥对经济增长的主导作用。例如，刘伟和张辉（2008）认为，对于中国这样的发展中国家而言，在改革和发展的最初阶段，纯粹的技术进步对经济增长的贡献可能要逊于市场化改革所带来的产业结构变迁对经济增长的贡献。

实际上，产业结构变迁对各国经济增长发挥重要作用的时间可能比多数学者预期的还要长，以至于库兹涅茨于1966年在研究了各国的现代经济增长模式之后指出，经济结构转型的基本特征便是资源由农业转移到工业。资源的转移直接表现为产业结构的变迁，而产业结构的演变需遵循一定的规律，往往呈现出不同阶段相异的特征。

经济学家们对经济社会做出的卓越贡献之一，便是发现其发展进程具有阶段性。但是很快，他们发现，在这之后的任务更加具有挑战性，那就是必须理清经济发展阶段如何划分以及特定阶段的长短问题。不少经济学家表现出对经济发展阶段的研究兴趣，并取得了一定数量的研究成果[①]。其中，青木昌彦、库兹涅茨等学者的研究成果对本课题尤其具有重要启示意义。青木昌彦（Aoki，2012）在对东亚经济多年的研究基础上，认为东亚主要国家的经济发展具有五个阶段的特征，分别是"马尔萨斯阶段"、"政府引领阶段"、"库兹涅茨阶段"、"基于人力资本发展阶段"以及"后人口转变阶段"。其中，经济发展的"库兹涅茨阶段"具有很多引人入胜的相关研究课题。这一阶段对研究我国的经济发展史尤为重要，因为恰好在这一阶段我国实现了经济增长的奇迹；而"基于人力资本发展阶

---

① 事实上，阶段划分是演化经济学的主要研究方法之一。

段"对应着我国经济高质量发展的阶段。"库兹涅茨阶段"的一般发展特征包括：增长的粗放量化特征、重视生产多于创新的特征，以及由劳动力流动引致非常显著的结构效应等。但是在该阶段的后期，上述特征逐步演变为"创新与量化共同驱动经济增长"，其间由劳动力流动引致的产业结构效应仍发挥着不可忽视的作用。我国经济发展目前处于"库兹涅茨阶段"的后期，引致产业结构变迁效应的劳动力流动仍被视为经济增长的重要动力源。在"库兹涅茨阶段"，我国的经济增长机制基本遵循了如下的逻辑路线：劳动力流动→主导产业竞争优势塑造→增长实现。其间，产业结构变迁与经济增长之间达成一种长期通力合作的"默契"。这种宝贵的"默契"一度将我国经济送上发展的快车道。有意思的是，"逆库兹涅茨化"问题被视为上述"默契"的扰动因素，是阻碍发展车轮运转的沙砾。究其原因可归结为劳动力没有"循规蹈矩"地参与流动，而这里的"规矩"便是生产率标准。事实上，"逆库兹涅茨化"问题的潜在危害性可能体现为对不同发展阶段经济增长模式有效运转的干扰和阻碍，但在"库兹涅茨"发展阶段其表现出的危险性最大，因为它所影响的劳动再配置效应是该阶段经济增长的几乎最重要的来源。众所周知，劳动力流动是形成要素丰裕供给的先决条件。在经济社会发展的"库兹涅茨阶段"，当产业结构调整中出现"逆库兹涅茨化"问题时，促进工业扩大生产的要素条件优势不易塑造，引导增长的主导"产业范式"未能形成，从而导致要素驱动增长模式运转受阻；在另外一个经济发展阶段——"基于人力资本发展"，当出现"逆库兹涅茨化"问题时，构建现代产业新技术路径的人力资本条件不完全具备，进而创新驱动的经济增长模式也可能出现运转失灵的问题。

与上述经济发展特征相对应的是，我国自2015年底开始推行供给侧结构性改革，截至2021年底，我国供给侧结构性改革运行六年，已步入深化阶段。供给侧结构性改革是我国夯实现代化经济体系根基的重大举措，借助改革举措将在各个产业部门实现其高质量发展的目标。深化阶段往往是改革阵痛剧烈发作的阶段，也往往是多个阶段性目标权衡取舍的阶段，以及资源要素竞争越发激烈的阶段。因此，在这一阶段，极有可能导致"逆库兹涅茨化"问题的产生和激化。

有两个问题需要在此加以阐明：首先，研究内容是否满足新发展理念对经济效率评价的新要求。答案是肯定的。新发展理念是"创新、协调、绿色、开放、共享"。在新发展理念下，对经济效率评价要考虑产业配置效率指标和技术进步指标等。本书研究以生产率（全要素生产率）为经济效率衡量指标，与新发展理念完全契合。其次，产业结构的"逆库兹涅茨化"对经济发展的影响是长期还是短期。宏观经济增长的大量文献提及在经济均衡增长过程中存在"卡尔多事实"和不可忽视的、产业结构变化的"库兹涅茨事实"。前者强调均衡增长中相关指标的稳定性，而后者关注指标的动态性。对此，Kongsamut 等（2001）认为"关注结构变化者［Baumol（1967）、Pasinetti（1991）、Park（1995）、Echevarria（1997）以及 Laitner（2000）］将其研究聚焦于不适用于'卡尔多事实'的更长时间段"。这意味着，"逆库兹涅茨化"问题对经济发展的影响更多是长期的。相应地，其政策外延要涵盖经济增长的长期影响因素——技术进步等；主导产业政策和保护产业政策倾向于全要素生产率增长率上升快的产业。

总之，我国的经济发展驶入了"库兹涅茨过程"①的末期，"基于人力资本发展阶段"的前奏已经响起，新经济发展模式运转的齿轮开始咬合；而投射于其上的"逆库兹涅茨化"问题阴影呈现出多层次化、复杂化的特征，亟待我们以多维化的视角来审视、揭示和移除它。

与大多数研究一样，成果付梓之际往往是心生忐忑之时。尽管笔者付出了十足的努力，但囿于视野和学识，本书肯定会存在一些缺点和不足之处，在此恳请各位专家学者给予批评指正。

李玉梅
2022 年 12 月

---

① 在本书的第一章我们将解释"库兹涅茨阶段"与"库兹涅茨过程"等核心概念的含义。

目　录

第一章 绪论

正如库兹涅茨（Kuznets，1957）指出的那样，"必须强调，经济增长的产业结构，对各国在增长过程中的经济结构其他方面，具有广泛和深远的影响"[1]，我们须密切关注产业结构的演变动态，掌握它对经济结构其他方面的影响程度和范围，洞察产业结构变迁的一般规律，且要搞清楚特定时期的产业结构变化对经济增长发挥了正面还是负面作用。本书的关注点是产业结构变迁中可能出现的一种"非循规蹈矩"现象，一个降低资源配置效率和经济增长速度的问题——"逆库兹涅茨化"。

本书的研究重点是由资源流动方向不同所引致的产业结构变迁，及其对经济增长的影响程度。自 20 世纪末改革开放以来，我国农村劳动力离开土地，从农业流动到生产率更高的非农业，对中国经济增长已经做出了重大贡献，即便是"在目前的经济发展新常态下仍然关系到能否延续中国奇迹"[2]。因此，在中国，农村劳动力流动一直被视为经济增长的动力源。特定历史时期劳动力转移的轨迹与趋势，直接表现为产业结构的动态变化，成为影响经济增长的掣肘因素。因此，我国供给侧结构性改革的中心内容之一便是产业结构的调整工作。新时期，我国面临着经济高质量发展的历史任务，它同时对工业创新发展、农业振兴发展以及服务业的高质量发展提出了迫切的要求，而对接劳动力流动的产业结构调整政策应该直接反映上述要求。"逆库兹涅茨化"作为产业结构调整中的风险而存在，能否有效处理"逆库兹涅茨化"问题正关乎供给侧结构性改革的成败、高质量发展目标的落实，是一个值得重点关注的理论和现实问题。值得注意的是，

---

① 原文为："It must be stressed that these industrial structure aspects of economic growth carry with them wide and far-reaching implications for other aspects of the economic structure of nations in the process of their growth." 参见：Kuznets S. Quantitative Aspects of the Economic Growth of Nations Ⅱ: Industrial Distribution of National Product and Labor Force [Z]. Economic Development and Cultural Change, Supplement to 5, 1957: 56.

② 都阳，蔡昉，屈小博，等. 延续中国奇迹：从户籍制度改革中收获红利 [J]. 经济研究，2014（8）：4.

这一问题跟"资源错配"、产业结构变迁中"成本病"等问题在其内涵上有重叠部分,但外延不尽相同。在新时期,"逆库兹涅茨化"问题既可成为产业结构调整中亟待防范的重大风险,也可成为促进城乡均衡发展的政策着眼点,因此对其来源、原因、发展趋势以及应对策略的分析研究成为非常具有现实意义的工作。

在绪论部分,我们要完成的工作包括四个方面:一是说明"逆库兹涅茨化"问题研究的背景以及意义;二是对书中将要出现的一些核心概念进行含义界定;三是介绍本书的主要研究内容,并对其中的研究思路进行说明;四是阐明本书的创新与不足之处。

第一节 研究背景与意义

2015 年 12 月,中央经济工作会议提出了以供给侧结构性改革引领经济发展新常态,推动经济持续健康发展的要求。2017 年 10 月,党的十九大再次提出"深化供给侧结构性改革"的任务。国内的学者们随之开展了大量关于供给侧结构性改革的研究工作。例如,关于供给侧结构性改革的目标或对接的问题,刘世锦(2016)认为,供给侧改革就是很简单一句话——提高全要素生产率;蔡昉(2016)认为,供给侧问题的根本,在于中国经济的比较优势在下降,全要素生产率在下降,竞争力不够,很多领域不能再按原来的价格提供足够数量的产品。针对供给侧结构性改革背景下产业结构面临的调整任务,杨春学和杨新铭(2016)认为,我国供给侧改革的核心是发挥市场在资源配置中的决定性作用,提高要素供给的质量和效率。截至 2021 年底,我国供给侧结构性改革运行六年,早已步入深化阶段。尤其值得注意的是,2022 年党的二十大报告进一步提出"把实施扩大内需战略同深化供给侧结构性改革有机结合起来""着力提高全要素生产率,着力提升产业链供应链韧性和安全水平"等现阶段深化供给侧结构性改革的内容及要求。事实上,在我国,结构性改革已成为继货币政策、财政政策之后的又一重要宏观调控政策(周密和张伟静,2018)。

必须指出的是,随着改革步入深化阶段,在外部环境复杂严峻与内部调整因素叠加综合作用下,我国经济运行与产业结构调整面临诸多风险,如经济增长、消化过剩产能以及产业结构升级对就业增长的影响(王朝明等,2019)。在这一阶段,新旧动能转化过程中引致的实体经济就业逾常波动,产业结构高级化过程中引发的服务业无序扩张等,均可能导致"逆库兹涅茨化"问题的产生和加剧。

此外,按照青木昌彦关于东亚经济发展阶段划分的理论,我国自改革开放以来经济发展进入以农村劳动力转移为动力源、以产业劳动生产率提升为导向的"库兹涅茨阶段",简称"K阶段"①。"库兹涅茨阶段"的经济发展特征体现为库兹涅茨(1957)所指的经济增长量化效果或产业结构调整效应②,直接表现为一国劳动力从低生产率产业转移到高生产率产业的过程与结果。事实上,"K阶段"以及"K向H的过渡阶段"成为东亚各国实现经济复兴或超越的重要时期。根据蔡昉(2018)的观点,我国自改革开放以来经济社会的发展经历了明显的"库兹涅茨过程"(K过程)。在这一过程中,人口红利盛行,农村劳动力转移为非农产业提供了丰裕的、成本低廉的非熟练劳动力,进而我国经济进入30多年的高速增长期。但是在K阶段末期,上述经济条件发生了显著变化,"逆库兹涅茨化"现象相应容易出现。

总之,"逆库兹涅茨化"涉及产业结构调整中的经济体系效率下降问题,是在实施供给侧结构性改革任务中必须正视的理论与现实问题,防范与化解这一风险对整个国民经济运行具有重要意义。鉴于目前国内外对"逆库兹涅茨化"问题的研究尚处于探索阶段,本书所提出的研究结论对现有文献研究进行有效的补充,从而具有较强的理论与实践意义。就学术价值而言,本书对"逆库兹涅茨化"问题进行理论溯源,明确其发生的背景与原因,建立起由理论内涵、表现形式、判定标准、测算指标及防范对策构成的完整理论序列,从而具有学术参考价值;就应用价值而言,本书通过确立"逆库兹涅茨化"问题的判定指标与测算方法体系,为在现实中跟踪、监测"逆库兹涅茨化"风险提供依据,同时提出系列应对举措,为克服"逆库兹涅茨化"问题建言献策,从而具有重要的实践意义。

第二节　概念界定

在阐述本书的主要内容之前,对本书所涉及的重点概念进行界定。这些概念具体包括:"库兹涅茨过程"(K过程)、"逆库兹涅茨化"、"半城市化"调节模式。

---

① 关于"K阶段"的理论溯源请参见绪论之"概念界定"部分。本书的后面章节对此也有详细的解释。

② 表现为农业就业份额的下降;生产技术对劳动要素禀赋水平要求不高,由农村劳动力转移所形成的非熟练劳动力即可满足工业的雇佣要求。

一、"库兹涅茨过程"（K 过程）

青木昌彦（Aoki，2012）在对东亚经济发展的考察过程中发现：东亚各国的经济发展可以用统一方法划分为五个阶段：马尔萨斯（Malthusian，简称 M）、政府引领（Government-led，简称 G）、库兹涅茨（à la Kuznets，简称 K）、基于人力资本发展（Human Capital Based，简称 H）以及后人口转变（Post Demographic-transition，简称 PD）。其中库兹涅茨阶段，也称 K 阶段。K 阶段的发展特征与各国劳动力转移现象紧密相关，其间农业就业份额的下降、资源再配置效应对经济增长的贡献显著。蔡昉（2018）在《农业劳动力转移潜力耗尽了吗？》一文中，引用了青木昌彦的观点，并且指出我国的二元经济发展过程是"库兹涅茨过程"，并将之界定为"产业结构变化而导致生产率提高的过程"，认为"这个过程中所发生的劳动力转移，完全体现了资源重新配置的库兹涅茨改进"。

本书将我国发挥农村劳动转移潜力、体现资源重新配置效应的库兹涅茨改进过程，称为"库兹涅茨过程"，简称"K 过程"。正如青木昌彦指出的那样，各国结构转变与经济发展阶段划分均可能存在着重合（并行）期。本书认为，"K 过程"包括经济发展的（纯粹）"K 阶段"以及"K 阶段（末期）与 H 阶段（前期）"的并行阶段"。因此，我国改革开放四十多年以来的经济发展过程基本属于"K 过程"；而目前我国的经济发展已经进入"K 过程"的末期。

二、"逆库兹涅茨化"

"逆库兹涅茨化"概念在国内最早由蔡昉（2014）系统地提出。它指的是在产业结构的变动过程中可能出现的"资源从生产率较高的部门逆向转移到生产率较低部门，从而对整体经济增长和全要素生产率产生不利影响"的现象。蔡昉认为，潜在的和实际存在的"逆库兹涅茨化"产业结构调整现象，至少表现在农民工[①]的返乡和劳动力从第二产业向第三产业转移两种情况下。在蔡昉提出上述观点之后，曹广喜等（2016）采用马奎斯特指数法和索洛余值法进行实证研究，结果表明我国区域存在"逆库兹涅茨化"风险。本课题主要参与者即本书作者李玉梅自 2017 年开始系统地研究"逆库兹涅茨化"问题。

本书认为，一般情况下，劳动生产率的高低排序按照工业、服务业和农业的次序进行；若农民工由非农产业回流到传统农业则是一种典型的"逆库兹涅茨化"现象；若资源从工业转移到服务业部门则为另一种情形下的"逆库兹涅茨

---

① 对农民工，现有最新的称呼为"新产业工人"。鉴于目前这一称呼的文献基础尚薄弱，本书仍沿袭"农民工"称呼。

化"现象，尽管该种情形发生在非农产业部门的内部。因此，"逆库兹涅茨化"是指资源从生产率较高的部门转移到生产率较低部门，从而引致的、影响整体经济增长的劳动力（资源）转移动态趋势。

三、"半城市化"调节模式

"半城市化"描述了转移中的农村劳动力（农民工）所呈现出来的一种状态。王春光（2006）从社会学视域对此做出概念界定，认为"半城市化"是一种介于回归农村与彻底城市化之间的状态，它表现为各系统之间的不衔接、社会生活和行动层面的不融合，以及在社会认同上的"内卷化"。国内学者在现实考察的基础上发展了这一概念内涵。陈文琼和刘建平（2018）总结认为，其本质上是农民家庭虽然开始进入城市，却仍然与农村保持着经济或者制度关联的状态；这一状态是农民以家庭为单位追求在城市过上体面生活的过渡状态，它具有不可忽视的发展性意涵。关于"调节模式"，作为经济学学术用语源自法国调节学派，并被置于中观层次的"制度形式"理论体制之中。按照吕守军（2015）对法国调节学派理论体系的阐释观点，调节模式是使积累体制得以稳定的习俗、制度、组织形式、社会网络和行为类型的社会突现性结构，广义的"调节"是指制度形式对经济基础和上层建筑之间对立关系的调整；狭义的"调节"是指制度形式对社会供求关系、资本之间竞争关系、劳资关系、社会消费规范的结合之间相互对立关系的调整。国内学者刘刚和张晓姗（2017）完整地提出"半城市化"调节模式的说法，并将之视为中国经济高速增长的制度基础；但是该提法仍拘于法国调节学派的框架下，仅仅做到将"半城市化"的相关观点融入"调节模式"的体系之中。

本书大致认同上述关于"半城市化"发展意蕴的观点，但同时认为，我们所指的"调节模式"与法国调节学派所指的"调节模式"存在以下两点不同：一是我们所指的"调节模式"中制度的形式并不局限于中观层面；二是在制度形式下微观主体的博弈均衡点只有一个，例如在特定经济发展阶段，非永久性转移是农村劳动力的最佳选择。综上，本书认为，"半城市化"调节模式是对我国特定时期（"库兹涅茨阶段"）经济增长运行机制的高度概括，为同时期我国产业结构调整工作定下基调；它同时表现为维系产业竞争优势对转移中的农村劳动力做出的过渡性的、城乡异质性的制度安排。在这其中的农民工，系"半城市化"流动（非永久性流动）主体，他们的身份是"亦工亦农"；他们的就业多发生在城市，而其基本消费多发生在农村。

第三节　研究内容与思路

本书针对我国产业结构调整中的"逆库兹涅茨化"问题展开研究，要着力解决以下几个方面的问题："逆库兹涅茨化"问题从古典经济学延续至今的理论脉络是怎样的？"逆库兹涅茨化"问题出现的背景是什么、现实基础是什么？"逆库兹涅茨化"问题有哪些具体的表现形式？各种表现形式的产生原因、形成机理以及它们对经济增长的影响作用如何？"逆库兹涅茨化"的风险程度如何？如何测量和评估它对经济增长和技术进步的作用大小？新时期如何辩证地看待"逆库兹涅茨化"的具体问题？现阶段为消除"逆库兹涅茨化"危险应该采取哪些对策？上述问题的答案构成了本书的主要内容，其间遵循的逻辑线索则构成了本书的研究思路。

一、研究内容

本书的内容主要分为九个部分。其中在绪论部分，阐述了课题的研究背景与意义、核心概念、研究内容与思路以及本书的创新与不足之处。除绪论外，本书的研究内容还包括以下八个部分：

第一，理论与文献综述。该部分内容包括三个方面：产业结构变迁的研究动态，"逆库兹涅茨化"问题的理论溯源以及相近研究，以及"逆库兹涅茨化"对策的相关研究成果。在论述产业结构变迁的研究动态时，首先总结的是自配第—克拉克定律、霍夫曼定理到库兹涅茨的"库兹涅茨式"结构理论以及钱纳里的标准产业结构理论的经典理论成果；其次介绍的是关于产业结构演变与生产率增长之间关系的国内研究成果。在阐释"逆库兹涅茨化"问题的理论溯源以及相近研究时，首先从服务业扩张和城乡分割两个角度进行理论溯源的阐述；其次在阐述相近研究成果时，本书重点介绍了鲍莫尔"成本病"假说和"资源误置"问题。在介绍"逆库兹涅茨化"问题对策的相关研究时，首先集中介绍了工业内生技术变革理论，包括阿罗的"干中学"理论、阿吉翁等关于私人组织创新管理的研究；其次介绍了农业产业化的研究成果。

第二，背景：供给侧结构性改革以及"逆库兹涅茨化"产生。主要内容共分为两个方面。一是阐释供给侧结构性改革深化阶段的经济发展特征与历史任务；二是"逆库兹涅茨化"问题的产生。介绍了"逆库兹涅茨化"问题的衡量标准是包括全要素生产率在内的生产率指标体系，而"逆库兹涅茨化"问题具有两大表现形式。

第三，现实考察：产业结构调整政策以及产业结构合理化。本部分内容包括两个方面：一是论述产业结构的调整政策。首先以"五年规划（计划）"为统领论述了我国整体的产业政策，认为其中遵循的逻辑主线是：对农业由"忽视、弱化"到"重视和优先发展"，对工业由"优先发展"到"择优发展"，以及对服务业由"忽视"转变为"与其他产业协调发展"；其次以户籍与土地制度改革为内容主体阐释我国农村劳动力的转移政策；最后选择日本、韩国和美国的产业政策进行国际比较，认为它们在特定历史时期的产业政策及其效果，对我国的"供给侧结构性改革"和产业结构调整工作产生启示作用。二是对我国产业结构的合理化程度进行考察。首先构建评估产业结构合理化的指标体系，该指标体系包括产业结构的基本类型、产业结构的泰尔指数，以及产业结构的服务化指标；其次说明考察结果。产业结构类型的考察结果表明我国的产业结构演化基本遵循了"配第—克拉克"定律；泰尔指数的测算结果表明现阶段我国产业结构虽然仍偏离部分合理区间，但已出现向好趋势，我国的产业结构调整政策逐步奏效；产业结构的服务化指标测度结果表明在我国非农产业的发展过程中存在着不均衡、不协同的地方，尤其是第三产业的产值大小与投入资源规模之间可能存在着非正向的关系。

第四，事实证据："逆库兹涅茨化"特征事实。本章着力于描述和分析我国产业结构变迁调整中的"逆库兹涅茨化"特征事实。本章内容包括四个方面：一是"逆库兹涅茨化"的零散事实描述；二是"逆库兹涅茨化"的整体事实描述；三是关于"逆库兹涅茨化"特征事实的理论分析；四是资本流动视角下"逆库兹涅茨化"特征事实的原因分析。

第五，理论分析视角一：城乡分割与"农民工回流"。本章内容包括三个方面：城乡分割与"农民工回流"的原因，城乡分割视角下"农民工回流"产生的多重效应，以及乡村振兴背景下"农民工回流"问题的解决思路。针对"农民工回流"原因，本书的关注点在中国特色体制方面。针对城乡分割视角下"农民工回流"的影响效应，本书关注"农民工回流"问题对社会人力资本存量，农村劳动生产率及农民福利水平，以及对我国工业发展的影响。针对乡村振兴背景下解决"农民工回流"问题的思路，本书提出引导返乡农民工从事较高劳动生产率的活动，而鼓励返乡农民工从事创业活动，进入农业产业化企业就业或经营。针对如何激励农民工参与农业产业化活动，本书以"诸城模式"为例提出建议。

第六，理论分析视角二：服务业扩张与劳动力从工业转移到服务业。本章内容包括三个方面：新时期我国服务业扩张和工业转型升级的经济大背景，劳动力从工业转出给工业带来的负面效应以及给整个产业带来的全要素生产率损失，以及新情势下如何降低或消除"逆库兹涅茨化"问题所带来的不利影响。针对服务业扩张与劳动力从工业转移的原因，着眼于从服务业所面临的黄金时代以及供给侧结构性改革背景下工业处于"增速阶段性放缓、吸纳就业能力减弱"的历史时期展开论述。针对工业劳动力流往服务业的"逆库兹涅茨化"效应分析，通过建模发现存在两个效应：一个是对工业的就业负面效应；另一个是对全要素生产率的损失效应。针对解决"劳动力从工业转移到服务业"问题的路径，一个有效的思路是：对服务业的繁荣因势利导，使之服务于工业的改造升级，从而更好地利用两个产业间的互动与支撑关系。

第七，实证分析："逆库兹涅茨化"风险评估与效应测算。主要论证和分析了两个方面的内容：一是对我国产业结构调整中"逆库兹涅茨化"风险进行评估；二是对"逆库兹涅茨化"问题对经济增长的负面效应进行测算。在评估我国产业结构调整中"逆库兹涅茨化"的风险时，遵循了"初步判断"与"再次评估"两个步骤。在对"逆库兹涅茨化"问题对经济增长的负面效应进行测算时，开展了三个方面工作：一是针对"逆库兹涅茨化"对经济效率的影响进行实证分析；二是构建模型公式测算出"逆库兹涅茨化"效应的大小；三是分析"逆库兹涅茨化"对全要素生产率是否有影响。实证结果表明：产业结构调整中的"逆库兹涅茨化"在一定程度上影响了经济增长；样本期间（1987~2019年）由"农民工回流"引致的"逆库兹涅茨化"效应不明显，由劳动力从工业转移到服务业造成的"逆库兹涅茨化"效应较显著，而由上述两个效应所组成的"逆库兹涅茨化"总效应整体不明显，但是近五年来表示该效应的数值显著增大；"逆库兹涅茨化"效应显著影响TFP增长率。借助实证分析发现引致"逆库兹涅茨化"风险和效应的具体问题包括农业的劳动份额偏高、工业与服务业的相对不平等度过高、农民工数量增长乏力、服务业与工业间的劳动生产率差距变大，以及TFP增长面临的挑战等问题。

第八，结论与政策建议。首先将本书的研究内容总结为五个方面，然后提出相应的对策建议。其中政策建议包括三个方面：调整工业要素投入结构、以"两手抓"应对"农民工回流"问题，以及以鼓励产业合作（融合）创新应对"劳动力从工业转移到服务业"问题。

二、研究思路

本书在研究产业结构调整中的"逆库兹涅茨化"问题时，贯彻了"提出问题→分析问题→解决问题"的基本研究思路（见图1-1）。

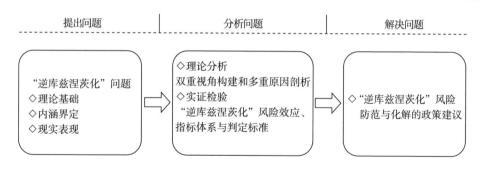

图1-1　本书的基本研究思路

由图1-1可知，对"逆库兹涅茨化"问题的提出，主要借助于文献溯源、背景分析和现实考察进行；对问题的分析，涉及理论分析和实证检验两部分。其中理论分析主要通过"服务业扩张"和"城乡分割"两个视角进行，重点关注"逆库兹涅茨化"问题的两种具体表现形式；实证检验主要开展对"逆库兹涅茨化"风险的评估，以及对"逆库兹涅茨化"效应的测量两步工作；对问题的解决，主要针对如何克服"逆库兹涅茨化"问题提出对策建议。

为了便于读者更好地理解本书的研究逻辑和内容，在此将全书的组织结构以表格的形式列出（见表1-1）。

表1-1　本书的组织结构

章节	研究问题	对象和方法	结论
1	理论与文献综述	产业结构变迁的研究动态，"逆库兹涅茨化"问题理论溯源以及相近研究，"逆库兹涅茨化"对策相关研究成果 采用文献研究法	构建了研究"逆库兹涅茨化"问题的较完整文献序列
2	"逆库兹涅茨化"产生背景	供给侧结构性改革 我国经济发展"库兹涅茨过程" 采用归纳法、建模法	给出"逆库兹涅茨化"问题直接诱因、衡量标准和表现形式
3	现实考察	产业结构调整政策以及产业结构合理化问题 采用国际比较法、统计分析法、文献研究法	我国的产业结构演化基本遵循了"配第—克拉克"定律；现阶段产业结构虽然仍偏离部分合理区间，但已出现向好趋势，我国的产业结构调整政策逐步奏效；我国非农产业内部存在着发展不均衡地方

续表

章节	研究问题	对象和方法	结论
4	我国产业结构调整中的"逆库兹涅茨化"特征事实	采用统计分析、建模分析、Matlab 模拟方法	我国产业结构调整中存在"逆库兹涅茨化"的零散事实和整体事实
5	城乡分割视角下的"逆库兹涅茨化"	"农民工回流"问题 采用建模法、案例分析法	"农民工回流"的主要原因与我国的特色体制直接相关；"农民工回流"可能对工业的创新活动产生不利影响；回流农民参与农业产业化经营为解决问题的有效路径
6	服务业扩张视角下的"逆库兹涅茨化"	劳动力从工业转移到服务业问题 采用建模法、案例分析法	劳动力从工业转出的原因；劳动力流往服务业所产生的两个"逆库兹涅茨化"效应：对工业的就业负面效应；对产业总体全要素生产率的损失效应。产业合作是解决"劳动力从工业转移到服务业"问题的有效路径
7	实证分析	"逆库兹涅茨化"风险评估与效应测算 采用统计分析、计量分析方法	在我国产业结构调整中存在一定程度的"逆库兹涅茨化"风险；由"农民工回流"引致的"逆库兹涅茨化"效应不明显，由劳动力从工业转移到服务业造成的"逆库兹涅茨化"效应较显著，"逆库兹涅茨化"总效应整体不明显；"逆库兹涅茨化"效应显著影响 TFP 增长率
8	结论与对策建议	研究结论、"逆库兹涅茨化"问题对策建议 采用归纳法	形成五个方面的研究结论；两个方面的对策建议

由表 1-1 中的内容可知本书的研究问题、研究对象和方法，以及主要的研究结论。上述组织结构表以期在研究内容和研究思路方面发挥读者指南的作用。

第四节 本书的创新与不足之处

针对本书所研究的问题——产业结构调整中的"逆库兹涅茨化"，目前国内外相关的研究成果寥寥可数。因此，本书所取得的多数进展具有一定的创新意义，但同时也意味着可能囿于视野与写作水平，存在不足之处。

一、创新之处

本书的创新之处主要表现在学术思想、学术观点和研究方法三个方面。

首先，在学术思想方面。本书在研究中所贯彻的基本思想包括："逆库兹涅茨化"问题可能更易产生于供给侧结构性改革的深化阶段，"逆库兹涅茨化"问题可能会扰乱我国经济高质量发展的运行机制，解决"逆库兹涅茨化"问题是实现供给侧结构性改革深化阶段目标任务的保障条件。

其次，在学术观点方面。本书采用了"城乡分割"和服务业扩张的双重视角来研究产业结构调整中的风险问题，避免了单视角研究所带来的对中国特色体制的忽视或者对服务业扩张背景的疏忽。本书认为，由于中国的产业结构调整与城乡结构调整存在对应性，进程中所存在的"农民工回流"问题决定了以服务业扩张单独视角来研究中国情境下的"逆库兹涅茨化"问题远远不够，须充分考虑城乡分割视角。就具体形式而言，"逆库兹涅茨化"问题，在城乡分割的独特视角下表现为"农民工回流"，而在服务业扩张的常规视角下表现为资源在工业与服务业间的逆向流动。此外，本书在应对"逆库兹涅茨化"问题方面提出的有效路径有一定的参考价值。其中，应对"农民工回流"问题，建议让返乡农民工参与农业产业化经营（创业）或进入农业产业化企业就业；应对"劳动力从工业转移到服务业"问题，建议以产业间的合作或产业融合来实现传统工业的结构转型和产业升级目标。

最后，在研究方法方面。本书在坚持马克思政治经济学对方法论总指导作用的同时，实现多种研究方法的综合利用以增强整体的论证能力。例如在对服务业扩张视角下的"逆库兹涅茨化"问题进行分析时，本书首先利用建模法提出该问题引致的两个效应：一个是对工业的就业负面效应，另一个是对全要素生产率的损失效应；其次利用基于扎根理论的案例分析法，以"R市着力发展生产性服务业"为例，提出解决"劳动力从工业转移到服务业"问题的有效路径是"对服务业的繁荣因势利导，使之服务于工业的改造升级，从而更好地利用两个产业间的互动与支撑关系"。

二、不足之处

本书的不足之处大致有三：

一是对三次产业没有开展产业内部的细分研究。尤其是，我们针对服务业仅作了大类研究，没有进一步区分中类和小类进行具体的问题分析和对策探讨。这样做的结果是可能导致部分研究结论不够全面、不够具体。

二是理论分析有待于进一步深化。本书在多个章节尝试以模型分析的方法来加深论证的力度。但是在建模分析时，很多模型由于前提条件设计得太多，致使其在被用于均衡分析时，出现解释能力受限的问题。

三是受数据和研究方法所限，对除劳动力之外的生产要素研究不够深入。毋庸置疑，除劳动力之外的生产要素，如土地和资本，它们的配置效率对经济增长同时发挥着重要作用。研究其他生产要素与劳动要素之间的互动与替代关系及其对"逆库兹涅茨化"问题的影响，将是一个有意义的、较为复杂的课题。本书虽然增加了资本要素在产业间和区域间的配置研究的部分内容，但是在整体上还不够系统和深入。

以上不足之处，将成为我们下一步开展相关研究的努力方向。

第二章　理论与文献综述

　　本章内容旨在为读者提供产业结构调整中"逆库兹涅茨化"问题的理论来源以及研究动态。

　　我们将围绕供给侧结构性改革的研究动态、产业结构变迁的研究动态、"逆库兹涅茨化"问题的理论溯源与相近研究，以及"逆库兹涅茨化"问题对策的相关研究成果四个方面进行文献综述。对文献的选择原则上与我们所研究的"逆库兹涅茨化"问题具有较高的相关度，或对本书理论观点的形成产生过大的启示作用。需要说明的是，"逆库兹涅茨化"问题自提出以来虽受到学界的高度关注，但尚未形成成熟的理论研究序列。本书拟在这一方面做一些突破，着力做出些许贡献。

第一节　关于供给侧结构性改革的研究动态

　　2015 年 12 月，中央经济工作会议提出了以供给侧结构性改革引领经济发展新常态，推动经济持续健康发展的要求；2017 年 10 月，党的十九大再次提出"深化供给侧结构性改革"的任务；2018 年 12 月召开的中央经济工作会议要求，坚持以供给侧结构性改革为主线不动摇，加快经济结构优化升级，提升科技创新能力，深化改革开放，变压力为推动经济高质量发展的动力；2022 年 10 月，党的二十大提出"要坚持以推动高质量发展为主题，把实施扩大内需战略同深化供给侧结构性改革有机结合起来"。

　　学者们在上述会议精神的指引下，开展了大量的研究工作。针对供给侧结构性改革进入深化阶段的研究动态，在此进行综合论述，主要关注了研究语境和理论创新的内容。

一、高质量发展及其多元化的辐射视角

高质量发展、现代化经济体系建设，以及在此基础上形成的多元化视角构成供给侧结构性改革深化阶段的理论研究语境。

刘志彪（2018a）描述了高质量发展的基本特征和支撑要素，认为进入高质量发展阶段需要构建包括发展战略转型、现代产业体系建设、市场体系深化、分配结构调整、空间布局结构优化、生态环境的补偿机制以及基于内需的全球化经济等在内的支撑要素。他将重大结构失衡视为当前的重点问题，并提出结构性政策发力要做到调整产业结构、能源结构、运输结构以及农业投入结构。刘志彪（2018b）还指明了建设现代化经济体系的内涵和建设标准、方针、物质基础以及路径。黄群慧（2018）针对如何建设现代化经济体系，提出现代化经济体系是与高质量发展阶段相适应的经济系统，中国在经济高速增长的同时存在产业结构发展不平衡的问题，创新能力和高端产业发展水平不够。高质量发展阶段需要现代化的经济体系支撑。他认为，建设现代化经济体系要以新发展理念为指导，要以完善社会主义市场经济体制为前提，要以提高实体经济供给质量为着力点。通过形成工业和服务业良性互动、融合共生的关系，化解产业结构失衡，构建创新驱动、效率导向的现代产业体系。刘鑫宇（2022）提出高质量发展和供给侧结构性改革之间的逻辑关系，认为供给侧结构性改革推进了高质量发展进程并贯穿于高质量发展的全过程。

此外，学者们在洞察高质量发展、现代化经济体系与供给侧结构性改革之间内在联系的基础上，形成了研究问题的多元化视角。从培育新动能的视角出发，洪银兴（2018）研究指出，供给侧结构性改革应旨在培育新动能，中国经济发展供给侧的物质资源动力和低劳动力动力已然不足，他认为应将提高创新效率驱动、结构调整等长效动力作为未来中国经济动力之源。基于生产持续性视角，邵利敏等（2018）认为，供给侧结构性改革的根本实质是重塑经济发展新动能，增强供给结构与需求结构匹配性，以此实现整个经济有机体再生产过程持续更新。胡欣然和雷良海（2018）从新供给理论视角出发，重新审视了我国政府的作用以及地位，提出对于我国供给侧结构性改革应从政府制度供给端出发，分别在财税制度、行政管理制度和地方政府债券市场制度三个方面构建新制度供给，解决供给侧结构性改革实施以来地方政府面临的债务问题。

二、理论创新

在新语境下，供给侧结构性改革深化阶段的相关研究成果不仅针对改革中的常规问题提出新观点，而且还关注新问题、提出新思路，构成相关的理论创新。

供给侧结构性改革中的"三去一降一补"（去产能、去库存、去杠杆、降成本、补短板）问题、政府与市场的关系与作用以及改革中供给与需求的辩证关系被视为供给侧结构性改革研究中的常规内容。冯园（2018）认为降成本作为供给侧结构性改革的五大任务之一，发现在目前诸多领域中降成本的效果并不明显，究其原因包括企业与政府信息沟通不畅、企业税费协调平衡不完善、电价改革不及时、成本负担压力大、小企业融资难等，并将上述问题视为供给侧结构性改革发展的重要突破口。李丽琴和陈少晖（2018）认为在供给侧结构性改革的进程中"去产能"是首要任务，应当提高国有企业资本收取比例以抑制资本的无序扩张，同时通过规范预算支出管理化解过剩产能。綦好东等（2018）认为，"去杠杆"作为供给侧结构性改革的关键组成部分，政府应当在企业"去杠杆"改革中积极发挥作用。

　　针对在改革中如何界定政府职能与市场作用的发挥逻辑问题，贾康（2018）认为，在经济"新常态"阶段转化背景下，必须重新着力发挥科技、制度两大方面构成的"全要素生产率"的潜力，要把制度变革摆在全要素生产率的关键位置。周开国等（2018）认为应当充分发挥政府与市场的有机互补、相互协调作用。针对改革中的供需辩证关系，刘伟（2018）指出，供给侧结构性改革与需求侧管理最大的不同，一方面体现在需求管理的着力点是消费者，而供给侧结构性改革的着力点在于生产者，另一方面体现在需求管理政策的落脚点在于总量效应，而供给侧结构性改革的落脚点则在于结构效应。他认为，深化供给侧结构性改革需要为需求管理创造有利的宏观环境。陈硕颖和黄爱妹（2018）认为供给侧结构性改革的内涵在于增强供给结构对需求变化的适应性和灵活性，实现由低水平供需平衡向高水平供需平衡的跃升。杨小勇和徐寅（2019）认为，供给侧结构性改革并不单纯依赖于供给一侧的作用手段，在改革实践过程中必须要配合需求一侧的理论创新。

　　总之，我国的供给侧结构性改革已驶入深化阶段。在这一阶段既需要对前期经验和不足加以总结，以清除阻碍改革之轮运转的"砂砾"，又需要在实践经验总结中不断提炼出规律和升华为理论。就整体而言，新时期供给侧结构性改革的研究成果呈现出的最大特点是：党的十九大、党的二十大报告对其研究语境的引领作用。在新语境下，学者们对供给侧结构性改革中的常规问题开展新质性研究，并强调改革的着力点和关注点之所在；在改革深化阶段，他们以强烈的问题意识引导着相关理论研究以务实的基调往前推进。上述供给侧结构性改革的文件精神和相关研究成果，基本奠定了本书研究"逆库兹涅茨化"问题的总基调。

第二节　关于产业结构变迁的研究动态

针对产业变迁的文献，我们的综述重点放在两个方面：产业结构演变规律的经典理论，以及产业结构变迁与生产率增长的国内研究，主要是因为这些内容与本书所研究的主题——"逆库兹涅茨化"问题的相关度较高。

一、关于产业结构演变规律的经典理论

产业结构的相关经典理论包括配第—克拉克定律、霍夫曼定理、库兹涅茨的"库兹涅茨式"结构理论以及钱纳里的标准产业结构理论等。接下来将逐一展开论述。

威廉·配第于1690年根据英国当时的经济情境发现如下规律：工业往往比农业的利润高，商业往往比工业的利润高；劳动力必然由农业转移到工业，而后从工业转移到商业。配第的这一发现初步给出了农村劳动力流动方向的变化规律。科林·克拉克于1940年在威廉·配第的上述理论基础上，通过计量分析得出劳动力在三个产业（农业、制造业与服务业）中的分布变动趋势，进一步验证了配第的上述理论观点。后来两位学者的理论被合称为"配第—克拉克"定律，为人们所熟知。依据这一定律，劳动力首先从第一产业（农业）转移到第二产业（制造业和建筑业），然后从第二产业转移到第三产业（广义的服务业）。在劳动力流动方向变化的基础上，产业结构的变迁演化相应地发生。

经济学家霍夫曼（Hoffmann，1958）研究了工业化程度与产业结构之间的关系，他先后提出了"霍夫曼比例"和"霍夫曼定理"。其中"霍夫曼比例"指的是两个产业部门的产值之比，它们分别是生产消费资料的产业部门和生产资本资料的产业部门。"霍夫曼定理"指的是"霍夫曼比例"与工业化程度之间的反方向变化关系：在一国的工业化发展过程中，"霍夫曼比例"呈下降趋势；工业化程度越高，则"霍夫曼比例"越低。

（一）库兹涅茨："库兹涅茨式"产业结构模式

在"配第—克拉克定律"的基础上，库兹涅茨在产业结构研究方面又取得了大的进展。库兹涅茨（Kuznets，1941）将产业部门划分为"农业部门""工业部门""服务部门"，并且使用了"产业的相对国民收入"概念来进一步分析产业结构问题。库兹涅茨同时指出，"产业结构升级的关键，是资源从生产率较低

的部门向生产率更高的部门转移，从而经济整体的资源配置效率得以提高"①，从而将"生产率"明确地视为资源配置效率的衡量标准。后来，库兹涅茨（Kuznets，1957）通过《经济增长的量化方面：国民收入和劳动力的产业分配》一文，在统计分析的基础上得出若干关于产业结构变迁趋势的重要结论，在理论和实践两个方面均为后续研究者提供了重要的借鉴意义。

如前文所述，根据青木昌彦的观点，当经济发展阶段的基本特征表现为库兹涅茨所指出的"农村劳动力转移引致生产率提高乃至经济增长"，该阶段可谓"库兹涅茨"经济发展阶段。与该阶段相对应的产业结构可谓"库兹涅茨式"产业结构。

鉴于库兹涅茨（Kuznets，1957）的研究成果，对本课题的研究过程和最终结论产生了深刻的影响，本书将在本章对该文的主要内容进行专门介绍。

库兹涅茨从产值比重和就业比重两个维度研究产业结构与人均国民收入之间的关系，采用的研究方法包括国别比较法和趋势分析法等。后来的学者们将其相关研究结论概括为"库兹涅茨人均收入影响论"。

第一，在与产值相关的产业结构方面，他得出的重要结论包括：按国别比较世界各国的人均收入水平与其农业部门在国民生产总值中所占的份额呈负相关关系，即越富裕的国家其农业在国民生产总值中所占份额越小，从长期趋势来看一国的农业产值在其国民生产总值中所占的份额呈逐步下降趋势。工业部门与农业部门的上述规律相反，按国别比较世界各国的工业部门产值份额与其人均国民收入之间存在正相关关系，即越贫穷的国家其工业在国民生产总值中所占的比重越小，从长期趋势来看一国的工业产值在其国民生产总值中所占比重一般呈上升趋势。服务业的产值比重与人均国民收入之间的关系变化较其他两个产业部门规律性没有那么强，首先由于国际服务贸易有局限性，世界各国服务业在总产值中所占的比重普遍较高，其次有迹象表明，人均收入水平与服务业产值在国民生产总值中所占比重呈不显著的正相关，但长期看来服务业产值份额的变化趋势具有不确定性。

第二，在与就业相关的产业结构方面，他得出的重要结论包括：按国别比较世界各国的人均收入水平与其农业部门就业份额呈负相关关系，即人均收入水平越低的国家其农业从业人口在总就业人口中所占的比重越大，从长期趋势来看一国的农业就业比重呈逐步下降趋势。按国别比较世界各国的人均收入水平与其工业部门就业份额呈正相关关系，即人均收入水平越高的国家其工业从业人口所占的比重越大，从长期趋势来看，各国的工业就业比重增长变化趋势不一，但多数国家的该比重上升。与工业的相关变化规律类似，按国别比较各国的人均收入水平与其服

务业部门的就业份额呈正相关关系，即越富裕的国家其服务业从业人员所占的比重越大，从长期趋势来看多国的服务业就业比重经历了先降后升的发展变化。

第三，在劳动生产率的国际比较方面，库兹涅茨发现：相对于整体劳动生产率，贫穷国家与富裕国家在农业生产率方面相差更加悬殊；与发达国家相比，发展中国家的农业劳动生产率与非农业劳动生产率差异更大。

第四，库兹涅茨得出的总结论是：农村劳动力流动的确有利于人均国民收入的增长；一国人均收入的快速增长必然伴随着其产业结构的迅猛变迁。

1971 年，库兹涅茨在统计研究的基础上进一步出版了《各国的经济增长：总产值和生产结构》（中译版 1985 年版）一书。在书中他总结了经济发展过程中人均国民收入和产业结构（产值比重和就业比重）间存在的一般对应关系。他的这一研究结论后来被称"库兹涅茨模式"。何谓"库兹涅茨模式"？例如，库兹涅茨指出，当人均 GNP 达到 1000 美元[1]时：针对产值比重，第一产业、第二产业和第三产业分别为 10.9%、48.4% 和 40.7%；针对就业比重，第一产业、第二产业和第三产业分别为 17.1%、45.3% 和 37.6%。无论是"库兹涅茨人均收入影响论"，还是"库兹涅茨模式"，均对产业结构问题的后续研究产生了重要影响。

（二）钱纳里：标准产业结构模式

受库兹涅茨和克拉克等学者的启发，霍利斯·钱纳里和赛尔奎因预计在产业结构和经济发展研究的道路上走得更远。他们在 20 世纪 60~80 年代，一直在孜孜不倦地寻找一种与发展相关的、称得上"成功"的产业结构模式或型式。为此他们开展了大量的实证研究和统计分析工作。

后来，钱纳里与赛尔奎因等提出了目前为大家所熟知的"发展型式"理论。该理论强调经济（结构）转变的重要性，认为存在着一种结果稳健的、适合现代经济增长的标准（平均）的产业结构模式。1989 年，赛尔奎因和钱纳里发表了《工业化 30 年》（*Three Decades of Industrialization*），较完整地描述了符合上述要求的标准产业结构模式。表 2-1 列出了钱纳里和他的合作者们关于标准产业结构模式的探索研究过程。当然，这还不是他们在此期间的全部研究成果。钱纳里等标准产业结构如表 2-2 所示。

表 2-1　钱纳里等标准产业结构模式形成过程

时间	成果名称	作者	内容
1968 年	Development Patterns: Among Countries and over Time	Chenery H. B., Taylor L.	各工业化发展阶段的代表性产业

[1]　1958 年美元。

续表

时间	成果名称	作者	内容
1970 年	A Uniform Analysis of Development Pattern	Chenery H. B., Elkington H., Sims C.	人均 GNP 在 100~3000 美元时三次产业——对应的产值比重和就业比重
1975 年（中译本 1988 年版）	Patterns of Development 1950-1970	Chenery H. B., Syrquin M.	经济增长过程中的"标准产业结构"演化
1986 年	Industrialization and Growth: A Comparative Study	Chenery H. B., Robinson S., Syrquin M.	考察以工业化为主线的二战后准工业化国家的发展经历，分析了结构转变与增长的关系以及基本特征
1989 年	Three Decades of Industrialization	Syrquin M., Chenery H. B.	战后 100 多个国家的增长和工业化经验总结

表 2-2　钱纳里等标准产业结构

人均 GNP（1980 年美元）	产值份额（%）			就业份额（%）		
	第一产业	第二产业	第三产业	第一产业	第二产业	第三产业
<300	48.0	21.0	31.0	81.0	7.0	12.0
300	39.4	28.2	32.4	74.9	9.2	15.9
500	31.7	33.4	34.6	65.1	13.2	21.7
1000	22.8	39.2	37.8	51.7	19.2	29.1
2000	15.4	43.4	41.2	38.1	25.6	36.3
4000	9.7	45.6	44.7	24.2	32.6	43.2
>4000	7.0	46.0	47.0	13.0	40.0	47.0

资料来源：Syrquin M, Chenery H B. Three Decades of Industrialization［J］. The World Bank Review, 1989（3）：152-153.

由表 2-1 中的内容得知，钱纳里等"发展型式"理论的研究成果是在总结了大量国家的经济增长和工业化发展经验之后才得出的。尤其值得一提的是，他们在 1986 年出版的《工业化和经济增长的比较研究》一书中侧重研究了"准工业化国家"的发展路径问题，而不仅是对发达国家的经验总结。

（三）经济结构中的"卡尔多事实"和"库兹涅茨事实"

"卡尔多事实"（Kaldor，1961）是卡尔多于 1961 年在对资本主义经济进行长期考察后，总结以美国为例的发达国家在经济发展过程中的整体经济特征，提出了六个方面典型化事实，其内容包括：①劳动生产率稳速增长，即人均实际产出在较长的时间内以连续不变的速度增长；②劳动资本稳速增长，即人均资本存量以连续不变的速度增长；③实际资本回报率稳定不变；④资本产出比率保持稳定不变；⑤国民收入中资本份额和劳动力份额大体稳定不变；⑥劳动生产率和总产出增长率在不同国家间存在差异。一个国家和地区经济增长的典型化事实主要体现在前五个方面。第五个事实，即国民收入中资本份额和劳动力份额大体稳定不变是"卡尔多事实"的核心内容。

在宏观经济学研究和经济增长领域中，"卡尔多事实"是最具有代表性的典型化事实之一，其重大意义在于它保证了经济是稳态增长的，反映了经济处于稳态均衡（或平衡增长路径）时的规律，描绘了生产要素分配份额在国民收入中具有较强的时间稳定性，吻合新古典模型稳态平衡的经济增长规律（Solow，1956；Lucas，1988；Romer，1986，1990；Gollin，2002；De la Escosura and Roses，2003）。"卡尔多事实"从研究论文写入教科书中，从新古典经济增长模型到内生经济增长理论，"卡尔多事实"稳态均衡增长的模型假设，成为几乎所有经济增长理论的共同起点。在卡尔多之后，经济增长基本沉迷于"稳定状态"的模型推导中（张平，2006）。大量增长模型试图解释与"卡尔多事实"相一致的现象，如在平衡增长路径上，增长率、资本产出比率均为常数等（Kaldor，1961；Denison，1974；Homer and Sylla，1991；Barro and Sala-i-Martin，2004），"卡尔多事实"在实证上也得到许多研究的证实（Gollin，2002；De la Escosura and Roses，2003）。美国学者根据2004年的《总统经济报告》所提供的1960~2000年的数据，对卡尔多典型化事实在美国的表现重新进行了研究，结果显示，卡尔多典型化事实在今天的美国仍然是基本成立的。

但是，"卡尔多事实"也面临证伪的有力挑战（Blanchard et al.，1997；Samuel and Gilles，2003；Jones and Romer，2009），在中国与其他新兴工业化国家所发生的相关宏观经济事实与卡尔多典型化事实有所不同，在多数国家发展过程中出现了不平衡的产业间增长（结构转型）。Kongsamut 等（2001）试图用一个三部门、三种产品的模型得到与"卡尔多事实"以及各部门劳动动态配置都吻合的结果，该模型可以得到平衡增长路径。在平衡增长路径上，经济增长率为常数，但各部门的就业占总就业比例以及各部门对 GDP 的贡献比例表现出动态特征，具体而言，农业在递减，制造业为常数，服务业则递增，此结论至少有两点与"卡尔多事实"不符：第一，从比"卡尔多事实"更长的观察期来看，经济增长率不是一个常数；第二，制造部门的就业占总就业的比例以及产出对 GDP 的贡献比例表现出驼峰形而不是一个常数。

"库兹涅茨事实"是关于经济发展和产业结构变迁的一个著名事实，根据 Kuznets（1966）而命名，它描述的是自工业革命以来，随着经济的发展，农业部门的产值在经济中的比重逐步下降，而工业部门和服务业部门的产值比重则持续上升（Colin，1940；Kuznets，1957；Chenery and Taylor，1968）。

那么，为什么随着一个经济体的发展，就业和产出会逐渐从农业部门转移到工业部门，再从工业部门（尤其是制造业）转移到服务业？现有文献主要从偏好相关的原因（需求因素）和技术相关的原因（供给因素）进行解释。

从偏好方面（需求因素）解释的文献，认为是由恩格尔法则所驱动，随着家庭收入的增加，用于农产品的支出比例会不断下降，用于服务业产品的支出会不断上升（Kuznets，1957，1973；Kongsamut et al.，2001）。

从技术方面（供给因素）最早解释的文献是 Baumol（1967），他认为不同产业间技术进步率的差异是导致产业间不平衡增长的原因。将 Baumol 效应引入到产业结构变迁问题研究，其开创性工作主要由 Ngai 和 Pissarides（2007）、Acemoglu 和 Guerrieri（2008）等做出。Ngai 和 Pissarides（2007）在一个多部门的模型中解释了结构转型；Acemoglu 和 Guerrieri（2008）的增长模型认为不同产业资本深化过程中的要素密集度的差异导致了产业结构变化。不过，一般认为，强调恩格尔定律的文献居于主流地位，而现有基于 Baumol 效应的文献则难以完整地刻画农业、服务业和工业三大产业部门完整的产业结构变迁事实，但是即使基于恩格尔定律，也不能给予完美解释。经典文献，包括 Ngai 和 Pissarides（2007），Acemoglu 和 Guerrieri（2008）使用的是对称性 CES 函数，模型中无论有多少个产业部门，任意部门之间的替代弹性都必须相同。由于对称性 CES 函数的这种局限性，使建立在它基础上的多部门模型主要适合解释两部门结构变迁过程，不可能在三部门模型中解释工业部门的非单调结构变迁过程。

二、产业结构变迁与生产率增长的国内研究

本书所关注的"逆库兹涅茨化"问题，与产业结构变迁导致产业整体的生产率损失直接相关。因此，本部分文献综述以产业结构变迁与生产率增长的相关研究为内容，并侧重介绍专项研究该内容的文献。

关于产业结构演变与生产率增长之间关系的国外研究成果，如 Grossman 和 Helpman（1991）、Chenery 和 Taylor（1968）、Lucas（1993）、Nelson 和 Pack（1999）等，他们的研究方法和结论具有一定借鉴意义，但对发展中国家，尤其是中国的问题研究不够聚焦。与此同时，不少国内学者如郭克莎（1999，2000）、吕铁（2002）、李小平和卢现祥（2007）、刘伟和张辉（2008）、干春晖和郑若谷（2009）、韩英和马立平（2020）等的相关研究成果，对我国"五年规划"产业政策制定以及产业调整实践指导具有较高的参考价值。因此，本书在此专门论述国内的相关研究成果。

郭克莎（1999）研究了产业结构偏差对我国经济增长的制约问题，指出影响我国经济增长的是结构问题不是总量问题；我国产业相对生产率的变动，导致出现产业结构偏差问题，进而影响了经济增长的质量。随后，郭克莎（2000）通过国际比较分析研究我国制造业在劳动生产率、工业增加值率、劳动报酬占增加值比重等指标方面与世界先进水平的差距。

吕铁（2002）针对制造业结构变化对生产率增长的影响展开实证研究，发现制造业生产率提升与劳动投入之间关系不够显著；也就是说，我国的劳动力并没有明显地流向生产率较高的产业。吕铁的这一研究结论提示了在我国产业结构调整中存在"逆库兹涅茨化"问题的可能性。

李小平和卢现祥（2007）在吕铁（2002）上述研究的基础上，进一步探索制造业结构变动对生产率增长的影响作用。他们的研究结果表明，生产要素从低Verdoom弹性值的行业转移到高Verdoom弹性值的行业有利于生产率的增长；在我国制造业行业之间的资源配置中，劳动和资本要素并没有向高生产率增长率的行业流动。他们的结论赞同并强化了吕铁（2002）的研究结论，同时进一步强化了研究"逆库兹涅茨化"问题的必要性。

刘伟和张辉（2008）研究了与劳动生产率提升直接相关的产业结构变迁效应，指出这一效应对经济增长的贡献最终将让步于技术进步效应，但它所带来的市场化改革收益不会很快消失。

干春晖和郑若谷（2009）研究了改革开放以来我国产业结构演进对生产率增长的影响作用。他们发现整体产业结构的变化则较为平滑，但生产率的增长主要来自产业内部，尤其是第二产业内部；劳动力要素的产业间流动具有"结构红利"现象。

韩英和马立平（2020）以"结构—效率—速度"为逻辑框架，测算了我国产业的全要素生产率、规模效率、配置效率及技术进步和价格效应的增长率。他们的结论包括：产业的技术进步增长对其全要素生产率增长起决定性作用；中国各产业的配置效率增长总体上缓慢。

此外，一些学者关注了产业结构的合理化和高级化问题，如干春晖等（2011）、乔晓楠和张欣（2012）等。合理化和高级化是衡量产业结构质量的两个维度，若一国的产业结构与特定经济发展阶段的显性特征（例如，人均GDP水平、工业化进程、农业劳动份额等）相契合，一国的产业结构合理化和高级化程度较高，则意味着产业结构质量较好，较不容易出现"逆库兹涅茨化"等问题。

三、产业结构变迁的研究述评以及对本书的启示意义

自"配第—克拉克定律""霍夫曼定理"，到库兹涅茨的"库兹涅茨式"结

构理论以及钱纳里的标准产业结构理论，这一系列关于产业结构演化规律的经典理论，试图解决的主要问题都是产业结构与经济发展的契合度问题。显然，在不同经济发展阶段产业结构会表现出相异的内容。

除国外的研究以外，国内关于产业结构变迁与生产率增长的研究成果也颇多，本书在此选择介绍的仅是具有一定影响力的文献。就整体而言，绝大多数文献赞同劳动力的产业间流动会促进我国的经济增长；但是部分研究者针对个别产业部门，如工业部门，发现其产业结构变迁与生产率增长之间的关系不够明晰，实证检验未能得到预期的结果。这说明我国的劳动力资源流动没有完全遵循生产率方向进行，恰好证实了在我国产业结构调整中存在"逆库兹涅茨化"问题的可能性。

上述文献对本书的贡献或启示意义在于：关于产业结构演化规律的经典理论构成本书研究的理论基础，尤其是其中的"库兹涅茨产业结构模式"和"钱纳里标准产业结构模式"成为我们研究我国产业结构合理化的标准之一，以及判断和评估"逆库兹涅茨化"风险的重要依据。因为，产业结构变迁与生产率增长的相关研究成果与本书所关注的"逆库兹涅茨化"问题直接相关。

值得注意的是，无论是在对产业结构演化规律的探索过程中，还是在论证产业结构变迁与生产率增长的关系过程中，研究者多采用了新古典经济学的研究框架与方法，其间对体制的忽视是毋庸置疑的事实。此外，对产业结构变迁与生产率增长之间关系的探讨目前仍局限于局部和个别部门，尚缺乏统一的分析框架和系统的研究体系。本书将为弥补上述不足之处做出努力。

第三节 "逆库兹涅茨化" 问题的理论溯源与相近研究

关于"逆库兹涅茨化"问题的理论溯源，本书将从"服务业扩张"和"城乡分割"两个视角进行阐述。针对相近研究，指的是与"逆库兹涅茨化"问题内涵上有重叠但视域不同或外延不同的"成本病""资源误置"等问题的研究成果。

因为"逆库兹涅茨化"问题的提出时间较晚，所以目前正式发表的、直接相关的文献较少，对其学术史的梳理应从相关理论来源展开。

一、服务业扩张视角下"逆库兹涅茨化"问题的理论来源

在世界各国的产业结构调整中，资源由生产率高的工业转移到生产率较低的服务业可谓是一种"逆库兹涅茨化"现象。因此文献梳理在此围绕着服务业的扩张及其对经济增长的不利影响展开。

"逆库兹涅茨化"问题的理论起源，既包括古典经济学家亚当·斯密、大卫·李嘉图的理论学说，主要集中在"生产性劳动"和"非生产性劳动"，劳动价值论以及要素优势配置理论方面；又包括马克思关于"生产劳动"和"非生产劳动"的理论。尤其值得关注的是，马克思的劳动价值论对解析"逆库兹涅茨化"问题的内涵具有重要指导意义。

（一）亚当·斯密："生产性劳动"与"非生产性劳动"的区别及其作用

古典经济学关于资本积累形成机制理论是研究产业结构效应问题的理论源头，而古典经济学的代表人物亚当·斯密的鸿篇著作《国民财富的性质和原因的研究》（以下简称《国富论》），可谓研究服务业扩张视角下"逆库兹涅茨化"问题的最初源头。

斯密在《国富论》第二篇《论资财之性质，蓄积与使用》的第三章[①]中，详细区分了"生产性劳动"和"非生产性劳动"及其作用。

首先，斯密以能否增加与之结合的物质的价值为依据，区分"生产性劳动"和"非生产性劳动"。[②] 他认为，一种劳动与物质的结合增大了物的价值，则可谓"生产性劳动"，如制造业工人的劳动，与工业原料结合，生产出工人生活费和雇主的利润这些附加的价值；另一种劳动，如家仆的劳动，则不能增加物的价值，可谓"非生产性劳动"。其次，斯密以能否产生积蓄作用进一步界定"生产性劳动"与"非生产性劳动"的边界。他认为，"生产性劳动"，如制造业工人的劳动，凝聚在以供销售的商品中可以在劳动消失之后还能持续下去；"非生产性劳动"不能体现在特殊物品或商品中，其价值不能储存。用于生产性劳动的投资，是致富的方法，不仅能够偿还前期的成本，而且能够为资本所有者带来收入；而非生产性的投资，不能算为资本，而只是视为当前享受的费用。最后，斯密间接地说明了一国用于投资的生产性劳动和用于消费的非生产性劳动所占的比例不同所带来不同的财富积累后果。"今日欧洲各富国的资本，大部分投在商业

---

① 原文为："In the opulent countries of Europe, great capitals are at present employed in trade and manufactures."

② 李玉梅. 产业结构调整中的"逆库兹涅茨化"问题：理论、原因与对策 [J]. 齐鲁学刊，2018（2）：104—108.

和制造业上"①，"与穷国比较，富国雇佣生产劳动的基金，当然要大得多"。因此劳动在制造业中的投入是富国实现资本积累的有效手段之一。

在此要指出的是，在亚当·斯密的上述观点中，所谓的"非生产性劳动"，大致可理解为投放到服务业中的劳动。显而易见地，斯密上述观点的精髓在于指明，服务业的扩张以及制造业劳动份额的下降，事实上产生了负面效应——它显著影响了经济体资本积累的进程。因此，《国富论》中的上述观点，为"逆库兹涅茨化"问题的甄别及其影响效应的判断均奠定了研究基础。

（二）大卫·李嘉图：比较优势与要素配置思想

大卫·李嘉图可谓亚当·斯密分工思想的卓越追随者。他于1817年出版了《政治经济学及赋税原理》一书，并以此为基础构建了关于比较优势的分工理论体系。在书中，大卫·李嘉图指出，"在商业完全自由的体制下，各国都必然地将其资本和劳动用于对本国最有利的方面。这种对个体利益的追求很好地同整体的普遍利益联系在一起"②。这一观点充分体现了其关于生产要素合理配置的思想。

实际上，产业结构按照生产率进行配置的思想与大卫·李嘉图的比较优势理论是契合的。因为，比较优势具体表现为"经济体在生产某种产品时的相对生产成本较低或者劳动生产率相对较高"。因此，李嘉图的劳动价值理论成为我们研究"逆库兹涅茨化"问题的理论基础之一。

（三）马克思："生产劳动"与"非生产劳动"理论

马克思在《资本论》第四卷中专门以特定的章节，论述《关于生产劳动与非生产劳动的理论》。针对生产性劳动与非生产性劳动的区分，马克思事实上赞同亚当·斯密的观点。不过，他对"生产劳动"的含义挖掘更加深刻，因为他要借助对"生产劳动"与"非生产劳动"的区分来揭示剩余价值生产的过程。马克思从劳动与资本，乃至剩余价值的关系，来界定"生产劳动"的概念，尤其强调"生产劳动"所具有的资本增殖作用。他指出"只有直接生产剩余价值的劳动是生产劳动，只有直接生产剩余价值的劳动能力使用者是生产的劳动者，就是说，只有直接在生产过程中为了资本的价值增殖而消费的劳动才是生产劳动"③。他将"生产劳动"视为直接跟资本交换的劳动，直接同收入即工资或利润交换的劳动，"当然也包括同那些靠资本家的利润存在的不同项目，如利息和

---

① 原文为："The funds destined for the maintenance of productive labour are not only much greater in the former than in the latter, but bear a much greater proportion to those which, though they may be employed to maintain either productive or unproductive hands, have generally a predilection for the latter."

② 大卫·李嘉图. 政治经济学及赋税原理 [M]. 周洁，译. 北京：华夏出版社，2005：94.

③ 马克思. 直接生产过程的结果 [M]. 北京：人民出版社，1964：105.

地租交换的劳动"①。为了进一步明确"生产劳动"与"非生产劳动"的区别，马克思通过举例加以说明，"饭店里的厨师侍者是生产劳动者，因为他们的劳动转化为饭店老板的资本。这些人作为家仆，就是非生产劳动者，因为我没有从他们的服务中创造出资本，而是把自己的收入花在这些服务上"②。

此外，针对"生产劳动"和"非生产劳动"对资本积累所发挥的不同作用，马克思指出，"生产劳动和非生产劳动的区别对积累是重要的，因为跟生产劳动相交换是把剩余价值再转化为资本的条件之一"③。

由上述观点可以得知，与"非生产劳动"相比，马克思更加强调"生产劳动"所发挥的重要作用。基于此，可以推论得出：经济体在其产业结构调整中若发生服务业扩张与非生产劳动份额上升现象，则会产生对资本积累结果不利的影响。换言之，马克思关于"生产劳动"和"非生产劳动"的上述理论观点对解析我国产业结构调整中的"逆库兹涅茨化"问题具有重要的指导意义。

二、城乡分割视角下"逆库兹涅茨化"问题的理论来源

就城乡分割视角下"逆库兹涅茨化"问题的理论来源而言，与农村劳动力流动相关的二元经济经典理论是主体内容。

所谓"城乡分割"，强调农村与城市具有相对独立的经济；城市经济相对于农村经济具有优势，导致农村劳动力产生流动的动机和要求；该种流动可以是单向的，由农村单一地流往城市，也可以是双向的，农村劳动力流往城市之后，再由城市回流到农村。

早在19世纪，国外已出现农村劳动力流动（转移）的相关理论，如19世纪末，勒温斯坦提出农村劳动力流动的主要原因为经济原因。进入20世纪中期以来，经济学家以不同的研究视域与目的发表了大量与农村劳动力流动（转移）的相关研究成果，其中经典的理论研究成果主要是二元经济理论体系。

一般认为，二元经济理论起源于刘易斯（1954）的理论。对刘易斯理论进行发扬光大且卓有成效者，当属后来的费景汉与拉尼斯（1961），他们将刘易斯模型加以成功拓展。以刘易斯模型和费景汉—拉尼斯模型为主体构建对农村劳动力流动问题研究影响长远的主流理论体系。在这一体系下，无论是刘易斯模型还是费景汉—拉尼斯模型，都基本认可农村劳动力流动对经济增长的积极作用，认为在特定时期努力促进农村劳动力流动为适宜和有必要的做法。但是，这一论点在

---

① 马克思恩格斯全集：第26卷［M］．北京：人民出版社，2014：148.
② 马克思恩格斯全集：第26卷［M］．北京：人民出版社，2014：150.
③ 马克思．直接生产过程的结果［M］．北京：人民出版社，1964：116.

20 世纪 60 年代末开始被挑战,质疑者的学术观点多以托达罗模型(Todaro,1969)及相关理论为依据。上述动态演变中的理论观点对研究我国农村劳动力"半城市化"流动特征,以及"农民工回流"的增长效应具有较强的借鉴意义,接下来我们将对此进行详细的阐述。

(一)刘易斯的二元经济理论

刘易斯一般被视为二元经济理论①的创始人。他在 1954 年发表的《劳动力无限供给条件下的经济增长》一文中完整地阐释了这一理论体系的内容。

刘易斯指出,很多发展中国家没有遵循新古典经济发展模式,而是遵循了经济发展的古典模式。在这些国家中,农村经济与城市经济相对独立,当农村中存在相对过剩人口时,该过剩人口群体的农业劳动边际生产率可忽略不计;相对过剩人口以维持生计工资转移到城市非农产业中就业,从而使资本主义部门获得无限供给的、低成本的劳动力,促进经济驶入发展轨道;社会资本形成和技术进步没有提高工人的工资,而是提高了利润在国民收入中的比重;在不发达经济体中,储蓄相对于国民收入较低的原因,不是因为居民穷,而是资本主义利润相对于国民收入较低;由于资本积累的速度比人口增长的速度快,资本主义部门不能无限期地以这种方式扩张,当国内剩余人口盈余耗尽时,雇佣工资开始高于维持生计的水平。但是在开放经济中,一旦该国的工资开始上涨,大量移民和资本输出发挥抑制工资上涨的作用。

(二)刘易斯—费景汉—拉尼斯模型

刘易斯的二元经济结构理论缺少对农村经济发展的足够关注。基于此,费景汉与拉尼斯在 1961 年和 1964 年进一步修正了刘易斯模型,将农业部门的发展情况融入二元经济结构的研究之中,并且进一步提出了自己的模型,后来被称为"刘易斯—费景汉—拉尼斯模型"(以下简称 LRF 模型)②。在"刘易斯—费景汉—拉尼斯模型"中,进一步把农村劳动力流动(转移)以及产业部门的发展情况划分为三个阶段:第一阶段为传统农业部门存在大量显性剩余劳动力的阶段。农业劳动的边际生产率为小于等于零,且远低于工业部门的边际生产率,因此工业部门即使设定没有弹性的固定工资,仍能够吸引大量的农村劳动力流动到

① 参考:Bhattacharya P C. Rural-Urban Migration in Economic Development [J]. Journal of Economic Surveys, 1993, 7(3)246-248; Lewis W A. Economic Development with Unlimited Supplies of Labor [J]. Manchester School of Economic and Social Studies, 1954, 22(2):139-191.

② Ranis G, Fei J C H. A Theory of Economic Development [J]. American Economic Review, 1961, 51(4):533-565; Ranis G, Fei J C H. Development of the Labour surplus Economy:Theory and Policy [J]. Homewood, Illinois, 1964. 其中书中的图 1-1 参考:李厚喜. 转型时期中国农村劳动力转移及政策研究 [C]. 北京:财政部财政科学研究所,2011:14-17.

工业中就业。这一阶段也称为"刘易斯第一拐点"前阶段。第二阶段为传统农业部门存在隐性剩余劳动力阶段。在这一阶段，农业劳动力的边际生产率已大于零，但是仍低于工业部门提供的工资水平。同时，由于部分农村劳动力参与流动（转移），导致农业生产受影响从而农产品的供应能力下降，相应地，农产品价格上涨，进而整个社会的生活成本上升；在生活成本上升的情况下，企业的工资成本相应被推动着上涨，从而工业部门的利润下降，投资需求受抑制，进而吸纳农村劳动力流动的步伐。这一阶段也称为"刘易斯第二拐点"前阶段。第三阶段为完全无剩余农村劳动力可转移的阶段。费景汉和拉尼斯认为，第二阶段为一国农村劳动力流动问题的关键时期和过渡时期。这一时期，要求政府以非常高的政治智慧制定与农村劳动力流动相关的权衡政策。

图 2-1 为刘易斯—费景汉—拉尼斯模型（LRF 模型）示意图，演示了在经济社会发展的三个不同阶段，各自的农村劳动力供给情况、工资水平以及需求曲线位置等情况。其中阶段的划分界限为刘易斯第一拐点和刘易斯第二拐点。

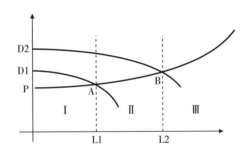

图 2-1 刘易斯—费景汉—拉尼斯模型

图 2-1 中的横坐标代表农村劳动力的供给量，从纵坐标上的 P 点出发的曲线表示农村劳动力的供给曲线，且 P 点表示非农产业的部门对农村劳动力流动人员支付的工资水平，从点 D1、点 D2 出发的曲线分别表示处于不同发展阶段的两条需求曲线。

图中的区域被分割为三部分。第一部分用 I 表示，其中的 A 点为刘易斯第一拐点，因此该区域代表的社会经济发展阶段为刘易斯第一拐点前的阶段。在这一阶段，农村劳动力存在显性的过剩，且以较低的（固定的）工资水平为非农产业部门提供无限供给的劳动。第二部分用 II 表示，其中的 B 点为刘易斯第二拐点，因此该区域代表的社会经济发展阶段为刘易斯第二拐点前的阶段。在这一阶段，供给曲线的形状呈逐步上扬态势，其含义为城市的非农产业部门必须提高工资才能够雇用到它们所需要的农村劳动力；农村劳动力的整体供给特征表现为有限供给。第三部分用Ⅲ表示，表示进入刘易斯第二拐点后的阶段。在这一阶段，农村劳动力的供给曲线呈快速上扬形状，表示参与流动农村劳动力的工资水平迅速提升，但农村已经基本没有多余的劳动力转移到城市。换言之，在这一阶段，农村与城市、农村劳动力与城市劳动力已几乎没有差别，整个社会的经济结构已趋向于一元化。

与刘易斯模型相比，刘易斯—费景汉—拉尼斯模型针对二元经济发展阶段的划分更加详尽，对各阶段经济特征与发展趋势的揭示更加明确。但是，值得注意的是，无论是刘易斯模型还是刘易斯—费景汉—拉尼斯模型，均没有解决一个问题：为什么农村劳动力流动会与一定程度的城市失业现象同时出现？托达罗于1969年初步回答了这一问题，并且以其研究成果进一步推动了二元经济结构理论的发展。

（三）托达罗模型

托达罗（1969）修订了新古典经济学中的迁移模型[①]，将是否参与流动的决策基础界定为预期收入最大化。托达罗认为，城市预期收入的决定变量不仅包括工资（新古典经济学迁移模型中工资是唯一决定因素），还包括在城市成功找到工作的概率。如果农村劳动力对城乡的预期收入差距现值超过了其流动到城市的成本时会考虑流动。用公式可以表示为：

$$\Delta = \int_0^T e^{\delta t} \left[p_u(t) \right] y_u - y_r(t) \right] \mathrm{d}t - c \tag{2-1}$$

其中，$p_u(t)$ 表示在 t 时刻农村劳动力在城市找到工作的概率，y_u 表示既定就业水平下的城市工资，$y_r(t)$ 表示在 t 时刻预期的农村收入，c 表示流动成本，δ 表示时间折现率。当式（2-1）大于 0 时，农村劳动力才会考虑流动的问题。托达罗上述模型的最大贡献在于将流动人口在城市的失业概率纳入决策模型之中，从而进一步拓宽了二元经济结构的分析思路。

总之，由托达罗模型界定的二元经济结构理论认为农村劳动力做出转移决策的依据是预期城乡收入差距，而不是实际城乡收入差距，并将预期的城乡收入差距贴现净值界定为其中的决定性因素。可想而知，在这一数值较大时，农村劳动力流动率超过城市就业机会的增长率是可能的和合理的。基于上述逻辑，托达罗的理论给出了为什么农村劳动力流动与城市的失业现象同时共存的理由。

① Todaro M P. A Model of Labour Migration and Urban Unemployment in Less Developed Countries ［J］. American Economic Review, 1969, 59（1）: 138-148; Taylor J E, Martin P L. Human Capital: Migration and Rural Population Change ［M］. Handbook of Agricultural Economics, 2001, edition 1, volume 1, chapter 9: 457-511.

自刘易斯模型至今的二元经济理论体系，深刻揭示了农村劳动力流动的原因、阶段、条件及其对经济增长或发展的意义，特别是指出了农村劳动力流动现象以及二元经济存在的历史性和阶段性，从而具有一定理论的前瞻性，并对后续研究产生广泛的影响力。上述研究对本书的贡献也是多重的：刘易斯的理论模型对厘清二元经济结构社会的典型特征、城乡分割的多层含义以及农村劳动力流动的发展趋势有重要指导意义；本书在交代"逆库兹涅茨化"问题的研究背景——经济发展的"库兹涅茨"过程，以及论证城乡分割视角下的"逆库兹涅茨化"——农民工回流问题时，所构建的理论分析框架均以刘易斯的上述理论观点为基础；刘易斯—费景汉—拉尼斯模型与托达罗模型事实上为本书以构建模型进行"逆库兹涅茨化"问题的理论分析提供了思路。

必须指出的是，二元经济理论体系存在着一定的局限性，如他们的相关理论体系多以农村劳动力自由流动为前提构建的。这一局限性的存在令其研究结论或多或少地偏离了发展中国家的真实情境。

三、"逆库兹涅茨化"类似问题的研究进展

与"逆库兹涅茨化"问题类似、研究劳动力流动和产业结构变迁中所发生的资源配置效率问题，并产生以生产率为依据与标准、考察产业结构调整对经济增长作用机制的理论，还包括"成本病"（也称"鲍莫尔成本病"）、"结构红利"以及所谓"资源误置"问题等。与"逆库兹涅茨化"问题相比，它们所涉及的研究视域或问题范畴有所不同。

在这些理论体系中，Peneder（2003）提出的"结构红利"假说①，与"成本病""资源误置""逆库兹涅茨化"问题均有所不同，因为"结构红利"研究的是产业结构变迁对经济增长产生的一种正效应，而其他理论关注的是对经济增长不利的影响。国内不少学者如刘伟和张辉（2008）通过实证研究指出，在我国产业结构演变过程中确实存在着"结构红利"。"成本病"与"资源误置"问题研究的都是要素配置效率低下及其对经济增长的负面影响问题，在内涵上更接近"逆库兹涅茨化"问题。因此本书将对它们的研究进展进行详细介绍。

（一）"鲍莫尔成本病"理论

鲍莫尔（Baumol）于1967年在《非均衡增长的宏观经济学：城市危机剖析》一文中系统地提出了"成本病"的假说。

为专门讨论工业与服务业因生产率不均衡所带来的社会问题，鲍莫尔将经济

---

① Peneder M. Industrial Structure and Aggregate Growth ［J］. Structural Change and Economic Dynamics, 2003，14（4）：427-448.

体的经济活动分为两类进行研究。其中一类是以工业生产为代表的技术进步型活动，其生产率借助创新、资本积累和大规模经济而快速提升；而另一类是以服务业为代表的经济活动，其生产率基本保持不变，或偶然发生变动。在此基础上，鲍莫尔构建模型进行分析，他在模型中假设两个经济部门的小时工资完全一样。

在模型中，服务业与工业部门的产量分别是：

$$Y_{1t} = aL_{1t} \tag{2-2}$$

$$Y_{2t} = bL_{2t}e^{rt} \tag{2-3}$$

其中，L_{1t} 和 L_{2t} 表示服务业和工业的劳动力数量。假设工资 W_t 随着工业部门的劳动生产率上升而上升，且有

$$W_t = We^{rt} \tag{2-4}$$

由上述建模过程所传递出的逻辑关系是这样的：在经济体中，如果一个部门的劳动生产率相对于其他经济部门上升速度较快，就会导致经济体中所有部门的工资都相应地上升；在该种情形下，劳动生产率基本不变的经济部门会出现相对成本累计上升的情形。主要原因在于，劳动生产率较高的部门，其生产率的提升足以抵消其劳动力工资的上涨；而在劳动生产率基本不变的经济部门，无法做到这一点。

在模型分析的基础上，鲍莫尔给出的研究结论包括以下几个方面：服务业的劳动生产率增长率低于工业的劳动生产率增长率，劳动力的自由流动会导致两个部门的工资水平达到一致，在这一过程中服务业的单位产出成本将不断提高；如果服务业与工业的产出比例保持不变的话，劳动力会逐步流动到服务业，从而出现资源配置效率低下问题；在社会总劳动力数量不变的条件下，服务业部门生产率几乎不变，会导致经济增长率渐渐趋近于零。这就是"鲍莫尔成本病"假说的内容。

值得注意的是，鲍莫尔还同时指出，服务业劳动生产率增长缓慢的一个重要原因是为了保证服务质量。因为多个服务业部门的劳动力产量与质量增长呈反方向变化，如教育部门的师生比问题。这也要求考察服务业这一产业门类的生产率问题应该保持谨慎的态度。

追随鲍莫尔的步伐，另一学者富克斯（Fuchs，1968）通过实证研究的方法分析服务业扩张及其对经济增长的影响问题，并提出了"以服务专业化提升服务质量和降低服务成本"的观点。与鲍莫尔的观点相类似，富克斯得出"服务业劳动比重上升与其生产率增长缓慢之间存在着因果关系"的研究结论。因此，鲍莫尔与富克斯的理论观点被后来者一并称为"鲍莫尔—富克斯假说"。针对"成本病"理论的后续拓展研究，学者们的关注点多聚焦于如何解释和解决"服务业之谜"的问题。也有不少学者（Oulton，2001；Guerrieri and Meliciani，2005；

Hoekman and Matto，2008）开始关注制造业对服务业的支撑作用，将服务业视为制造业的生产性服务环节，并且全面审视服务业对制造业的作用。此外，学者们对服务业生产率的考察进一步扩展到对其全要素生产率的衡量（Evangelinos et al.，2012；Last and Wetzel，2010），以评估服务业创新的积极意义。

进入21世纪，国内的学术界掀起一股验证"鲍莫尔—富克斯机制"是否在中国存在的热潮。他们的研究成果多聚焦于检验在我国产业结构调整过程中是否存在"成本病"问题。其中王耀中和陈洁（2012）以实证研究结果证明了"鲍莫尔成本病"在中国确实存在；而李翔等（2016）通过进一步的研究指出，我国服务业劳动份额的上升对经济增长的影响以2001年为界限，自2001年开始我国产业结构演变中出现所谓的"成本病"问题。其间也有不少学者提供了与上述结论相异的研究成果，例如魏作磊和刘海燕（2019）通过实证分析最终得出结论：在考虑人力资本水平的前提下，服务业扩张对经济增长的总体影响应为正向的。

（二）"资源误置"问题

"资源误置"问题重点研究的是资源配置效率低下对产业生产率或全要素生产率所产生的负面效应。国外的一些相关研究成果包括Hsieh和Klenow（2009）、Oberfield（2013）等发表的文章。接下来对他们的研究结论进行简单的介绍。

Hsieh和Klenow（2009）使用垄断竞争的标准模型来说明企业间资本和劳动力边际产品之间的扭曲是如何导致全要素生产率下降的。在文中，他们通过定量分析法证明"资源错误分配"能对全要素生产率产生潜在的影响。在研究中，他们假设在没有资源误置的情况下，企业间的收入生产率应该是等同的，从而可根据企业间收入生产率的差异，来度量企业层面的扭曲程度。最终他们得出结论："资源误置"问题会导致一国的人均总产出和全要素生产率偏低。但是必须要指出的是，他们在研究过程中以美国企业作为资源配置高效的标准，来衡量中国和印度企业微观层面可能存在的"资源误置"问题。显然这种有失偏颇的做法会损伤其实证研究结论的信服力。

Oberfield（2013）以智利1982年经济危机为例，研究经济体在危机发生时期的产业生产率状况，以及所存在的"资源误置"问题。他在文中借鉴了Hsieh和Klenow（2009）的研究方法，通过构建模型分析产业的实际产出量和有效产出量之间存在的关系，并在不考虑资源流动障碍（摩擦力）的情况下衡量产业内部和产业之间的配置效率，具体通过索洛余值分解法（将余值分解为资源分配效率的变化和技术的变化两部分）得以实现。

就国内的相关研究而言，目前已出现了相当数量的关于"资源误置"问题的研究成果（龚关和胡关亮，2013；王芃和武英涛，2014；蒋为，2016；申明浩和刘文胜，2016；钱学锋等，2016，2019；王若兰和刘灿雷，2019）。学者们多通过对我国非农产业的生产率离散情况以及资源误置状况进行测算、度量和分析，并借助实证分析结果来评估我国目前所存在的"资源误置"问题的程度、范围和影响，并提出相应的对策建议。

四、"逆库兹涅茨化"问题的提出及研究进展

"逆库兹涅茨化"概念在国内由蔡昉（2014）提出，他认为，潜在的和实际存在的"逆库兹涅茨化"产业结构调整现象，至少表现在农民工的返乡和劳动力从第二产业向第三产业转移两种情况下。学者曹广喜等（2016）采用马奎斯特指数法和索洛余值法作了实证研究，其研究结论明确表明我国区域存在"逆库兹涅茨化"风险。李玉梅（2017）通过构建基本模型给出测算中国产业结构的"逆库兹涅茨化"效应的具体公式与判断依据；在此基础上，于2018年进一步提出分析"逆库兹涅茨化"问题的理论分析框架，并尝试从体制等方面解析该问题在中国可能出现的原因。总的来说，蔡昉之后的两位学者对"逆库兹涅茨化"问题的研究仍然停留在表面层面，对该问题产生的理论根源挖掘不深、实证分析不够全面。

综上，从理论来源来看，"逆库兹涅茨化"问题的相关研究具有从古典经济学延续至今的相关理论脉络；从相关研究来看，"鲍莫尔成本病""资源误置"等问题虽与"逆库兹涅茨化"问题所涉及的研究视域或范畴有所不同，但它们无论在问题诊断还是在解决方案方面均能为本课题的研究提供有益借鉴；从问题现状与趋势动态来看，"逆库兹涅茨化"问题虽然提出时间不长，直接研究基础还较薄弱，但是在供给侧结构性改革背景下其研究意义更为重大。就整体而言，现有文献存在以下不足之处：直接针对"逆库兹涅茨化"问题的研究序列尚未完全建立起来；"服务业扩张"视角下对该问题的考察存在着不少盲区，导致考察结论容易犯以偏概全的错误；目前关于该问题的研究视角不全，多考虑服务业扩张的视角，对城乡分割的视角选择性忽视或考虑不够充分，因此对由"农民工回流"引致的"逆库兹涅茨化"问题尤其缺乏全面、辩证的分析。

本书后续章节的研究内容将让读者看到我们为解决上述问题而做出的大量努力。

第四节　"逆库兹涅茨化"问题对策的相关研究

如上文所述，"逆库兹涅茨化"问题在我国提出的时间不长，所形成的直接

研究成果数量有限,对"逆库兹涅茨化"问题解决对策的直接研究成果更为稀少。因此,本书在此关于该问题对策的阐述内容,仍是值得借鉴的、有启迪意义的相关研究成果。

鉴于"逆库兹涅茨化"问题可能引致对工业创新的不利影响,有效的解决策略便是提升工业的创新能力。为什么呢?简单地说,传统工业若借助创新活动提升生产率、实现转型升级,在这一过程中技术进步效应逐步取代结构效应(或结构红利),资本代替人工,则"逆库兹涅茨化"问题所涉及"劳动力转出"问题对工业发展造成的不利影响将会大大降低。如何打造令工业转型升级的创新能力呢?其中人力资本问题是关键。现有的工业内生技术变革理论系列对此给出了较为详尽的答案。

此外,鉴于"逆库兹涅茨化"中的"农民工回流"问题引致生产率损失的原因是传统农业较非农产业劳动生产率更低,有效的对策包括通过农业产业化来提升农业部门的劳动生产率。因为,当返乡农民工的劳动生产率不低于其在非农产业就业(外出打工)的劳动生产率时,"农民工回流"就不会导致产业整体的生产率损失,也不会影响经济增长的速度与质量。因此,农业产业化的研究成果对解决"农民工回流"问题非常有帮助。

基于此,我们对"逆库兹涅茨化"问题对策相关研究成果的介绍内容包括两个部分:一是工业内生技术变革理论;二是农业产业化研究。

一、工业内生技术变革理论

当产业结构的变迁没有导致促进经济增长的生产率或全要素生产率增长时,"逆库兹涅茨化"问题形成。当在特定经济发展阶段,决定劳动力回流到农业和服务业成为不可逆的趋势时,"逆库兹涅茨化"问题的解决之道在于提高工业整体的技术创新能力,以促进经济增长。工业 TFP 的提升,引致资本对劳动的替代,以及对中低层次劳动力需求的降低,为劳动力转移到非工业产业创造条件;服务业与农业 TFP 的提升,缩短甚至追平与工业生产率增长率的差距,从而降低了劳动力所谓逆向流动对经济增长的负面效应。

内生技术变革理论,又称内生增长理论,或称新经济增长理论。因为该理论以技术路径或技术革新为主要关注点,并通过在模型中将之内生化的方法来研究技术进步对产出增长率的影响。针对内生技术变革理论,我们将介绍阿罗的"干中学"理论,以及阿吉翁等关于私人组织创新管理的研究。

(一)阿罗的"干中学"理论

1962 年肯尼斯·阿罗(Kenneth Arrow)在《干中学的经济含义》(*The Economic Implications of Learning by Doing*)一文中完整地提出了他的"干中学"理论体系。

阿罗在其理论体系中首先明确地指出，将经济增长完全依赖于外生变量的做法和观点无疑是不妥当的。基于此，他构建基于知识积累的内生增长模型，包括跨时和国际间变化的生产函数。阿罗假定一般的技术进步活动归因于生产过程的经验积累，并以累计总投资作为表示经验水平的指标。在阿罗的模型中，利润被归结为技术进步的结果，而且技术变化完全体现在新资本品之中；在自由企业的体制下，投资率会低于最优水平，总投资占主导地位，净投资和资本存量则处于从属地位。接下来对阿罗的理论模型进行简单的介绍。

在文中，用 G 表示累计总投资，$\lambda(G)$ 为 G 序列下生产所使用的劳动，$\gamma(G)$ 表示 G 序列下产出能力（生产率）。同时用 x 表示总产出，L 则代表总劳动量。假设 $\lambda(G)$ 是个不递增的函数，而 $\gamma(G)$ 是个不递减的函数，资本品具有生命周期 T。用公式表示为：

$$x = \int_{G'}^{G} \gamma(G)\,\mathrm{d}G \tag{2-5}$$

$$L = \int_{G'}^{G} \lambda(G)\,\mathrm{d}G \tag{2-6}$$

$G(t)$ 表示截至时间 t 时的累计总投资。进一步地，当 $\gamma(G) = a$，$\lambda(G) = bG^{-n}$，$n>0$ 时，则会有：

$$x = aG\left[1 - \left(1 - \frac{L}{bG^{1-n}}\right)^{\frac{1}{(1-n)}}\right] \tag{2-7}$$

其中，式（2-7）表示的是关于变量 G 与 L 的规模报酬递增的生产函数。

阿罗的理论中涉及的另一个有意义的结论是，在资本和劳动力要素的报酬均按照其边际产品支付的情况下，资本（更严格地说，是新投资）的私人边际生产率却小于社会边际生产率，究其原因是学习（干中学）的效果在市场上没有得到补偿，后续的研究者（Lucas，1988；Romer，1990；Stark，2001）基本上认同这一做法，而且特别是 Lucas（1988）和 Stark（2001）还将之视为"市场失灵"现象，关注政府纠正行为是否适时到位。针对干中学知识积累效应形成的原因，阿罗在文中指出，因为劳动者在生产产品的过程中会思考与探索，同时会尝试改进工作方法，所以知识得以积累；而劳动力质量随时间改进是生产率提升的根源。但是，阿罗认为上述有效率的学习过程仅发生在资本品的生产过程中，在使用过程中就没有此类效应发生。鉴于生产过程的主要任务是制造产品，学习（知识积累）仅仅被视为传统经济活动中的副产品。

一般认为，阿罗的"干中学"理论为工业内生技术变革理论的开端，其中的重要意义不言而喻。但是，本书认为阿罗的研究结论是基于严苛的假设前提得出的，它不可避免地存在一定的局限性，例如，将学习或知识的积累过程仅限于生产过程，以及将技术仅视为公共的产品等。

（二）阿吉翁等关于私人组织创新管理的研究

基于阿罗与罗默等研究成果，关于创新活动或技术进步的主要推动者（主导者）为私人企业或者市场激励机制的这一论点，在学术界越来越占据主导地位。鉴于创新对经济增长的重要性，阿吉翁和霍伊特在《内生增长理论》一书中专门用了两章内容来论证组织中的研发活动问题[①]，其中一章是关于私人部门的创新管理问题，而另一章是关于如何设计与创新相关的公共政策。基于本课题的偏好，在此针对私人部门的创新管理问题进行介绍。在文中，阿吉翁和霍伊特总结了与组织研发以及私人企业创新管理问题的大量相关文献，从而为从企业的微观层面考察创新管理与增长之间的关系提供参考。

阿吉翁和霍伊特在书中用不完全契约法研究如何在企业内和企业间用有效的方式来组织研发活动，其中重点针对微观主体研发活动在何种情境下应该实施一体化决策以及如何对纵向一体化决策进行探讨。他们指出，当组织在研发结果高度不确定的情况下应采取研发活动的纵向一体化决策，而一体化决策对创新的规模及其成功概率的影响将是后续考虑的问题。

哪些情况下针对创新活动适合实施纵向一体化决策呢？阿吉翁和霍伊特针对应用性研究与基础性研究对此会有不同的答案。针对应用性研究，阿吉翁和霍伊特在文中提供了一个重要的理念，那就是：邀请企业的顾客（用户）介入研发活动，他们将在其中发挥重要的作用，因此相关的一体化决策会形成对各方有利的结果；但是对于基础性研究则不一定可取。在有多方参与的创新活动中，各方将按其在价值创造中的比较优势大小来确定其应获得的相应产权，因此存在产权在研发单位和用户之间进行分割的问题。此外，阿吉翁和霍伊特还指出，当创新成功的概率更多与信息的传播质量相关时，实现一体化是有必要的。同时关于创新的一体化决策不仅会影响参与各方的创新收入，也会影响他们之间进行信息传递的动机，因为在实行一体化时他们之间的合作意向消除了竞争的敌意，从而更愿意进行信息的共享。与此同时，鉴于研发支出需要占用企业大量的现金流，阿吉翁和霍伊特还认为，当研发单位没有足够的现金流进行研发投入时，也需要实施一体化策略，研发的融资问题始终是个非常有技巧的问题，为提高效率和防止研发单位的激励水平下降，可采用邀请第三方入股的办法。

如何在一体化组织内部实现对研发活动的有效管理是阿吉翁和霍伊特在文中的另一个研究重点。他们认为，首先需要解决的是集权还是分权进行研发决策的问题。分权决策对组织管理层的智慧提出了较高的要求，因为在很多情况下他们

① Aghion P，Howitt P. Endogenous Growth Theory［M］. Cambridge，MA：MIT Press，1998：449-484.

需要权衡多方的利益，但是实施分权显然会对下属产生激励作用，他们也会主动收集更多的有利于提高决策质量的信息，但就整体而言，分权最后往往只能达到企业的利益次优决策结果。阿吉翁和霍伊特认为针对哪些内容进行分权以及哪些内容进行集权，需要结合研发的类型以及组织总部的监控时间和监控成本进行综合考量。

　　阿吉翁和霍伊特在文中的分析重点是私人组织的创新管理问题，但是他们也同时提到政府应实施激励整体创新的有效政策，除了以积极的财税政策对私人组织的研发活动加以援手之外，还应加大知识产权相关的法律的执行力度。

　　就经济增长的微观机制的构建而言，其中的一个重要问题便是如何实现从微观到宏观的链接与转换。对此，新古典主义经济学所提供的方法是瓦尔拉斯的一般均衡方法，它以代表性代理[①]的最优化决策行为作为分析问题的出发点，进而通过加总考察，得出均衡状态下全部社会经济活动的结果。一般均衡分析往往需要首先设定严苛的前提条件，如市场的完全信息、无剩余条件、无虚假交易和无不确定因素等，而这些前设的假设条件往往与现实情境严重脱节，从而大大降低了最终的研究成果的应用价值。因此，应该还有其他有效的路径能够链接微观与宏观（个体与总量）之间的关系，关键问题是找到其中的介质。本章随后列出的阿斯普伦德与布瓦耶的文献为解决这一问题提供了思路。

　　（三）关于工业内生技术变革理论的评述以及对本书的启示意义

　　上述自阿罗至阿吉翁等的重要研究结论对本书的启示意义有两个方面：首先，阿罗的理论引致关于以下几个问题的思考：在迫切需要技术创新成果的当前阶段，在企业中将工人们的学习效应仅作为正常工作的"副产品"这一观念是否应该改变？如果是的话，企业应该怎样组织生产管理和提供相应的激励机制才能在不影响正常生产的前提下既能增加工人们的学习动机又能提升其学习能力？"干中学"对经济增长的作用机理与过程有哪些具体的表现？其次，阿吉翁和霍伊特将私人组织（企业）的创新管理问题作为影响经济增长的关键因素进行具体考量，显然是有积极意义的。特别是，作者采取从微观层面介入、以组织创新活动的管理决策为聚焦点的研究思路，为研究工业增长的微观机制问题提供了重要的参考价值。

　　必须提到的是，工业内生技术变革理论对系统研究工业经济增长机理是远远不够的，因为后者本身是个有机的理论系统，而工业内生技术变革理论过于偏重对技术创新或技术路径的研究，所以我们针对"逆库兹涅茨化"问题解决方案

---

　　① 摘自维基百科：An economic modal in which all agents of a given type（such as all consumers，or all firms）are assumed to be exactly identical is called a representative agent model.

的研究需要考虑更多的影响因素以及各因素之间的互动关系，例如产业之间的人力资本契约流动、产业之间的融合和合作等。

二、农业产业化研究

自亚当·斯密提出收入分配理论以来，传统农业一直被视为边际报酬递减的产业。按照亚当·斯密在《国富论》中的观点，"农业不像其他非农业部门一样，能够把各个生产流程分离开来以实现多个分工，因此农业劳动生产率的提升速度较慢；同时，土地产出的增长比例较少能够超过投在土地上的劳动与费用的增长比例"①。因此若农民工从非农产业回流到传统农业中去，则对整体产业造成生产率的损失，从而产生"逆库兹涅茨化"问题。但是当农民工回流到农村之后，从事农业产业化经营或在农业产业化企业中就业，因农业产业化之后并不遵循传统农业边际报酬递减的规律，农民工的劳动生产率不会比打工外出之时下降多少，"逆库兹涅茨化"问题也得以迎刃而解。因此，农业产业化研究可以归为"逆库兹涅茨化"问题的对策研究系列。

本书所关注的农业产业化研究成果，主要包括农业产业化概念、农业产业化的产业属性及其与三次产业的关系以及农业产业化模式的典型案例等。

针对农业产业化的定义，国内对农业产业化较早感兴趣的一批学者，如陈吉元（1996）、牛若峰（1998）、丁力（1999）等在其研究成果中对其做出了概念界定。陈吉元（1996）指出，农业产业化以国内外市场为导向，以提高经济效应为中心，以资源开发为基础，对农业和农村经济的主导产业产品按照产供销、种养加、贸工农、经科教一体化的经营原则，实现多层次、多元化的优化组合，发展各具特色的龙型产业实体或体系，形成区域化布局、产业化生产、一体化经营、社会化服务、企业化管理。牛若峰（1998）认为，农业产业化一体经营是以市场为导向、以农户为基础、以龙头企业为依托、以经济效益为中心、以系列化服务为手段，通过实行种养加、产供销、农工商一体经营，将农业再生产过程的产前、产中和产后诸环节联结为一个完整的产业系统，是引导分散的农户小生产转变为社会化大生产的组织形式，市场农业自我积累、自我调节、自立发展的基本运转机制，各参与主体自愿结成的利益共同体。丁力（1999）对两类农业产业化进行区分并分别做了含义界定。他认为，第一类农业产业化，以农户为经营主体，农业产业化在农户家庭经营生产基础上生成，市场是产业化的"龙头"，农业产业化的利益机制是市场交换关系，政府在其中的作用是为农业产

---

① Smith A J. R. An Inquiry into the Nature and Causes of the Wealth of Nations ［M］. London：W Strahan and T. Cadell, 1776：20.

业化创造发展的制度环境；第二类农业产业化，其经营主体为政府或政府认定的企业或组织，政府认定的企业是"龙头"，农业产业化的利益机制是政府对保护农民利益的理想追求，政府在其中的作用是在农业产业化之中，而不是在其外。

针对农业产业化的产业属性及其与三次产业的关系研究，从产业角度研究农业产业化的学者基本上分为三类：第一类认为农业产业化仍以第一产业为基础，仅为寻求与关联产业的联合和协作，而不是"质的归一"①，事实上还是农业；第二类认为农业产业化是将农业按照工业化进行经营，实际上具有工业的性质；第三类认为农业在其产业化之后，是三次产业的联合（农业+联合的工业和服务业），不能再被简单地认定为农业或哪一类产业。

针对农业产业化模式的典型案例，钱忠好（2000）以江苏如意集团的农业产业化经营实践为例，从新制度经济学的交易费用管控角度，提出了农业产业化的一种有效经营模式。山东的"诸城模式"一直被公认为农业产业化的典型模式。习近平总书记在参加十三届全国人民代表大会一次会议山东代表团审议时特别指出，改革开放以来，山东创造了不少农村改革发展的经验，贸工农一体化、农业产业化经营就出自诸城、潍坊、寿光，形成了"诸城模式""潍坊模式""寿光模式"。不少学者从不同的角度对"诸城模式"展开研究，并产生了相当数量的研究成果（胡定核，2001；中国人民银行潍坊市中心支行课题组，2001；臧运平等，2012；杨文广，2015；马修文，2019）。其中马修文（2019）认为，对"诸城模式"和其他两个模式的研究开启了对乡村振兴战略的哲学思考。

总的来说，目前国内关于农业产业化的研究多规范研究和经验总结，少实证研究和理论建构。本书认为，目前我国农业产业化的研究尚处于初步阶段，随着"乡村全面振兴"政策的贯彻执行，将会出现大批量的、深层次的研究成果。

三、"逆库兹涅茨化"问题对策相关研究成果评述及其对本书的贡献

需要再次说明的是，目前国内外针对"逆库兹涅茨化"问题的直接研究成果很少，其中对策研究更为罕见。庆幸的是，当我们按照消除"逆库兹涅茨化"负面影响的思路开展工作时，感觉到豁然开朗，并搜寻到数量可观的相关研究成果，例如工业内生技术变革理论研究和农业产业化国内研究。

工业内生技术变革理论是关于提升工业的生产率和竞争优势的理论，该理论要求工业企业重视对人力资本，而不是对普通劳动力的充分吸纳，因为前者带来

---

① 赵德余，顾海英．从规范经验主义到制度主义——农业产业化研究的文献回顾及研究方法的评论[J]．学术月刊，2005（3）：44-52.

的技术革新，不仅能够弥补普通劳动力移出造成的生产率损失，而且契合了新形势下工业塑造新竞争优势的需求。为此，本书不厌其烦地介绍了阿罗的"干中学"理论、阿吉翁等关于私人组织创新管理的研究，旨在让读者较完整地了解该理论体系的发展脉络，并对工业企业如何实施其技术进步路径产生较为理性的认识。

农业产业化旨在解决传统农业劳动生产率低的问题。近年来国内关于农业产业化的研究，是在国家实施乡村振兴战略的大背景下展开的。本书所介绍的农业产业化研究成果主要包括农业产业化概念、农业产业化的产业属性及其与三次产业的关系以及农业产业化模式的典型案例。目前国内关于农业产业化的研究虽经历了二十载，但期间有断层，目前尚处于起步阶段，无论是对其理论建构还是经验总结均有较大的拓展余地。

毋庸置疑，关于"逆库兹涅茨化"问题对策的相关研究成果为本书探索"工业劳动力移出"的应对路径以及"农民工回流"的解决方案提供了重要参考价值。但是毕竟它们仅是相关研究成果，本书须在理论分析和实证研究的基础上对如何解决"逆库兹涅茨化"问题提出更为直接的、有效的对策建议。

第五节　小结

本章为产业结构调整中的"逆库兹涅茨化"问题的理论基础介绍以及文献综述。内容包括四个方面：供给侧结构性改革的研究动态、产业结构变迁的研究动态、"逆库兹涅茨化"问题的理论溯源及相近研究，以及"逆库兹涅茨化"问题对策的相关研究成果。

在论述供给侧结构性改革的研究动态时，侧重关注了研究语境和理论创新两个方面。在论述产业结构变迁的研究动态时，首先总结的是自"配第—克拉克定律""霍夫曼定理"到库兹涅茨的"库兹涅茨式"结构理论以及钱纳里的标准产业结构理论的经典理论成果；其次介绍的是关于产业结构演变与生产率增长之间关系的国内研究成果。在阐释"逆库兹涅茨化"问题的理论溯源以及相近研究时，首先从"服务业扩张"和"城乡分割"两个角度进行理论溯源的阐述。在介绍"逆库兹涅茨化"问题对策的相关研究时，首先集中介绍了工业内生技术变革理论，其次介绍了农业产业化的研究成果。

就整体而言，目前国内外针对"逆库兹涅茨化"问题系统的、直接的研究成果极少。在组织理论基础和文献综述时，很多时候我们只能转变思路，提供相近理论和相关的研究成果。但是，毋庸置疑，本书所介绍的产业结构变迁的研究动态、"逆库兹涅茨化"问题的理论溯源和相近研究，以及"逆库兹涅茨化"问题对策的相关研究成果这三部分内容，均构成我们探索"逆库兹涅茨化"问题的丰厚理论基础，尤其为本书探讨"工业劳动力移出"的应对路径以及"农民工回流"的解决方案提供了重要的参考价值。同时，我们也清醒地看到，大多数文献仍是与"逆库兹涅茨化"问题相关的研究成果；以它们为基础，通过切实的背景与现实考察，理论分析和实证研究，对"逆库兹涅茨化"问题进行全方位的解析，并提出更为直接的、有效的对策建议是本书的主要任务。

第三章 背景：供给侧结构性改革以及"逆库兹涅茨化"产生

供给侧结构性改革战略的提出，与我国所处的特定经济发展阶段密切相关。我国目前所处的经济发展阶段为"库兹涅茨过程"（以下简称 K 过程）的末期：农村劳动力流动已进入平缓期，经济服务化趋势抬头，国家正面临着工业实体经济提升与农业乡村经济振兴的双重历史任务。毋庸置疑，供给侧结构性改革所面对的是 K 过程末期复杂多变的产业结构演化动态，一方面维系着与经济发展阶段相契合的基本动向，另一方面则承受着各种因素的扰动，并孕育着新的经济发展阶段。在如此复杂的局面下，"逆库兹涅茨化"问题极有可能乘虚而入。

本章的内容共分为三部分，其中主体内容为两部分，最后一部分内容为小结。就主体内容而言，第一部分针对改革面对的经济发展阶段特征与历史任务进行分析；第二部分针对"逆库兹涅茨化"的直接诱因、衡量标准和具体表现进行介绍。

第一节 供给侧结构性改革所处的经济发展阶段及其历史任务

基于青木昌彦（Aoki，2012）的经济发展阶段划分理论，我们认为，我国的供给侧结构性改革所处的经济发展阶段为"库兹涅茨过程"（K 过程）的末期。我国的供给侧结构性改革面临的重要历史任务是"促进生产力发展，提高全要素生产率，扭转不断下滑的潜在增长趋势"（丁任重，2022），为此我们要消除各种经济结构风险，并大力发展实体经济。

一、经济发展阶段：K 过程阶段末期[①]

（一）K 过程的阶段划分

对经济社会发展阶段的划分与界定，有助于以经济史的广袤视野洞察经济体的发展规律和特征，从而预判经济复兴的时机与规模。青木昌彦在对东亚经济发展的考察过程中发现，东亚各国的经济发展可以按照统一方法划分为五个阶段。[②] 其中"库兹涅茨阶段"被认为上述经济发展五阶段中第三个阶段，其下一个阶段为"基于人力资本发展阶段"（Human Capital Based，以下简称 H 阶段）。K 阶段，以及由 K 阶段向 H 阶段的过渡阶段，尤其值得关注，因为它们是东亚各国实现经济复兴或超越的重要时期。本书把这一时期所对应的经济发展过程称为"库兹涅茨过程"，或 K 过程。

如何来识别 K 过程的各个发展阶段呢？[③] 换言之，如何界定一个国家 K 过程的起点、持续时间的长短，以及终点呢？仍然依据青木昌彦的观点：通过计算一些量化指标，并将计算结果比照国际上经验法则[④]初步确定，然后结合各国的体制变化特点，给出最后判断。

表 3-1 展示了由青木昌彦算出的中国经济发展阶段的具体划分情况。

表 3-1　青木昌彦关于中国经济发展阶段的划分

阶段	时间跨度	$g\ (Y/N)$	$g\ (L/N)$	$g\ (E/L)$	$g\ (S)$	$g\ (Y_I/E_I)$
G	1952~1967 年	3.53	-0.41	1.18	-0.59	3.35
	1967~1977 年	4.26	0.46	-0.18	1.65	2.33
K	1977~1989 年	8.12	1.01	0.43	3.47	3.21
K/H	1990~2000 年	9.30	0.50	-0.46	0.80	8.46
	2000~2010 年	9.86	0.61	-0.63	1.94	7.94

注：参考：Aoki M. The Five Phases of Development and Institutional Evolution in China, Japan, and Korea [A] // Aoki M, Kuran T, Roland G. Institutions and Comparative Economic Development [M]. Basingstoke：Palgrave Macmillan，2012：16. 笔者在引用时对书中的表格进行了整理。

[①] 出于与后面章节内容相关联以及篇幅原因，关于我国处于"K 过程阶段末期"的判断过程和结论本书放在后记部分。

[②] 关于"K 过程"的概念界定请参考本书的绪论部分。

[③] 在本书的后记部分，补充论证了经济发展阶段的时间界点划分问题。

[④] 例如农业就业份额，青木昌彦依据东亚各国的经验数据指出：若一国的农业就业份额达到 20% 左右时，则可以认定该国经济发展的"库兹涅茨阶段"基本结束。

由表 3-1 中的内容得知，K 过程所跨的两个阶段——K 阶段和 K/H 过渡阶段，它们以 20 世纪 80 年代末为分界点。[①] 青木昌彦认为，中国经济发展 K 过程的起点是 1977 年，但具体的终点他在文中并没有给出。本书认为，我国目前经济发展所处的阶段是 K 过程的末期。[②]

根据国内学者蔡昉（2018）的观点，改革开放以来我国经济社会的发展经历了明显的"库兹涅茨过程"。在这一过程中，人口红利盛行，农村劳动力转移为非农产业提供了丰裕的、成本低廉的非熟练劳动力，而我国的经济进入为期 30 年的高速增长阶段。但是上述鲜明特征在当前劳动力由无限供给转为有限供给、人口红利式微的背景下遭遇弱化；即便如此，"鉴于目前我国的劳动力转移潜力仍未完全耗尽"，"这个过程中所发生的劳动力转移，完全体现了资源重新配置的库兹涅茨改进"，应该将目前阶段视为"库兹涅茨过程"的末期。

K 过程系农村劳动力流动潜力不断释放、经济发展模式发生演进的动态过程。借助 K 过程我国实现了经济飞跃，被世界称为"发生了经济奇迹"。究其原因，本书认为，中国体制当为首要的因素，而基于农村劳动力转移促进经济发展的研究文献，构成与 K 过程经济发展机制相关研究成果的主体内容。令人遗憾的是，以二元经济理论体系为代表的农村劳动力流动相关文献，对体制问题的忽视成为不争的事实。忽视体制因素会导致相关研究结论与发展中国家现实情境的偏离。目前国内外关注体制原因且具有深远影响力的经济发展文献，首当其冲的是库兹涅茨（Kuznets，1955）发表的《经济增长与收入不平等》（*Economic Growth and Income Inequality*）一文，他在文中给出的结论为：对经济发展的有效研究方向是从市场经济转向政治和社会经济。就中国体制如何影响经济发展的整体逻辑而言，法国调节学派通过构建工资与劳动之间关联机制以解析中国的资本积累体制。[③] 此外，国内学者刘刚和张晓姗（2017）提出，中国的"半城市化"积累体制，是中国经济高速增长的制度基础；另有学者孟捷和李怡乐（2013）指出，中国特有的户籍制度与土地制度，事实上为资本积累起到了"安全阀"的作用。

[①] 虽然青木昌彦将 1990 年随后的阶段界定为 K 与 H 并行的阶段，但事实上他并没有给出有信服力的理由。单从表中的计算结果来看，结构效应在 1990~2000 年虽然较前期已经下降（数值为 0.80），但是在 2000 年之后这一效应又再次上升，并对经济增长的贡献率达到了 19.7%。本书观点可以与青木昌彦达成共识的是，1990 年之后的阶段仍然是经济发展 K 过程的延续，经济增长仍然受益于主要由农村劳动力转移所带来的结构效应；同时，由于工作年龄人口占总人口的比重还未出现下降趋势，意味着我国尚未进入人口红利完全消失的"PD 阶段"。

[②] 请参考本书的后记部分。

[③] Boyer R. A World of Contrasted But Interdependent Inequality Regimes：China, United States and the European Union［J］. Review of Political Economy, 2015, 27（4）：81-517.

我国经济发展的 K 过程起源于 1977 年①，其主要的制度基础是引致城乡分割的户籍管理制度与土地制度。借助具有中国特色的户籍制度和土地补偿制度，一种"半城市化"调节模式形成，我国经济高速增长模式随之运行。

接下来本章将对上述两种制度的概况进行介绍。②

（二）K 过程的制度基础：户籍制度与土地制度

如上文所述，我们认为我国经济发展 K 过程的制度基础是户籍管理制度与土地制度。

首先介绍户籍管理制度。1958 年颁布实施的《中华人民共和国户口登记条例》，为我国城乡分割局面揭开了序幕，并为二元经济发展奠定了基础。在 20 世纪 80 年代，我国进入对农村劳动力的"控制转移"阶段，其中的暂住证管理制度正式预告了农民工"半城市化"状态的开始；在 20 世纪 90 年代，通过规范暂住证的申领办法，明确了流动人口的劳动权利；自 21 世纪以来实施的居住证管理制度，采用类似于国外"绿卡"的管理模式，从而在放松户口管制方面比暂住证制度又向前迈了一大步，因为它确保了流动人口的居住权和工作权，实际上具有区分永久性流动人口与非永久性流动人口的政策含义；2010 年以来我国的居住证制度逐步走向完善。即便如此，附着在它上面的权利与城市市民的户籍权利仍然存在本质差别，如居住证持有者与城市市民在养老保险、失业保障、住房保障以及子女受教育权利等方面仍存在不小的差异。换言之，截至目前，尽管户籍制度改革为我国农村劳动力转移创造了越来越宽松的环境，但是多数农民工的"半城市化"状态一直在持续。

其次介绍土地制度。土地制度在我国农村制度体系中一直占据着核心地位，它与农村劳动力的切身利益直接相连。对农村劳动力提供消费平滑作用和最低收入保障的是我国的土地制度。自我国农地实行家庭承包经营以来，农村劳动力拥有土地经营权，其日常的消费风险已大大降低，维系农村劳动力再生产的生存收入完全能够得到保障。除消费平滑作用和最低收入保障之外，土地制度在我国经济增长"半城市化"调节模式中还具有多重意义。孟捷和李怡乐（2013）提出我国土地制度使"这些农民工失业后又在农业部门重新就业，这就为资本积累提供了一个安全阀，并使产业后备军具有更为隐蔽也更为安全的形式，支撑了一种极为灵活的积累体制"。李长健等（2009）指出农村土地的社会保障作用表现为

①　青木昌彦认为，1977~1989 年是我国经济发展的纯粹的 K 阶段，详见表 2-1；一般认为应为 1978 年，改革开放之元年。

②　在本书的"现实考察：产业结构调整政策以及产业结构合理化"章节，将在产业政策体系中详细介绍我国户口管理制度与土地制度变迁情况。

"最低生活保障、养老保障、失业保障和医疗保险"等。如果说在改革开放早期阶段土地制度为农民工提供的是一种安全感的话,那么随着国家土地补偿制度的逐步完善,在货币性补偿有法可依之后,此时制度为农民工提供的是一种获得感。

因此,我国的户籍管理制度与土地制度为我国农村劳动力的"半城市化"流动提供了制度保障。基于此,我国采取了经济增长的"半城市化"调节模式。① 该模式构成我国经济发展 K 过程运行机制的基本内容。我国的产业结构调整是在这一调节模式下进行的。接下来将对此进行详细的介绍。

(三)我国经济发展 K 过程的运行机制:"刘易斯—阿瑞吉"框架

在经济发展的 K 过程,我国的产业结构调整主要采用了"半城市化"的调节模式。我国农民工呈"半城市化"状态流动被学术界视为伴随我国经济高速增长的重要特征之一。研究我国的"半城市化"调节模式问题,就是通过分析影响劳动力流动特别是农村劳动力流动的体制原因,解析我国农村劳动力流动影响经济增长的机理,诠释我国经济高速增长的制度基础,并且为现阶段我国经济如何实现高质量发展提供思路。

世界范围内关于农村劳动力流动影响经济增长的二元经济理论体系,无论是刘易斯的城乡分割视角,还是新古典经济学以劳动力"工资"为导向的学说,对研究我国经济增长的"半城市化"调节模式均具有一定积极意义,但是它们的理论建构对体制的作用大多一笔带过;而以户籍制度和土地保障制度为主要内容的独特中国体制却是我国经济增长调节模式的核心所在。本书尝试在刘易斯二元经济理论体系的基础上,吸纳其他相关学说——阿瑞吉理论观点加以弥补,提出"刘易斯—阿瑞吉"理论分析框架,以说明、分析与诠释我国经济增长的"半城市化"调节模式。

与世界上多数国家农村劳动力流动表现为城乡间直接流动所不一致的是,在我国的农村劳动力流动过程中存在着一个庞大的中间阶层——农民工。我国农村劳动力的流动特征主要从农村劳动力流动模式与流动轨迹两个方面进行阐释。农村劳动力的流动模式大致可以分为永久性流动和非永久性流动两种,就整体而言,我国农村劳动力流动呈"候鸟式"、季节性的非永久性流动。我国农村劳动力呈现非对称性的双向流动轨迹,分为主要轨迹和次要轨迹。长期以来,从农业流往非农产业为我国农村劳动力流动的主要轨迹。从非农产业部门流往农业部门是我国农村劳动力流动的次要轨迹,也称"弱回流"轨迹。刘易斯的二元理论虽然关注了发展中国家的城乡分割和二元经济结构问题,但是对体制、农村劳动

① 关于"调节模式"的说法来自法国调节学派的学说,具体请参见本书绪论的"概念界定"部分。

力转移与经济发展间的介质研究关注度不够，尤其没有厘清制度、劳动要素禀赋以及资本积累之间所存在的作用机制。显然，完全用他的理论体系来解释我国特定发展阶段的现实问题是不足够的。

中国经济的高速发展引起了社会历史学家乔万尼·阿瑞吉的关注，他尝试用一个既区别于发达国家又区别于发展中国家的理论框架去分析中国的经济发展问题。他发现，与普遍看法相反，中华人民共和国对外资的主要吸引力并非其丰富的廉价劳动力资源。全球有很多这样的资源，可没有一个地方能像中国那样吸引如此多的资本。我们认为，主要吸引力是这些劳动力在健康、教育和自我管理能力上的高素质。[1] 他指出，中国目前的劳动过程比其他任何地方都依赖劳动力的自我管理技术。这也许是新形势下中国具有竞争优势的主要原因之一。[2]

阿瑞吉上述观点的逻辑是：中国农民工这一群体在空间上呈"半城市化"状态，在身份上呈"半工人"状态；处于"半城市化"状态下的中国农民工保留了宝贵的自我管理能力，降低了企业的管理成本；这让他们成为城市非农业产业部门竞争优势的来源。

本书以刘易斯的二元经济理论为基础，遵循阿瑞吉观点中的上述逻辑，给出诠释我国经济发展 K 过程运行机制的"刘易斯—阿瑞吉"框架。"刘易斯—阿瑞吉"框架诠释了我国经济增长的"半城市化"调节模式内容，而我国的产业结构调整在这一模式下进行。图 3-1 演示了刘易斯—阿瑞吉框架的内容。从图中可以看出，虚线方框内的户籍制度与土地制度构成我国产业结构调整的"半城市化"调节模式的制度基础；体制因素对我国农村劳动力流动特征与农民工"半城市化"状态产生直接塑造作用，其中农村劳动力流动特征与农民工"半城市化"状态表现相辅相成；我国劳动要素供给优势以及资本积累优势在上述基础上形成。

我国经济发展 K 过程的运行以农村劳动力的大规模转移为前提条件。K 过程的前期与农村劳动力的无限供给期相对应；而在 K 过程的后期或者向 H 过渡阶段，则与农村劳动力有限供给期相对应。针对 K 过程的经济发展运行机制，本书在上述分析的基础上得出以下两个结论：第一，在我国经济发展的 K 过程中，城乡劳动力的制度异质性，造成农民工"半城市化"流动状态，为非农产业提供

---

① 阿瑞吉的部分观点引用自刘刚和张晓姗所著的《中国高速增长的"半城市化"调节模式：布瓦耶和阿瑞吉的比较与补充》一文，参见《中国人民大学学报》2017 年第 1 期。

② 杨慧. 资本的蜿蜒之路（下）——乔万尼·阿瑞吉访谈［J］. 国外理论动态，2009（9）：45-52.

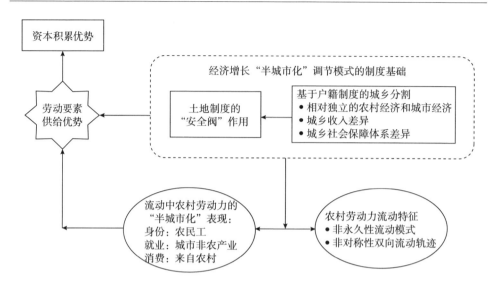

图 3-1　经济发展 K 过程运行机制的"刘易斯—阿瑞吉"框架

劳动要素优势供给条件，促进了企业的生产扩张和资本积累。具体而言，制度异质性设计导致农民工禀赋水平被"低估"，形成有利于企业低成本扩张的劳动要素供给条件；农民工与城市户籍工人之间的禀赋差异反而导致消费者整体福利水平上升；其间土地制度发挥了为农民工带来安全感与获得感的作用。第二，在我国经济发展 K 过程的末期，即向 H 过渡的阶段，经济发展的运行思路应以农民工禀赋水平提升以及企业技术进步为关注点。市场机制将发挥决定性作用，而具有指导性作用的制度异质性，其内容设计应考虑与市场对资源配置方向相一致。值得注意的是，在整个经济发展的 K 过程中，我国的土地补偿制度一直发挥着增加农民工的"获得感、幸福感与安全感"的作用。本书认为，基于"刘易斯—阿瑞吉"框架的"半城市化"调节模式，事实上为我国产业结构的调整政策定下基调：在 K 过程中借助户籍制度和农村劳动力流动政策等调整着我国产业支持的方向和范围，并为主导产业塑造竞争优势进行制度有效设计。

　　我国经济发展的 K 过程末期，即向 H 过渡的阶段，应为自 2009 年至今的这一段时期。[①] 劳动力供给条件发生质的变化，产业就业环境显著变动，均为"逆库兹涅茨化"问题的产生提供可能。

---

　　①　阶段的时间节点判断原则和过程请参考本书后记部分。

二、供给侧结构性改革的历史任务

提高全要素生产率、发展生产力是我国供给侧结构性改革的一项重要历史任务。为实现这一历史任务，必须有效化解经济运行中的多维风险，并着力发展实体经济。

在外部环境复杂严峻与内部调整要素叠加综合作用下，我国的经济运行中存在着多个维度的风险，如外部风险、产业链安全、就业风险、总需求增长乏力、系统性金融风险、新旧动能转换耗时长、"脱实向虚"风险，以及本书所关注的"逆库兹涅茨化"风险等。只有警惕并逐步消除上述各种风险，才能保证改革稳步地推进。

实体经济对经济增长、稳定就业以及产业链安全等发挥着无与伦比的作用。

在供给侧结构性改革中，重点把发展经济的着力点放在实体经济上，并抑制虚拟经济过旺的不良态势。要在"虚实分离"的常态中坚持"实体经济决定论"，从体制机制上化解"虚实结构失衡"。[①] 纠正资源配置的"脱实向虚"，着力发展实体经济，以及提高全要素生产率三者之间存在着内在联系，务实地做好前两个工作是提升全要素生产率的有效路径。完善劳动力、资本、技术等要素市场，引导要素流向实体经济，并对实体经济的创新发展发挥作用，坚持实体经济在资源配置中的重要地位；建立促进实体经济发展的市场环境，完善研发投入机制体制，保证资本市场融资进入技术创新部门并推动技术进步，降低金融结构对技术进步带来的负效应。[②]

第二节　"逆库兹涅茨化"产生

现阶段我国正迈入"库兹涅茨过程"（K过程）的末期。在这一时期，我国的要素供给条件与经济增长机制均发生了大的转变。在此背景下，经济增长的"半城市化"调节模式需要审慎运行，产业结构调整中的"逆库兹涅茨化"问题开始逐步显现。

① 黄群慧. 浅论建设现代化经济体系 [J]. 经济与管理，2018（1）：1.
② 冉芳. 金融"脱实向虚"、金融结构与全要素生产率 [J]. 现代经济探讨，2019（11）：68.

一、扰动显现：调节模式弱化与"逆库兹涅茨化"产生

在 K 过程的末期，经济社会发展的前提条件出现两大变化：一是刘易斯第一拐点后我国整体劳动要素的供给条件发生了变化；二是第二产业（工业）的增长机制发生了转变。前提条件的变化，在削弱了我国"半城市化"调节模式运行效率的同时，也成为"逆库兹涅茨化"问题出现的诱因。

（一）刘易斯第一拐点后我国劳动要素供给条件的变化

费景汉—拉尼斯（LRF）模型（Ranis and Fei，1964）将农村劳动力流动到城市非农产业的过程分为三个阶段：第一个阶段的特点是农村劳动力绝对剩余，农村存在显性失业，对非农产业而言是农村劳动力能够在固定的低工资水平上无限供给。这一阶段也被称为刘易斯第一拐点前的阶段。第二个阶段的特点是农村劳动力仍有剩余，农村存在隐性失业，非农产业的企业须在提升工资的前提下才能雇用到农村劳动力，农业的边际生产率逐步上升，但城乡工资仍存在差异，农村劳动力对非农产业提供有限供给。这一阶段被称为刘易斯第一拐点后和第二拐点前的阶段。第三个阶段的特点是农村已没有剩余的劳动力，农业的边际生产率等于社会平均收入，城乡工资差异基本消失，二元经济向一元经济转化。这一阶段可称为刘易斯第二拐点后的阶段。

我国目前所处的经济阶段基本处于第二阶段，即农村劳动力的有限供给阶段。在这一阶段，劳动要素的供给条件由丰裕转化为相对丰裕，由低成本转化为相对低成本。

在这一阶段，"半城市化"调节模式的效力被削弱。首先因为调节模式的制度基础面临新的改革。新的改革方向为促进城乡一体化发展，而不是强化农民工的"半城市化"流动模式。其次，随着乡村振兴的发展，农村劳动力面临着越来越多的就业选择，在此情形下他们的收入也趋于多元化，消费水平和方式与城市劳动力之间的差异越来越小，与"半城市化"调节模式相适应的农民工旧的消费模式已经逐步从生活中淡出。伴随着"半城市化"调节模式的弱化，产业结构中的"逆库兹涅茨化"问题随时可能出现。在制度层面，劳动力自由流动的限制进一步放开，农业产品供给成本上升和价格上涨，导致农民的边际产品收入上升，农业对农民工的拉力逐步增强，"农民工回流"的就业意愿提升，进而"逆库兹涅茨化"问题显现。

（二）工业增长机制转变：技术路径、市场规则改变

自进入 K 过程以来，我国的工业增长遵循的一般逻辑是：要素条件与技术路径的契合得到市场规则的认可和奖赏，得到正反馈信号，进而形成路径依赖。这样的一个机制与约翰·霍兰德（John H. Holland，1999）所提出的"涌现机制"

有类似之处：大量自治性个体在环境刺激下，共同装载某些相同的行为规则，通过行为规则中的反馈作用，生成某种宏观上的有序现象。① 除"涌现"之外，现代系统科学中还有一个基本的概念，那就是演化。何谓演化？所谓演化，是由于系统在内外因素的影响下产生了主体之间以及系统与环境之间新的行为规则和新的行为战略，它们在由主体构成的关系网络中蔓延传播，从而导致原有系统稳态的瓦解、分岔或变迁，并最终导致系统的彻底崩溃或导致新的系统稳态的诞生。② 如果说我国要素驱动的增长模式引致 30 年经济高速增长是一个涌现现象的话，那么目前经济新常态下的增长则呈现为一个演化问题。因为内外因素的演化和环境、市场规则的变迁同时发生，系统原有的秩序遭受大的冲击，其未来的发展动向具有不确定性和复杂性。贝恩·阿瑟（Brian W. Arthur，1989）提出了关于低端技术锁定和路径依赖的思想。③ 我国自改革开放以来采纳的技术大体以国外成熟的标准化技术为基础，并加以本土化的改造。技术的本土化改造是我国来自企业内部的创新活动，它改变了技术的收益变化规律，使之成为收益递增的技术；代表性企业一旦选择了某项技术路径，获得环境的正反馈信号，其利润回报会吸引更多的企业进入，技术在多次被使用之后会得到强化和改进，增加使用者的收益。采纳这一技术路径进行生产的企业在其数量急剧增加达到一定规模时，该生产模式将逐步演化成为一个经济体中的占主导地位的产业范式，代表着整个经济体的竞争优势与竞争地位。一个经济体在其工业范式中确定了某条技术路径，因为惯性、高退出壁垒、制度刚性等多种原因容易被锁定，我国也不例外。我国的工业基本上选择了劳动密集型、标准化的生产技术，这条技术路径曾经几十年承载着我国劳动要素的比较优势和企业的竞争优势，选择这一路径成为多数企业的一种习惯。基于此，代表性企业既然可能被锁定在单一技术路径上，那么这条路径还是不是一条相对先进的技术路径呢？答案是否定的。技术本身具有日新月异的变化规律，新技术很快就会被淘汰而成为落后的技术。以我国普遍引用的大规模标准化生产技术为例，在 20 世纪末从发达国家引用过来的时候，它对发达国家来说就是相对落后的技术，只是当时对我国的企业而言还是较新的技术。但是技术新旧程度的判定更多的是与国家的发展水平相关，我国经过 30 多

① 屈强，何新华，刘中回. 系统涌现的要素和动力学机制 [J]. 系统科学学报，2017（8）：27.

② 龚小庆. 经济系统涌现和演化——复杂性科学的观点 [J]. 财经论丛（浙江财经学院学报），2004（5）：12.

③ Arthur B W. Competing Technologies, Increasing Returns, and Lock-In by Historical Events [J]. The Economic Journal, 1989（394）：116-131. 我国产业技术路径可能被"低端锁定"的问题早在经济高速增长期间就被学者们未雨绸缪地提出，本书认为"低端锁定"的问题主要发生在经济发展的 K 过程末期。特此说明。

年的高速增长，已经成为中等收入国家和发展中国家的佼佼者；原先较先进的技术现今已经是较落后的技术，如果陷入这一技术路径不能自拔，就可能被"低端锁定"。值得注意的是，市场被视为一个称职的裁判员，他按照裁判规则秉公行事。在经济发展的现阶段，裁判规则较以前已经发生了改变。这是因为市场环境已经发生了改变。市场给予的正反馈信号起码具有两层含义：一是企业生产了符合消费特征的产品；二是企业在供应上述符合要求的产品时表现出比同行更大的竞争优势。何谓市场？根据阿林·杨格（Allyn A. Young，1928）的观点，市场指的是市场规模或者购买力，是由交易联系到一起的生产活动总和。市场规则中非常重要的是需求规则，更多地反映为特定时期的消费偏好，当消费以"物美价廉"为偏好，消费者并不介意较大范围的产品趋同时，市场会表现出对规模生产的标准化产品的正反馈。目前的世界环境中的消费规则是什么？技术生产与市场需求将如何协调？市场经济发达的国家的做法给予启示作用：后福特主义生产方式与追求品质化、个性化、差异化的消费格局始终保持一致。因此市场规则业已改变，"品质化、个性化、差异化"已成为新的裁判规则。再回到阿林·杨格的观点，对市场范围与规模进行界定。我国在经济高速增长期，以国际市场为主要目标市场以发展外向型经济，对国内市场甚至以国际市场较低的标准进行产品供应，国内市场在很大程度上对产品存货起了缓冲作用。而在目前，随着国内中等收入消费群体的增加，国内市场逐步转化为主要的目标市场，国内市场的消费特征和规则成为企业市场调研活动的重心。与国际市场相比，国内市场的消费特征一方面具有与国际市场相趋同的地方，但另一方面具有其独特的消费习惯，但即便如此，完全统一化和标准化的产品生产习惯已经逐渐不能得到国内市场和发达国家市场的正反馈信号。总之，在经济新常态下，我国要素驱动经济增长模式下的产业范式面临着严峻的挑战：目标市场重心转移，市场裁判的规则改变，技术路径和相应的产业模式却被"锁定"而缺乏变化；最重要的驱动因素和资本积累的来源——要素的条件供给发生改变，原先的生产优势和竞争已逐步缩小，要素与原有生产技术之间的"默契"已被打破，所生产的产品正逐步丧失市场的正反馈信号。维系我国经济高增长的要素驱动模式在经济新常态下已经步履维艰。因此，在 K 过程的末期，工业发展需构建要素条件与技术路径之间的新契合关系，而且这种关系还必须符合市场新规则的要求。在这种情况下，显然需要有整体的创新才能够解决问题。

在这个过程中，劳动力在非农产业部门内部的流动以及产业结构的同步变迁随时发生。传统工业的转型升级，一方面增加了对具有鲜明人力资本特征的劳动力的需求量，以用于开辟新的技术进步路径；另一方面减少了对受教育程度低、技能不足的劳动力的吸纳量。工业劳动力的结构性短缺问题逐步显现。"半城市化"流动中的农民工若缺乏足够的职业技能培训，可能被从较高生产率的第二产业中挤出，进入较低生产率的第三产业或第一产业就业，"逆库兹涅茨化"问题进而出现。

二、"逆库兹涅茨化"问题的衡量标准

"逆库兹涅茨化"问题的一般衡量标准是生产率。如前文所述，在整个"库兹涅茨化"阶段，劳动力流向接受劳动生产率的指引，为经济发展带来劳动配置的正效应或"结构红利"。在 K 过程的末期，经济以高质量发展为方向，产业结构调整的目标包括工业创新增长、城乡均衡发展以及产业协同发展等多个维度。基于此，"逆库兹涅茨化"问题的衡量标准不应是单一的劳动生产率指标，而是包括全要素生产率在内的生产率指标体系。

（一）将全要素生产率（TFP）指标纳入衡量标准的原因

现阶段，应将全要素生产率纳入指标体系用来衡量"逆库兹涅茨化"问题，其中的原因主要表现在以下五个方面：

1. TFP 标准与供给侧结构性改革的任务目标相一致

自 2015 年 12 月召开的中央经济工作会议提出以供给侧结构性改革引领经济发展新常态之后，不少学者针对供给侧结构性改革目标进行研究（刘世锦，2016；蔡昉，2016），他们普遍认为供给侧结构性改革以优化资源配置、提高全要素生产率为目标。因此，全要素生产率标准契合了我国供给侧结构性改革的目标。我们对产业结构调整中的"逆库兹涅茨化"问题的考察是在国家供给侧结构性改革的背景下进行的，将全要素生产率标准纳入衡量问题的标准体系符合上述背景的要求。

2. TFP 蕴含着与生产率直接相关的劳动再配置效应

全要素生产率是代表技术进步率的指标，一般通过它对经济增长率的贡献加以体现。较早系统地提出全要素生产率（TFP）核算方法的是索洛（Solow，1956），他将 TFP 的增长效应表示为经济增长率减去劳动要素与资本要素贡献之后的差，因此它也被称为索洛余值。马塞尔（Massel，1961）以增长源分析框架，核算各方面因素对经济增长的贡献时，给出计算全要素生产率的计算公式，这一公式被国内不少学者在研究农村劳动力转移对经济增长贡献时参考借鉴（伍山林，2016）。在全要素生产率增长率的计算公式中，要素再配置效应和技术进步效应均包括在内，其中劳动要素再配置效应通过劳动力在产业间转移的量以及转移前后两部门间的劳动生产率差异共同体现。[①] 而"逆库兹涅茨化"问题对经

---

① 请参见世界银行在核算我国劳动力转移对经济增长的贡献时，给出的计算全要素生产率的经典计算公式。Nehru V. The Chinese Economy：Fighting Inflation，Deepening Reforms ［M］. Washington，D. C.：World Bank Publications，1996.

济增长的影响便表现为劳动再配置的一种效应，因此 TFP 应该纳入衡量这一问题的指标体系。此外，在 TFP 对经济增长的贡献中除与生产率相关的要素配置效应之外，还包含了对现阶段我国产业创新发展更有意义的技术进步效应。因此将 TFP 纳入衡量产业结构调整存在问题的指标体系，将会使考察指标更加全面、具体。

3. TFP 标准与工业创新发展的要求相契合

如上文所述，现阶段我国的工业发展面临着创新发展的历史任务。工业企业在转型升级过程中，对劳动生产率的提升和技术进步的需求可谓前所未有。当"逆库兹涅茨化"问题显现时，工业企业可能因失去一部分人力资本而影响其创新活动（"干中学"效应）。全要素生产率指标直接反映技术进步水平的高低，当我们将全要素生产率纳入衡量标准体系时，更能够准确地估算"逆库兹涅茨化"问题对我国工业创新发展的影响程度。因此将全要素生产率纳入衡量标准体系，使我们对问题的分析更加切合工业企业的实际，所提出的解决方案也会更加符合我国工业创新发展的方向。

4. TFP 标准有助于实现城乡均衡发展的战略目标

如上文所述，我国长期以来存在的城乡显著差异已经造成乡村和农业发展的相对滞后问题。考虑到乡村振兴任务的艰巨性，我国的农业生产率可能在较长一段时期内落后于工业生产率。在该种情形下，若选用单一的劳动生产率指标来衡量产业结构的调整效应，可能会导致产业结构政策利好仍然"惯性"地导向城市和工业。全要素生产率指标则较一般的劳动生产率指标更加全面，更能指导农业走向农业产业化经营的创新发展路径；而这条路径也是乡村的自我发展之路。因此将全要素生产率纳入"逆库兹涅茨化"问题的衡量指标体系更有助于实现我国城乡均衡发展的战略目标。

5. TFP 标准满足服务业高质量发展的要求

目前，世界面临着"经济服务化"的大趋势。服务业的发展面临着前所未有的机遇，在整体产业中的振兴成为不可逆转的大趋势。但是我国目前服务业的产业基础薄弱，劳动生产率较低，尤其是生产性服务业和现代服务业均需要一段核心竞争力的培育期。因此，以全要素生产率为标准来衡量产业结构调整中存在的问题，能够有效避免在服务业发展道路上犯"短视"与"冒进"的错误，从而更好地满足服务业高质量发展的要求。

（二）生产率指标体系衡量下"逆库兹涅茨化"问题的两种表现

在单一劳动生产率标准下"逆库兹涅茨化"问题基本表现为"农民工回流"和"劳动力向服务业转移"；在指标体系的衡量标准下，"逆库兹涅茨化"问题基本表现将被重新审视：对"农民工回流"和"服务业扩张"现象进一步甄别、评估和剔除，找出真正构成产业结构调整风险的因素，对此加以防范和克服。因此在对"逆库兹涅茨化"问题的识别中将以更加辩证和审慎的态度对待"农民工回流"问题和"劳动力从工业转移到服务业"问题。

基于此，根据生产率指标体系的衡量标准，"逆库兹涅茨化"问题具有以下表现：首先，农民工由城市回流到农村的传统农业中去，其中不包括回流到农业产业化企业或现代农业中去；其次，劳动力从工业转移到传统服务业中去，其中不包括劳动力转移到生产率更高和创新性更强的现代服务业中去。总之，在生产率指标体系衡量下，用一句话概括产业结构调整中"逆库兹涅茨化"问题的表现：缺乏创新驱动发展能力的、低生产率产业部门占据了过多的劳动力资源。

第三节　小结

本章内容论述我国产业结构调整中"逆库兹涅茨化"产生的背景，进一步提出供给侧结构性改革背景下"逆库兹涅茨化"问题的衡量标准，以及依据标准该问题的具体表现。

我国供给侧结构性改革面对的经济发展阶段为"库兹涅茨过程"的末期。对我国经济发展 K 过程的界定，其文献基础为青木昌彦关于东亚经济社会发展五阶段的研究成果。我国经济发展的 K 过程起源于 1977 年，其制度基础包括造成城乡分割的户籍管理制度与土地制度。正是基于具有"中国特色"的户籍制度和土地补偿制度，我国经济高速增长的模式得以运行。在 K 过程，我国的经济发展采用了"半城市化"的调节模式，遵循了"刘易斯—阿瑞吉"框架。本书认为，"刘易斯—阿瑞吉"框架的"半城市化"调节模式，决定了我国长期的产业政策走向以及产业结构调节模式。

在经济发展的 K 过程末期，前提条件的变化，在削弱了我国"半城市化"调节模式运行效率的同时，也成为"逆库兹涅茨化"问题出现的诱因。我国目前所处的经济阶段基本处于农村劳动力的有限供给阶段。在这一阶段劳动要素的供给条件由丰裕转化为相对丰裕，由低成本转化为相对低成本，"半城市化"调节模式的效力被削弱，农民的边际产品收入上升，导致农业对农民工的拉力逐步增强，"农民工回流"就业意愿提升，进而"逆库兹涅茨化"问题显现。在 K 过程的末期，工业发展需要构建要素条件与技术路径之间的新契合关系，而且这种关系还必须符合市场新规则的要求。传统工业的转型升级，一方面增加了对具有鲜明人力资本特征的劳动力的需求量，以开辟新的技术进步路径；另一方面减少了对受教育程度低、技能不足的劳动力的吸纳量。"半城市化"流动中的农民工若缺乏足够的职业技能培训，可能被从较高生产率的第二产业中挤出，进入较低生产率的第三产业或第一产业就业，"逆库兹涅茨化"问题进而出现。

"逆库兹涅茨化"问题的一般衡量标准是生产率。在供给侧结构性改革背景下，产业结构调整的目标包括工业创新增长、城乡均衡发展以及产业协同发展等多个维度，因此"逆库兹涅茨化"问题的衡量标准不应是单一的劳动生产率指标，而是包括全要素生产率在内的生产率指标体系。根据生产率指标体系的衡量标准，"逆库兹涅茨化"问题具有以下表现：农民工由城市回流到农村的传统农业中去，其中不包括回流到农业产业化企业或现代农业中去；劳动力从工业转移到传统服务业中去，其中不包括劳动力转移到生产率更高和创新性更强的现代服务业中去。因此，产业结构调整中"逆库兹涅茨化"问题主要表现为缺乏创新驱动发展能力、低生产率产业部门占据了过多的劳动力资源。

第四章 现实考察：产业结构调整政策以及产业结构合理化

在本章，我们将针对产业结构调整政策以及政策效果——我国产业结构的合理化问题进行现实考察，考察的结果将为本书后续章节的理论分析和实证研究提供现实依据。我们首先将对自中华人民共和国成立以来我国的产业结构调整政策体系进行阐述，该体系包括以十四个"五年规划（计划）"为线索和根本的整体产业政策，与户籍和土地制度改革相关的劳动力转移政策，以及日韩、美国等国家的产业结构政策。其次，我们将考察我国产业结构的合理化问题，通过建构多维度的考察指标来实施，其中的指标体系主要包括产业结构的基本类型、产业结构合理化指标（泰尔指数），以及产业结构的服务化测度等。

第一节 产业结构调整政策

至今我国的十四个"五年规划（计划）"决定着产业结构调整政策演化的方向和内容；与劳动力转移相关的土地和户籍改革政策是产业结构变迁的制度原因；特定时期的世界产业结构政策为研究我国产业政策的合理化问题提供有益借鉴。因此，产业结构调整政策的内容应包括我国的整体产业政策、劳动力转移的相关政策，以及其他主要国家的产业结构政策。

一、我国的整体产业政策

自1953年至今，我国已经制定十四个"五年规划（计划）"。"五年规划（计划）"是我国经济发展的指挥棒，它的内容变迁奏响了我国70年来经济发展的变奏曲，而我国的整体产业政策被认为是这大合奏中的重要组成部分。

表4-1列出了自中华人民共和国成立以来我国十四个"五年规划（计划）"

中的产业结构调整政策内容摘要。其中"计划"在"'十五'计划"之后以"规划"冠名，因此"'十一五'计划"已改名为"'十一五'规划"，后面的以此类推。

表4-1 我国十四个五年规划（计划）中的产业结构调整政策摘要

时间	名称	指导战略及要求	产业政策的目标和重点	结构变迁方式
1953~1957年	"一五"计划	构建社会主义工业化的初步基础	优先发展重工业	指令性
1958~1962年	"二五"计划	赶超发达国家的战略	继续进行以重工业为中心的工业建设	指令性
1966~1970年	"三五"计划	备战战略；基本解决人民生活问题	按照"农、轻、重"的顺序	指令性
1971~1975年	"四五"计划	工农业全面发展	工农业产值每年增长速度达12.5%	指令性
1976~1980年	"五五"计划	建立较完整的国民经济体系	建立独立完整的工业体系	指令性
1981~1985年	"六五"计划	调整、改革、整顿、提高	工农业生产总值计划年均增长4%；降低能源消耗；强调企业技术革新	指令性与指导性
1986~1990年	"七五"计划	改革为先；改革与建设相互促进；社会总需求和总供给基本平衡	产业结构调整要适应社会需求结构的变化；计划工农业产值年增长分别为7.5%和4%	指令性与指导性
1991~1995年	"八五"计划	邓小平同志重要讲话；党的十四大；对内改革、对外开放	调整优化产业结构；强化交通运输和通信等基础设施建设；加快能源和重要原材料工业的发展；加强农业，促进农村经济的全面发展；加快第三产业的发展	指导性
1996~2000年	"九五"计划	正确处理改革、发展、稳定三者的关系；形成完善的社会主义市场经济体系	切实加强农业（发展国民经济的首位）；加强基础设施和基础工业；振兴支柱产业和调整轻纺工业；积极发展第三产业	指导性
2001~2005年	"十五"计划	坚持在发展中推进经济结构调整，在经济结构调整中保持快速发展；以发展为主题；结构调整为经济工作主线	加强农业在国民经济中的基础地位；加快工业改组改造和结构优化升级；大力发展服务业，明显提高服务业比重；实施西部大开发战略	指导性
2006~2010年	"十一五"规划	贯彻落实科学发展观；把调整经济结构作为主线，促使经济增长由主要依靠工业带动和数量扩张带动向三次产业协同带动和结构优化升级带动转变	发展现代农业；走新型工业化道路；大力发展主要面向生产者的服务业	指导性

续表

时间	名称	指导战略及要求	产业政策的目标和重点	结构变迁方式
2011~2015 年	"十二五"规划	以科学发展为主题；坚持把经济结构战略性调整作为加快转变经济发展方式的主攻方向	加强农业基础地位，提升制造业核心竞争力，发展战略性新兴产业，加快发展服务业，促进经济增长向依靠第一、第二、第三产业协同带动转变	指导性
2016~2020 年	"十三五"规划	落实新发展理念，以提高发展质量和效益为中心，以供给侧结构性改革为主线；实施制造强国和网络强国战略	推进农业现代化，构建现代农业产业体系；优化现代产业体系；推动信息经济发展	指导性
2021~2025 年	"十四五"规划	建设现代化经济体系；构建以国内大循环为主体、国内国际双循环相互促进的新发展格局；促进高质量发展；以深化供给侧结构性改革为主线	提高产业基础高级化、产业链现代化水平；稳固农业基础；增强城乡区域发展协调性；能源资源配置合理	指导性

由表4-1中的内容得知，我国十四个五年规划（计划）均涉及重要的产业结构调整的内容。值得注意的是，在"'八五'计划"之后，当经济借助高速增长达到一定规模的存量时，产业结构的调整和优化开始被视为促进进一步发展的重要手段。尤其是在进入21世纪之后，从"'十五'计划"开始，结构调整已成为我国经济工作的主线。

由"五年规划（计划）"纵观我国产业政策的演变，可发现其基本遵循了以下逻辑线索：一是对农业由"忽视、弱化"到"重视和优先发展"，尤其是自"'九五'计划"以后的每个"五年规划（计划）"均强调农业在国民经济中的基础地位；二是对工业由"优先发展"到"择优发展"，其间的发展重点由"重工业"转变为"轻工业、支柱产业"，然后发展到"战略性新兴产业"；三是对服务业由"忽视"转变为"与其他产业协调发展"。此外，产业结构的调整方式经历了从"指令性"到"指令性和指导性兼具"的变化，最后调整方式落实到以"指导性"为主。

后续的研究结果表明，对传统农业国而言，农业份额的下降是衡量其产业结构合理性和高级化的重要标准之一，而将农村劳动力由农业转移到其他非农业部门就业是降低农业份额的有效途径。因此，我国的农村劳动力转移政策可以被视为产业结构调整政策的一部分。

接下来，我们将针对我国农村劳动力转移的相关政策进行介绍。

二、我国的农村劳动力转移政策

户籍与土地制度改革的相关内容构成我国农村劳动力转移政策的主体部分。究其原因，户籍准入制度直接影响着农村劳动力"半城市化"流动的规模和城市化的速度；而土地流转的补偿规定与农民工的总收益直接相关。因此，借助户籍与土地制度，我国的农村过剩劳动力对非农产业部门发挥着"就业蓄水池"的作用。在这一过程中我国的产业结构相应发生着变化。

（一）考察我国户籍管理制度的演进情况

中华人民共和国成立以来，在我国逐步形成"城乡分割"的户口登记与管理制度，它们成为我国城乡二元经济产生的制度根源。自改革开放以来，学术界和决策层对农村劳动力转移引致经济发展重要意义基本达成共识，我国对户籍的管制程度随之逐步放松，一系列户籍制度改革得以缓慢展开。基本可以认定，上述相关的改革举措是以迎合农村劳动力流动权利的主张以及满足城市非农产业的劳动力需求为目的的。为便于理解自中华人民共和国成立以来我国户籍制度的变迁情况，我们在此以表格的形式将主要内容列出（见表4-2）。

表4-2　中华人民共和国成立以来我国的户籍制度变迁情况

年份	相关文件或政策	内容
1958	《中华人民共和国户口登记条例》	以农业户口、非农业户口区分城乡居民
1985	《公安部关于城镇暂住人口管理的暂行规定》	对流动人口实施暂住证管理
1993	地方政府的"蓝印户籍"政策	鼓励人力资本引进
1995	《暂住证申领办法》	暂住证的申领与外来人口的劳动权挂钩
2004	党的十六届四中全会"两个趋向"论断	工业与农业、城市与农村的协调发展
2006	《中共中央　国务院关于全面加强人口和计划生育工作统筹解决人口问题的决定》	建立城乡统一的人口登记制度，实施流动人口居住证制度
2007	《国务院关于在全国建立农村最低生活保障制度的通知》	为形成正式的农村社会保障体系奠定基础
2010	《关于2010年深化经济体制改革重点工作的意见》	放宽中小城市、小城镇的落户政策
2011	《国务院办公厅关于积极稳妥推进户籍管理制度改革的通知》	户籍制度改革与劳动力市场城乡整合
2015	《居住证暂行条例》	赋予农村劳动力与城市劳动力的平等权利
2018	《中共中央　国务院关于实施乡村振兴战略的意见》	坚持农业农村优先发展、城乡融合发展

续表

年份	相关文件或政策	内容
2019	《2019 年新型城镇化建设重点任务》	城市采取差别化精准化落户政策，积极推进建档立卡农民贫困人口落户

　　表 4-2 列出了我国户籍制度经历的演进情况，制度变迁的表层原因是解决城市流动人口的管理问题。从整体上看，户籍制度改革历经"城市户籍与就业严格管控—流动人口暂住证管理—流动人口居民证管理—中小城市放松落户"等几个阶段。上述各阶段户籍改革的内容，对农村劳动力转移的政策含义分别是"禁止流动—控制流动—放松流动—促进流动"。在户籍制度改革的过程中，户籍功能及其价值不断演化，调整附着在户籍上的权益变化成为该政策工具的主要作用所在。

　　在表 4-2 中，1958 年颁布实施的《中华人民共和国户口登记条例》为我国"城乡分割"的局面揭开了序幕，进而为二元经济发展奠定了基础。20 世纪 80 年代，我国进入农村劳动力的"控制流动"阶段，其中的暂住证管理制度正式宣告了农民工"半城市化"状态的开始。20 世纪 90 年代，通过规范暂住证的申领办法，明确了流动人口的劳动权利。进入 21 世纪以来，居住证管理制度得以实施，主要通过采用与国外"绿卡"管理模式类似的方式，从而在放松户口管制方面比以前的暂住证制度又有了大的进步，因为它确保了流动人口的居住权和工作权，实际上发挥了"区分永久性流动人口与非永久性流动人口"的特殊作用。自 2010 年以来，我国的居住证制度逐步走向完善。即便如此，由居住证附着的权利与城市市民的户籍权利之间仍然存在着本质上的差别。例如，居住证持有人员与城市市民在养老保险、失业保障、住房保障以及子女受教育权利等方面仍存在着较大差异。换言之，截至目前，尽管户籍制度改革为我国农村劳动力流动创造了越来越宽松的环境，但多数农民工的"半城市化"状态还要持续一段时间。必须注意的一个动向是，近 10 年来我国户籍制度的演进正在逐步为乡村振兴、城乡协调发展奠定基础。

　　（二）分析我国土地制度的改革历程

　　众所周知，土地制度在我国农村制度体系中一直占据着核心地位，因为它与农村劳动力的最切身的利益相关。中华人民共和国成立以来，我国的农村土地集体所有制初步形成。在 20 世纪 80 年代，我国在农村实行了家庭联产承包责任制，通常被简称为"包产到户"，它被经济学家哈尔·R. 范里安（Hal R. Varian）称为"接近最优激励机制"。事实证明，它是一次意义非凡的制度创新，不仅基本解决了广大农村的粮食供给问题，而且产生了大量刘易斯所谓的"边际产量几乎为零"的过剩农村劳动力,从而为进一步实现劳动力转移到非农产业部门就业奠定了群体基础。我国的农村劳动力,在非农产业部门就业时,因城市户籍制度的管制,生活和工作呈现出一种具有中国特色的"半城市化流动"态势,成为亦工亦农的"农民工"。随着我国农民工的规模进一步扩大,农村土地开始出现"抛荒"现象,进而诱发土地流转制度改革的背景出现。实施土地流转制度显然是在实施承包责任制之后,又产生的一项重要土地改革举措。针对土地流转的制度创新问题,蔡昉(2019)指出,制度创新主要有两种形式。第一是农户之间自发地协商,对承包土地进行转包。由于转包土地实际上是把承包地的权利(剩余索取权)和责任(税收、统购征购任务和集体提留)同时转让,因此在不同地区,根据不尽相同的条件即权利与责任的相对分量,形成了土地的转包"价格"。第二是集体出面对土地承包经营权做出重新划分。典型形式叫作"两田制",即土地被划分为口粮田和责任田两个部分,前者仍然根据人口和劳动力数量平均分配,后者则实行规模化招标经营。因此,自改革开放以来我国先后实行了意义深远的家庭联产承包责任制和土地流转制度,从而使农村劳动力的土地承包经营权进一步得以稳固,而土地制度表现出"统分结合、双层经营"的主要特征。在此基础上,我国农村劳动力在产业间的转移束缚进一步松开,农业的就业份额呈逐年下降态势。本书认为,在土地制度体系中,与农村劳动力流动直接相关的,便是土地(产权)补偿制度。从农村劳动力流动的视角来看,土地制度对农村劳动力的补偿(保障)作用可基本划分为两种类型:一种是自市场化以来长期具备的土地对农民的隐性保障作用——即便没有货币补偿,相关承包经营权也能为农民带来农产品消费平滑作用和就业保障作用;另一种是由土地征用或流转为农民工所带来的显性收入,一般表现为货币形式,它们能直接增加农民工的收益并提升其消费水平和福利水平。

为便于大家理解,我们在表4-3中列出了自中华人民共和国成立以来我国土地补偿制度的演进情况,土地补偿制度一直被视为促进农村劳动力转移的系列政策工具之一。由表4-3中内容得知,我国的土地补偿制度经历了"从管理到治理""从措施类型单一到灵活多样",以及"从隐性补贴到显性收入"的全过程。

表4-3 中华人民共和国成立以来我国的土地补偿政策变迁情况

年份	相关文件或政策	内容
1953	《国家建设征用土地办法(修正)》	适用国家建设的需要可以对土地征购、征用,对被征用房屋实行实物补偿,对附着物实行货币补偿
1982	《宪法》	实行土地所有权分配形式,农村土地集体所有,城市土地国有

续表

年份	相关文件或政策	内容
1983	《土地管理法》	城乡分治，对集体土地实行征用，以耕地年产值的倍数给予补偿数
1998	《土地管理法（修订）》	强化城乡分治，国有土地有偿使用，土地使用权依法转让
2002	《农村土地承包法》	依法流转土地经营权，流转的收益归承包方所有；承包地被依法征收、征用、占用的，有权依法获得相应的补偿
2009	《农村土地承包法（修正）》	保护承包方的土地承包经营权，保护承包方依法、自愿、有偿地进行土地承包经营权流转
2014	《关于引导农村土地经营权有序流转发展农业适度规模经营的意见》	鼓励承包农户依法采取转包、出租、互换、转让及入股等方式流转承包地。鼓励有条件的地方制定扶持政策，引导农户长期流转承包地并促进其转移就业
2014	《关于农村土地征收、集体经营性建设用地入市、宅基地制度改革试点工作的意见》	完善土地征收制度；建立农村集体经营性建设用地入市制度；改革完善农村宅基地制度；建立兼顾国家、集体、个人的土地增值收益分配机制，合理提高个人收益
2017	党的十九大相关文件	保持土地承包关系稳定并长久不变，第二轮土地承包到期后再延长三十年
2019	《中华人民共和国土地管理法（修正）》	土地征收补偿的基本原则是：保障被征地农民原有生活水平不降低，长远生计有保障
2020	《深化农村改革综合性实施方案》	完善对被征地农民合理、规范、多元保障机制，建立兼顾国家、集体、个人的土地增值收益分配机制

资料来源：根据有关法律和中央文件整理。

由表4-3中内容得知，在20世纪80年代，土地为农村劳动力提供的功能基本上是一种隐性保障作用和消费平滑作用。自20世纪90年代末，国家政策允许"土地使用权能够依法转让"，从而为土地由"提供隐性保障"作用向"为农民增收"作用转化奠定了法律基础。自2002年以来，我国从法律上进一步确认了土地经营的流转权，以及承包人流转收益的获得资格。尤其是自2014年以来，全国针对农村土地实施多措并举：农村劳动力的耕地承包权与宅基地的资格权等进一步确立，农村土地经营权实现有序流转，从而实现所有权、承包权和经营权的三权分置，同时土地的流转收益归农民所有。对流动中的农村劳动力而言，上述土地制度改革举措给予他们多项利好：一方面为他们提供了最低生活保障和就业保障，另一方面使他们的增收渠道进一步多元化。

总之，近年来我国农村土地制度的系列改革与户籍制度改革相呼应，为逐步结束城乡二元分割的局面奠定了制度基础。尤其是，上述制度改革为农村劳动力在城乡间实现自由转移创造了条件，产业结构调整的步伐也相应地迈出。

三、产业结构调整政策的国际比较

世界各国在产业政策方面既有一些成功的经验，又有一些失败的教训。在对我国的产业结构调整政策得出现实考察结论之前，相关的国际经验和教训有助于我们从多个视角审视政策的效率与效果，从而避免犯"以偏概全"的错误。在进行产业政策的国际比较时，我们选用的国家包括与我国历史文化背景相近的日本和韩国，以及与我国同属经济大国，但发展背景迥异的美国。

（一）日韩的产业结构调整政策

中国、日本、韩国在地域上是邻国，同位于亚洲东部，三国在历史文化和经济往来的发展过程中存在着千丝万缕的关系。在以"农业份额下降"为共性规律的产业结构变迁过程中，三个国家面临的共同特点是：规模大、速度快、失业压力大，并且面临的突出矛盾也颇为相似（洪英芳，1999）。因此，有充分的理由认为，对日韩产业结构调整政策的研究有助于评估我国产业政策的有效性和合理性。

基于本书的研究目的，我们在比较日韩两国和我国的产业政策异同时，会尤其侧重各国关于"降低农业份额"的系列举措。

表4-4简要地列出了日韩两国在特定历史阶段的产业结构调整政策，包括两国的产业发展重点，以及基本的产业结构类型。

表4-4 日韩两国的产业结构调整政策（摘要）

国家	时间	产业发展重点	结构类型	备注
日本	20世纪三四十年代	经济管制，实行工业化	一二三	"一"指的是第一产业；"二"指的是第二产业；"三"指的是第三产业
	20世纪50~70年代	战略性产业、重化工业	二三一	
	20世纪70年代中期至今	知识密集型产业、服务业	三二一	
韩国	20世纪五六十年代	工业化策略：进口替代轻工业化、重工业为核心	一三二	
	20世纪70年代至今	服务业，以产业结构高级化为目标	三二一	

资料来源：查默斯·约翰逊. 通产省与日本奇迹——产业政策的成长（1925-1975）［M］. 金毅，许鸿艳，唐吉洪，译. 长春：吉林出版集团有限责任公司，2010. 何爽，谢富纪. 韩国发展战略思想及产业技术政策研究［J］. 现代管理科学，2010（4）：31-33. 张文玺. 中日韩产业结构升级和产业政策演变比较及启示［J］. 现代日本经济，2012（4）：41-42. 张季风. 中日产业结构调整与产业政策比较分析［J］. 外国问题研究，1992（1）：21-25. 洪英芳. 中日韩人口产业结构转换与就业比较研究——以结构"非农业化"时期为中心［J］. 世界经济与政治，1999（4）：72.

由表4-4中的内容得知，在日本和韩国的"非农业化"（洪英芳，1999）过程中，产业政策的目标均聚焦于加速"工业化"进程，均以"促进工业的转型升级"为核心内容；针对服务业的发展，相关的政策支持大致发生在20世纪70年代，且发展的次序排在主要工业基本完成了升级换代之后；自20世纪70年代至今，两国都通过多措并举发展其服务业，从而逐步实现产业结构的高级化，产业结构的类型随之转变为"三、二、一"。

（二）美国的产业政策

与日本和韩国不同的是，位于太平洋彼岸的美国在历史文化背景上与中国大相径庭。但是，美国与中国同属于经济体量巨大、产业体系较齐全（或曾经较齐全）的国家，因此它的产业结构演化进程对我国的产业结构调整政策仍具有启示作用。

耐人寻味的是，针对美国是否实行过产业政策的问题，在美国政界和当今学术界存在着至少两种截然不同的观点：一种认为美国一直是践行自由主义市场经济的"典范"，因此从来没有实施过产业政策；而另一种则认为美国事实上实施了形形色色的产业政策，其政策力度、强度均超过了纠正市场失灵的"有限政府"的作用。

本书完全赞成第二种观点。我们认为，美国政府实施了产业政策，但由于在实施的时候一般将之披上"企业行为"的外衣，貌似市场行为，从而具有一定的隐蔽性。

本书在此将美国自18世纪末至今的产业政策（部分）简单罗列出来（见表4-5）。为便于读者识别与理解，相关政策的表面和实质也同时在表中列出。

表4-5　美国的产业政策（摘要）

时间	政策文件	政策表面	政策实质
18世纪末	关于制造业报告（汉密尔顿）	应对英国等国外竞争	建立独立的制造业体系
20世纪40年代中后期	马歇尔计划	帮助欧洲各国战后重建	促进美国工业的发展，让欧洲成为美国工业品的大市场
	科学——无止境的前沿（万尼瓦尔）	国家安全	科技产业布局
20世纪80年代	《拜杜法案》小企业创新研究计划	企业研发投入系市场行为	政府与企业研发合作，承担风险，提供市场（政府采购）

续表

时间	政策文件	政策表面	政策实质
21 世纪以来	美国竞争力计划	有限政府行为	产业创新人才培养
	国家创新战略		维系科技创新产业的竞争力
	确保美国在先进制造业的领导地位		现代产业政策，政府在产业技术创新中主动发挥作用

资料来源：方陵生. 从产业政策到创新战略：日本、欧洲和美国的经验教训 ［J］. 世界科学，2020 （12）：35-38. 沈梓鑫，江飞涛. 美国产业政策的真相：历史透视、理论探讨与现实追踪 ［J］. 经济社会体制比较，2019 （6）：92-103. 乔晓楠，张欣. 美国产业结构变迁及其启示——反思配第一克拉克定律 ［J］. 高校理论战线，2012 （12）：32-42. Ketels H M. Industrial Policy in the United States ［J］. Journal of Industry Competition and Trade，2007，7 （3）：147-167.

由表 4-5 中内容得知，美国在历史上一直在产业政策上"大有作为"。18 世纪末，它致力于建立独立的制造业体系；此后借助于"马歇尔计划"等为其制造业寻找国际市场，通过《拜杜法案》、"小企业创新研究计划"等由政府为企业承担研发风险，通过"竞争力计划""国家创新战略"不断增强工业的创新能力，其目的是确保美国制造业在全球保持领导地位。

因此，美国政府在其工业的发展过程中始终发挥着积极作用。事实上它绝对没有满足于成为"守夜人"或"啦啦队"的角色，更多的时候它担任了投资人、合伙人、材料供应商或产品消费者等重要角色，致力于分散创新风险和培育新产品市场。本书认为，美国的产业政策在美国现代产业体系的建立、健全，乃至可持续发展的过程中一直没有缺位。

（三）来自日、韩、美产业结构政策的启示

本书认为，日、韩、美三国在特定历史时期的产业政策及其效果，对我国在供给侧结构性改革背景下进行的产业结构调整工作产生了一定的启示作用。

第一，一国的产业政策对其产业结构的合理化发展发挥着有效作用，尽管个别国家将这一作用"隐蔽化"，但并不意味着它不存在。

第二，尽管产业结构演变的一般规律表明服务业最终在三次产业中的占比会最大，但是各国在较长时期内都将产业政策重点放在发展工业上，认为工业在经济发展中发挥了其他产业无可比拟的作用。

第三，政府支持工业发展的政策，也要遵循一定"优先序"，其中促进传统工业的转型升级是工业化政策的必经阶段；同时政府促进产业发展的措施可以是多样化的，提供市场、分担风险、鼓励创新都是常规手段。

第四，各国服务业的全面发展须以工业的高度发展为前提和基础，在产业政策的设置过程中须充分重视这一共识；若个别国家在其产业政策中一味地强调服务业的高度发展，并急于扩大服务业的份额，从而忽视其他产业部门的发展，在很大概率上它需要付出大的代价回头来"补课"——重启工业或农业发展计划。

第五，尽管在不同的历史时期各国的产业政策必须做出选择和表现出有所"偏爱"，但它们的最终目标都是三次产业的协调发展。

第二节　我国产业政策调整效果：产业结构的合理化问题

接下来针对我国产业结构的合理化问题进行现实考察。考察的结果可用来评价我国产业结构调整政策的效果，同时也将成为判断我国产业结构调整中是否存在"逆库兹涅茨化"问题的前提条件和重要依据。

何谓产业结构的合理化？干春晖等（2011）指出，它是产业间的聚合质量，一方面是产业之间协调程度的反映，另一方面还应当是资源有效利用程度的反映，也就是说它是要素投入结构和产出结构耦合程度的一种衡量。就这种耦合而言，研究者一般采用结构偏离度对产业结构合理化进行衡量。

为了较全面地反映我国产业结构的现实问题，本书从以下三个维度评估产业结构的合理化问题：产业结构的基本类型、产业结构的泰尔指数，以及产业结构的服务化测度。

一、改革开放以来我国产业结构类型的演变

按照"配第—克拉克定律"，随着社会的发展和人均国民收入增加，劳动力从第一产业转移到第二产业，进而转移到第三产业。相应地，产业结构类型的演化过程可以是：由"一二三"①，到"二一三"或"二三一"，再到"三二一"。学术界一般认为，如果一国的产业结构类型在其演化过程中大大地偏离了上述规律，则产业结构可能存在一定程度的不合理性。但是，其中一个关键的问题是如何判断产业结构转换的合适时间界点。

表4-6列出了改革开放以来我国产业结构类型的演化情况。为了与上文提及的产业政策区间相对应，在该表中同时列出了结构类型所对应的"五年规划

_____

① 所谓"一二三"，指的是在三大产业中第一产业所占比重最大，第二产业次之，而第三产业所占比重最小。

（计划）"区间。

表4-6　改革开放以来我国产业结构类型的演化

规划（计划）期间	产业结构类型（产值占比）	产业结构类型（就业人数占比）
"五五"计划（1976~1980年）	二一三	一二三
"六五"计划（1981~1985年）	二一三（1985年开始转为二三一）	一二三
"七五"计划（1986~1990年）	二三一	一二三
"八五"计划（1991~1995年）	二三一	一二三（自1994年转为一三二）
"九五"计划（1996~2000年）	二三一	一三二
"十五"计划（2001~2005年）	二三一	一三二
"十一五"规划（2006~2010年）	二三一	一三二
"十二五"规划（2011~2015年）	三二一（2012年开始转为三二一）	三一二（自2014年转为三二一）
"十三五"规划期间（2016~2020年）	三二一	三二一

资料来源：规划（计划）参考中央文件，原始数据来自国家统计局网站，笔者经过计算、分析而成；其中采纳了GDP名义数据。

首先，从产值上来看，从"五五"计划到"十一五"规划，与"工业优先发展或择优发展"战略相对应的是，第二产业产值一直在三大产业中独占鳌头，为经济的高速增长发挥中流砥柱的作用；与此同时，农业份额逐年下降，产业结构类型由"二一三"缓慢转变为"二三一"。在"十二五"规划期间，与经济高质量发展要求相对应的是三大产业的协调发展战略，工业份额逐步下降，服务业比重逐年上升，产业结构类型由"二三一"逐步转化为"三二一"。

其次，从就业上来看，我国关于劳动力的产业结构类型演化层次更加多样化。自改革开放以来，先后经历了"一二三""一三二""三一二""三二一"的变化，其中的规律是，在三大产业中第一产业就业份额逐年下降，第三产业就业份额呈上升趋势。

因此，从产值与就业结构的类型来看，我国的产业结构演化基本遵循了"配第—克拉克"定律。但是单凭结构类型的演化趋势，还不足以判断我国的产业结构是否合理，因为"配第—克拉克定律所描述的产业结构变迁的一般规律仅是资本运动的结果"（乔晓楠和张欣，2012），所以必须结合其他量化指标才能做出综合评价。

应注意的是，我们在界定以产值为基础的产业结构类型时，所采纳的产值数据为GDP名义数据；如果采用实际GDP数据，可能得出不一样的结构类型。

二、我国产业结构的泰尔指数测度

在此借鉴研究者（干春晖等，2011）的常规做法，用泰尔指数来衡量产业结构的合理化问题。

泰尔指数的计算公式如下：

$$TL = \sum \left(\frac{Y_i}{Y} \right) \ln \left(\frac{Y_i/L_i}{Y/L} \right) \qquad (4-1)$$

在式（4-1）中，Y 代表产值，L 表示劳动力数量。

从式（4-1）中可以得知，当泰尔指数取值为 0 和趋近于 0 时，产业结构的合理化程度最高。

借助上述公式，我们计算出 1978~2019 年我国产业结构的泰尔指数。

图 4-1 列出了从"五五"计划到"十三五"规划期间我国产业结构的泰尔指数的均值。

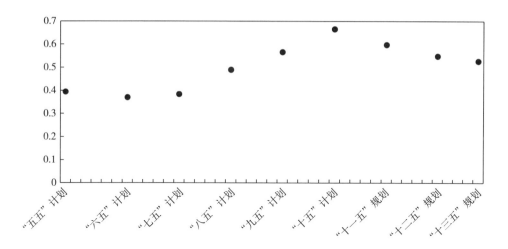

图 4-1　"五五"计划到"十三五"规划期间我国产业结构的泰尔指数

资料来源：原始数据来自国家统计局网站。

由图 4-1 中的数据得知，自改革开放以来我国的产业结构演化经历了三个阶段：第一个阶段是"五五"计划至"七五"计划期间，泰尔指数较小且数值较为稳定。在这一时期我国的产业政策着力于发展第二产业和降低第一产业的绝对优势，从而导致产业结构朝着合理化方向发展。第二个阶段是从"八五"计划到"十五"计划期间，这一时期正值我国非农产业的粗放发展阶段，泰尔指数逐步上升并跃到高点，表明该时期的产业结构合理化程度是最低的。第三个阶段是"十一五"规划到"十三五"规划期间，泰尔指数呈现缓慢下降态势，但仍然偏离合理区间，进而表明在该时期我国的产业结构调整政策逐步奏效，导致产业结构的合理化程度上升。但是，就整体而言，我国的产业结构在合理化方面仍然存在着较大的改进空间。

三、改革开放以来我国产业结构的服务化程度测度

产业结构的服务化，又称高级化，或称经济的服务化。自20世纪后半叶以来，世界互联网技术的迅猛发展，带来了服务业的迅速扩张，进而对各国的产业结构产生了深远影响。在这一背景下，若一国在其产业结构的变迁过程中完全没有凸显出"服务化"的趋势，其产业结构则被视为是不合理的。

如何衡量产业结构的服务化程度呢？或者说应该选用哪一类衡量指标呢？对此，研究者们给出了不同的答案，如干春晖等（2011）采用了"第三产业产值与第二产业产值相比"的方法。吴敬琏（2008）指出，经济服务化过程中存在的一个典型事实是"第三产业的增长率要快于第二产业的增长率"。本书以吴敬琏的上述观点为借鉴，在此采用的指标或计算方法是"用第三产业的增长率减去第二产业的增长率"。鉴于与产业结构相关的增长率有两个，一个是产值，另一个是就业数，因此我们采用两个指标来衡量产业结构的服务化程度。

图4-2列出了关于第三产业与第二产业增长率差异的测算结果，即本书采用了上述方法计算出的、表示产业结构服务化程度的结果。

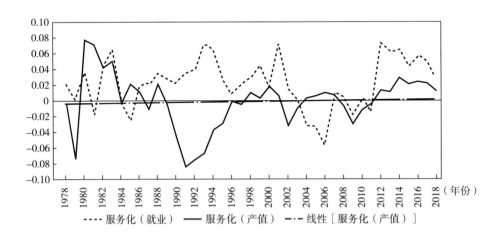

图4-2 改革开放以来我国产业结构的服务化程度测度

资料来源：原始数据来自国家统计局网站。

在图 4-2 中，趋势线是数据为 0 的线。从图中可以看出，就产值而言，产业结构服务化发展较快的阶段是 20 世纪 80 年代初期、21 世纪初期，以及自 2013 年至今的时期，这些时期正对应着我国第三产业迅速扩张时期。20 世纪 90 年代是我国第二产业的发展迅猛的阶段，因此该时期我国经济的服务化程度较低。从就业而言，产业结构的服务化峰值出现在 20 世纪 80 年代中期、20 世纪 90 年代中期、21 世纪初期，以及 2013 年左右；事实上，除去 20 世纪 80 年代和 21 世纪的个别年份，在其他时间序列内第三产业的就业增长率均快于第二产业。值得注意的是，表示服务化程度的两条线几乎没有重合，尤其是在 20 世纪 90 年代呈现截然相反的走向；但近年来两条线的发展趋势基本相同。服务化程度的测度结果表明，在我国非农产业的发展过程中存在着不均衡、不协同的地方，尤其是在第三产业内部，其产值大小与投入资源规模之间可能存在着非正向的关系。再联系上文关于泰尔指数的测算结果，就会发现这一结论的得出更加顺理成章。

在 20 世纪 90 年代，我国的就业结构呈现出服务化程度高的趋势，而产值结构呈现出相反的趋势。究其可能的原因：就 20 世纪 90 年代而言，它是我国"八五"计划和"九五"计划（见表 4-1）的执行期，而这两段时期的产业政策均包括"加快第三产业发展"的内容。相应地，国家大力实施的诱导性投资举措，加快了服务业的增长步伐。鉴于服务业所具有的产品差异化程度小等特性，服务业产业内竞争激烈，不易出现垄断，从而使这种非物质产品的价格与工业品的价格相比附加价值较小，使该产业即便在其就业比重迅速上升情况下，产值比重也可能上升空间不大。与此同时，20 世纪 90 年代是我国工业霍夫曼系数的下降阶段，对劳动力就业吸纳能力强劲的轻工业发展态势放缓，而高产值、较低就业吸纳能力的重工业发展强劲。因此，服务业的就业增长率明显快于工业；而其产值增长率较工业速度放缓。

此外，由图 4-2 可以看出，自 2012 年以来我国产值结构与就业结构的服务化变化趋势基本相同，均体现出产业结构服务化程度加大的特征。主要原因包括三次产业的协同发展政策提升了服务业的投资比重，以及供给侧结构性改革、信息经济的发展提升了服务业的产值比例等。

总之，经过 40 多年的发展，在产业结构政策的调整下，我国的产业结构变迁基本遵循了"配第—克拉克"定律。即便如此，仍有多个指标表明产业结构的合理化程度尚须提高。特别是我国目前的产业结构状况与三大产业协调发展的目标要求还存在不小的差距。通过与发达国家进行国际比较得知，我国下一步的产业政策仍要以助力工业转型升级为主要目标。本书所关注的"逆库兹涅茨化"问题，可谓产业结构"不合理、不平衡"的一种表现。通过研究"逆库兹涅茨化"问题，聚焦上述所谓"不平衡、不充分"的地方，并致力于寻找解决问题的有效路径，不失为"供给侧结构性改革"的理论和实践做出的有益尝试。

第三节　小结

本章的内容用于对产业结构调整政策及其政策效果——我国产业结构的合理化问题进行现实考察，从而为后续章节的理论分析和实证研究提供现实依据。为完成这一任务，我们主要做了两方面工作：一是全面阐释产业结构调整政策体系；二是构建指标体系来全面考察我国产业结构的合理化问题。

在论述产业结构调整政策时，首先，以"五年（计划）规划"为统领论述了我国整体的产业政策，认为其中遵循的逻辑主线是：对农业由"忽视、弱化"到"重视和优先发展"，对工业由"优先发展"到"择优发展"，以及对服务业由"忽视"转变为"与其他产业协调发展"。产业结构的调整方式经历了从"指令性"到"指令性和指导性兼具"的变化，最后调整方式落实到以"指导性"为主。其次，以户籍与土地制度改革为内容主体阐释我国农村劳动力的转移政策，认为户籍制度是形成我国农村劳动力"半城市化"流动的主要根源，也是自改革开放以来我国产业结构演化的重要体制原因；我国的土地制度改革使农村劳动力的土地承包经营权进一步得以稳固，农村劳动力在产业间的转移束缚进一步松动，进而农业的就业份额在逐年下降。农村土地制度的系列改革与户籍制度改革相呼应，为农村劳动力在产业间自由转移逐步创造条件，产业结构的调整步伐也相应迈出。最后，选择日本、韩国和美国的产业政策进行国际比较，认为它们在特定历史时期的产业政策及其效果对我国供给侧结构性改革背景下开展产业结构调整工作产生启示作用。

在考察产业结构的合理化问题时，通过构建评估产业结构合理化的指标体系来进行。该指标体系包括产业结构的基本类型、产业结构的泰尔指数，以及产业结构的服务化指标。产业结构类型的考察结果表明，我国的产业结构演化基本遵循了"配第—克拉克"定律；泰尔指数的测算结果表明，现阶段我国产业结构虽然仍偏离部分合理区间，但已出现向好趋势，我国的产业结构调整政策逐步奏效；产业结构的服务化指标测度结果表明，在我国非农产业的发展过程中存在着不均衡、不协同的地方，尤其是在第三产业，其产值大小与投入资源规模之间可能存在着非正相关的关系。

总之，对产业结构政策和产业结构合理化的现实考察结果认为，经过 40 多年的发展，在产业结构政策的调整下，我国的产业结构变迁基本遵循了"配第—克拉克"定律，但是有多个指标表明产业结构的合理化程度尚需提高，尤其是与三大产业协调发展的目标还存在着不小的差距。本书所关注的"逆库兹涅茨化"问题正是产业结构存在"不合理、不平衡"地方的一种表现。

第五章　事实证据："逆库兹涅茨化" 特征事实

在经济结构与经济增长的研究中，"卡尔多事实"被视为最具有代表性的典型化事实，而 Kongsamut 等（2001）针对产业结构的变迁又提出了"库兹涅茨事实"。本章借用了"特征事实"这一说法，针对我国产业结构调整中的"逆库兹涅茨化"现象进行统计描述和分析。其中借助调研和文献查询获得的微观方面证据，我们称之为零散事实；而通过宏观数据分析获得的结果，我们称之为整体事实。

第一节　"逆库兹涅茨化"的零散事实

"逆库兹涅茨化"的零散事实，主要通过各地农民工回流与劳动力从制造业企业流失的微观数据加以体现。

一、农民工回流的零散事实

（一）资料来源及说明

数据来源①有两个，一是课题组于 2022 年开展的农民工回流专项调研活动；二是贺小丹等（2021）所呈现的上海财经大学"千村调查"农村劳动力城乡转移状况调查结果。

（1）数据来源一的说明。2022 年课题组在山东、浙江、河南、陕西、福建

---

① 数据来源二在样本分布的范围和时间跨度上均成为数据来源一的有效补充。

等地区开展农民工回流专项调研活动。本次调研采用问卷星①与实地调研②两种方式相结合，问卷共收回 472 份，有效回收率为 98%。调查问卷包括村级层面问卷和农民工个体问卷两部分，主要内容涉及农民工返乡比例、返乡原因，以及返乡后的就业情况和收入变化情况。

（2）数据来源二的说明。所用数据是上海财经大学自 2013 年开始进行的"千村调查"——"农村劳动力城乡转移状况调查"课题的实地问卷调查，时间跨度是 2013~2016 年，从 25 个省份中抽取 30 个县的 120 个样本村，共 6302 个农户的数据。

（二）农民工返乡比例及原因

表 5-1 列出了样本期间返乡人数在外出务工者（跨县流动半年以上的农民工）中所占的比例，从中可以粗略地判断农民工回流的规模。

表 5-1　农民工返乡的比例（2013~2016 年、2022 年）

年份	比例（%）
2013	7
2014	18
2015	21
2016	17
2022	38

表 5-1 中的数字表明，近年来伴随着就业选择的多样化，农民工返乡的规模呈扩大之势，在 2013 年不足 10% 的农民工选择回流，而在 2022 年则有近 40% 的农民工选择不外出打工。③ 必须结合农民工返乡的原因才能更好地判断农民工回流的发展态势。

表 5-2 汇总了 2013~2016 年以及 2022 年农民工返乡原因的调查结果。

表 5-2　农民工返乡原因统计　　　　　　单位：%

返乡原因	2013 年	2014 年	2015 年	2016 年	2022 年
回家乡也能获得较好的收入	12.5	16.1	19.3	17.2	26.51
照顾家人	37.5	37.6	33.4	34.0	48.71

① 问卷星主要针对各地的农民工打工群发放。

② 疫情原因，实地调研活动的范围仅在山东地区开展。课题组通过乡镇包括社区的基层干部——乡镇宣传委员开展活动，发放和回收纸质的调查问卷。

③ 这一数据的产生可能受疫情的影响。

续表

返乡原因	2013 年	2014 年	2015 年	2016 年	2022 年
附近地区近几年发展起来	23.3	50.5	58.3	41.9	
生病、受伤等身体因素限制	14.2	6.9	10.1	6.5	4.09
医疗养老保障	5.0	12.0	15.2	8.8	
方便子女教育	30.8	41.5	36.1	36.2	
生活费用低	6.7	14.6	10.8	11.2	
在外找不到好工作				8.3	13.58
其他				37.9	7.97

由表5-2中的数字可以得出以下结论:首先,照顾家人与方便子女教育成为农民工回流的最重要原因。这一原因与我国户籍制度的改革进展缓慢不无关系,由农民工市民化制度滞后所引致的"半城市化"模式,导致他们工作地点与家庭生活地点长期分离,老人照料和子女的教育成为外出的主要羁绊。除户籍制度外,农民工的社会保障制度不健全也成为一种使农民工离开城市的"推力"。其次,家乡经济环境变化(如回家乡也能获得较好的收入、附近地区近几年发展起来等)形成了返乡的强劲"拉力",这与高质量发展阶段的城乡互动和乡村振兴战略实施带来的乡村经济发展机会有关。此外,近几年受疫情影响,许多在外打工者找不到好的工作也是导致农民工回流的原因,另外还有一部分农民工因为自身生病受伤等身体因素的限制不得不返回家乡。

(三)农民工返乡后的就业及收入状况

农民工返乡后的就业行业,直接反映"逆库兹涅茨化"的情况。如果返乡农民工选择的是劳动生产率较低的传统农业,则意味着"逆库兹涅茨化"问题存在。图5-1呈现了从事各个行业的返乡农民工所占的比例。

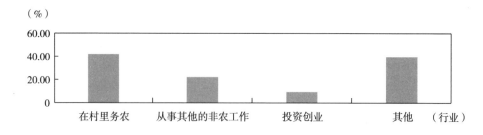

图5-1 农民返乡后所从事的行业

从图 5-1 中看出，约占 42% 的农民工由于需要回家乡照顾老人、在外找不到好工作或者由于生病等返乡后仍主要回归务农，从事传统农业耕种工作。22.2%的农民工因为在外打工获得了技术、经验等，返乡后开始从事包括农业产业化在内的其他非农工作。此外，不足 10% 的返乡农民工选择回乡投资创业。

近半数农民工回流后从事传统农业，其劳动生产率要低于打工前，从而产生"逆库兹涅茨化"问题。从事农业产业化和投资创业的农民工群体，因其生产率较打工时期无显著降低，不形成"逆库兹涅茨化"问题。

与就业状况紧密相关的是返乡农民工的收入情况。图 5-2 反映了不同收入情境的返乡农民工所占的比例。返乡后收入持平或增加的农民工比例分别占 19% 和 13%，共占 32%，反映了该部分受访者在返乡后际遇没有下降；约 18% 的返乡农民工明确表示其收入水平下降；约一半的返乡农民工受访者出于各种原因没有给出答案。

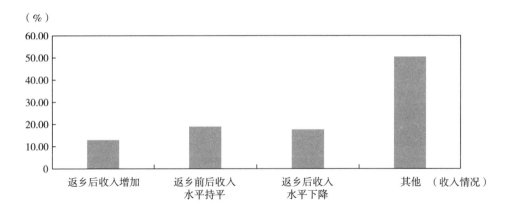

图 5-2 农民工返乡后收入变化情况

二、劳动力从制造业流失的零散事实

劳动力从生产率较高的制造业中流失的零散事实，通过局部调研得到的微观数据①加以体现。

①　必须说明的是，严格地说，劳动力从制造业中流失到生产率较低的产业中就业可谓"逆库兹涅茨化"，劳动力若从某个制造企业中转移到另一个制造企业中就业，不属于"逆库兹涅茨化"的范畴；但收集到微观调研数据仅能明确到企业各类人员的流失率，借助进一步访谈得到的流失人员去向仅为大致的信息。

（一）资料来源及说明

所用数据来自 R 市① "企业创新驱动发展状况"专项调研的问卷和实地访谈。该项调研活动于 2022 年 5 月 18 日至 7 月 30 日开展，R 市科学技术协会为发起人。此次调研范围为 R 市各区县、功能区内、开发区（园区）内一般企业、规模以上企业、高新技术企业，重点调研 227 家（见表 5-3），网络调研 1000 余家。活动通过实地调研和网络调查问卷两种形式进行。调研问卷内容包括企业人员结构动态、人才状况以及企业发展需求等。

表 5-3   重点调研企业样本各区县分布情况

地区	数量（家）	比例（%）
J 县	50	22
G 区	25	11
W 县	35	15
K 区	40	18
L 区	35	15
D 区	37	16
S 旅游度假区	5	2.2

（二）制造业企业各类人员流失情况

借助问卷调查得出 2021 年度制造业企业各类人员流失率情况，如图 5-3 所示。

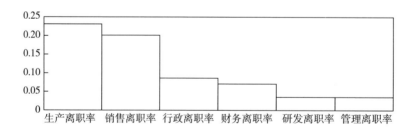

图 5-3   2021 年度 R 市制造业企业各类人员离职率

注：企业某岗位离职率＝当年离职人数/现有岗位在职人数；图中的离职率数据为所有调研企业该类人员离职率的均值。

---

① 由于疫情受限原因，全国范围的、大规模的实地调研活动未能开展；但在 R 市两区（D 区、L 区）两县（J 县、W 县）加经济开发区、高新区、S 旅游度假区开展的微观调研活动翔实、具体而务实，以期能够以点见面、以小见大。本书后面的章节涉及 D 区的案例内容也来自本次调研。

从图5-3中可以看出，R市2021年制造业企业的各类人员中，离职率最高的是生产人员，比例超过23%；处于第二位次的为销售人员，比例为20%左右；行政与财务人员的离职率较低，为6%~8%；研发人员和管理人员的离职率最低，约在3%。生产人员存在临时用工，而销售人员的岗位灵活，成为这两类人员离职率高的客观原因；研发人员的专业限制和管理人员的职位成就高，可视为这两类人员离职率低的重要原因。

为了进一步了解企业离职人员的具体流向，我们在实地访谈中设计相关调查内容，以掌握流失人员的大致去向。[①] 2021年制造业企业的流失人员，尤其是生产和销售岗位人员，约1/4仍然在制造业就业，1/3左右回归农业，而剩余的近一半人员则去往各类的服务行业。流失人员去往服务业的原因请参见后面章节的案例分析。

第二节　“逆库兹涅茨化”的整体事实

我们通过公开发表的宏观经济统计数据（数据均来自于统计局网站）来考察我国产业结构变迁中的“逆库兹涅茨化”整体事实。

参考国际上标准产业结构以及我国所处的工业化阶段，表5-4列出了“逆库兹涅茨化”的整体事实表现。[②] 如果第一产业劳动份额偏高，劳动份额增长率曲线多有起伏，则意味着可能存在农民工回流现象；第二产业劳动份额增长率为负值与第三产业劳动份额增长过快，一并提示可能存在劳动力从工业转移到服务业的现象；第二产业资本份额下降迅速，同样意味着要素从工业中的流失现象。恩格尔系数逐步下降符合“库兹涅茨式”结构的特征，若其居高不下，则提示经济结构中存在着“逆库兹涅茨化”的可能。

表5-4　“逆库兹涅茨化”整体事实表现

劳动份额	资本份额	恩格尔系数
第一产业劳动份额偏高		
第二产业劳动份额增长率为负值且	第二产业资本份额下降迅速	恩格尔系数

---

① 在访谈过程中，相当比例的受访方（一般为企业人力资源部工作人员）不能确定离职人员的具体去向。

② 在本书的实证部分，将进一步具体探讨这一问题。

续表

劳动份额	资本份额	恩格尔系数
第三产业劳动份额增长过快		居高不下

一、劳动份额

我们通过劳动份额的增长率来粗略地考察"逆库兹涅茨化"的整体事实表现。图5-4呈现了1978~2019年三次产业的劳动份额增长率变化情况。第一产业的劳动份额增长率长期为负值，但曲线形状起伏反复，且劳动份额直至2019年一直保持在25%以上；第二产业样本期内劳动份额增长率有14年为负值，尤其是近年来（2013~2019年）长期保持负值，提示行业中劳动力流失现象的存在。

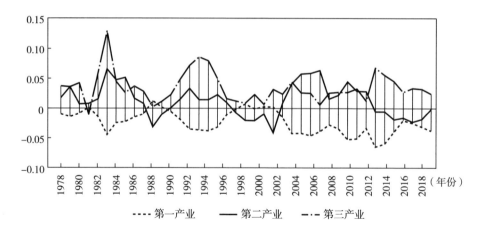

图5-4　1978~2019年三次产业的劳动份额增长率

上述劳动份额的增长率数据，初步表明产业结构变迁中存在一定程度的"逆库兹涅茨化"可能性。

二、资本份额

除劳动外，反映资源配置效率问题的另一要素为资本。接下来我们考察资本在三次产业中的份额变动情况。我们的关注点为非农产业内部的资本流动情况。图5-5展示了2003~2020年第二产业与第三产业的资本份额变动情况。

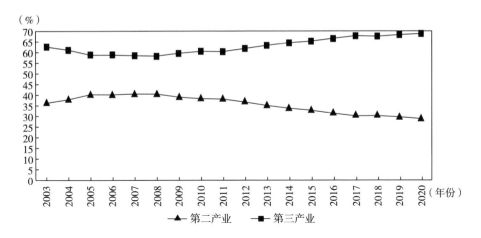

图 5-5　2003~2020 年第二、第三产业的资本份额

由图 5-5 可见，第二产业和第三产业在 2003~2020 年的固定资产投资份额呈现出不同的发展趋势。样本期间，我国第二产业固定资产投资比重均低于50%，其中比值最高点出现在 2007 年，达到 40.51%，之后呈现明显逐年下降趋势。在 2003~2020 年，我国第三产业固定资产投资比重的变化趋势与第二产业相反，以 2008 年①为拐点，在该年之前大体呈现下降的趋势；该年之后（除2011 年）数值均呈现出上升的态势。可以看出，我国第二产业与第三产业固定资产投资的份额之间存在此消彼长的关系：第三产业固定资产投资比重先随着第二产业固定资产投资比重的上升而下降，之后随着第二产业固定资产投资比重的下降而上升。尤其是近 10 年，我国第二产业的固定资产投资不断向第三产业转移，进一步说明产业结构变迁中可能存在"逆库兹涅兹化"的风险。

三、恩格尔系数

现有文献对库兹涅茨式产业结构主要分为从偏好相关的原因（需求因素）和技术相关的原因（供给因素）进行解释。从偏好方面（需求因素）解释的文献，认为是由恩格尔法则所驱动。随着家庭收入水平的增加，家庭在不同产品上的支出结构也会发生变化，用于农产品的支出比例会不断下降。

图 5-6 列出了我国近 10 年（2012~2021 年）的恩格尔系数。

---

① 2008 年我国推出"4 万亿元"投资计划，迅速扩大固定投资的规模。

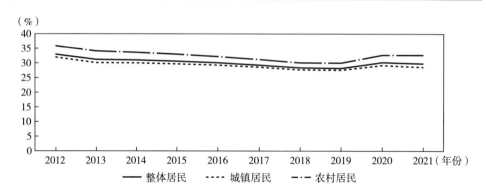

图 5-6　2012~2021 年恩格尔系数

由图 5-6 可知，我国整体居民的恩格尔系数在 2019 年之前呈缓慢下降趋势，2019 年之后出现起伏：2020 年出现升高，达到 30% 以上；2021 年略有回落，但仍然高于 2019 年，达到 29.8%。我国农村居民的恩格尔系数一直保持在 30% 以上，且在近两年（2020 年、2021 年）均保持在 32.7% 的高位，接近 2015 年 33% 的水平。

因此，近年来我国居民的农产品消费支出比例没有按照预期迅速下降，反而保持在特定水平。这意味着经济结构中可能存在着一定程度的"逆库兹涅茨化"问题。

第三节　关于"逆库兹涅茨化"特征事实的理论分析

接下来，我们尝试将"逆库兹涅茨化"现象内生化，从需求角度借助福利函数（效用函数）进一步研究产业结构的变迁情况。

模型分析参考 Acemoglu 和 Guerrieri（2008）《现代经济增长导论》一文中针对 Kongsamut 等（2001）需求侧超越均衡增长模型的解析内容。该模型以"库兹涅茨事实"和恩格尔法则为依据，给出的基本假设条件如下：

（1）人口呈指数增长，总人口表示为 $L(t) = \exp(nt)L(0)$；

（2）代表性家庭实现对劳动力无限供给，具有标准的偏好表示为 $\int_0^\infty \exp$ $[-(\rho - n)t]\dfrac{c(t)^{1-\theta} - 1}{1 - \theta}dt$，且适用 Stone-Geary 效用函数；

（3）经济体中的三个产业部门分别为农业 A、工业 M 和服务业 S；

（4）三个部门的生产函数形式是一样的，均面临着竞争市场结构。

上述模型中涉及的假设条件同样适用于本书关于"逆库兹涅茨化"事实的模型分析。唯一不同的是，我们在此假设三个产业的产品中只有农业产品能够被用于投资。

一、消费函数构建

考虑到"逆库兹涅茨化"事实，我们将 t 时刻代表性家庭的消费表示为：

$$C(t) = c^A(t)^{\beta^A} \left[c^M(t) - \alpha^M \right]^{\beta^M} \left[c^S(t) + \alpha^S \right]^{\beta^S} \tag{5-1}$$

在式（5-1）中，A，M，S 分别代表农业、工业和服务业三个产业部门；β^A，β^M，β^S 以及 α^M，α^S 均为正数，其中 α^M 表示工人生产的、仅能维持自身生存的消费品；[①] 且 $\beta^A + \beta^M + \beta^S = 1$，表示三个产业产品的消费份额之和等于1。

接下来，我们解释为什么式（5-1）能够表示"逆库兹涅茨化"事实下的消费函数。

首先，它跟"库兹涅茨事实"下的消费函数揭示的特征是完全不同的，可谓"相逆"。Acemoglu（2009）给出的恩格尔法则和"库兹涅茨事实"下的消费函数[②]如式 5-2 所示：

$$C(t) = \left[c^A(t) - \alpha^A \right]^{\beta^A} c^M(t)^{\beta^M} \left[c^S(t) + \alpha^S \right]^{\beta^S} \tag{5-2}$$

式（5-2）表明代表性家庭的消费趋势是农产品消费下降，工业制成品消费不变，而服务产品消费上升；式（5-1）表明的含义则不同，强调食品等农业产品消费不变或没有减少，以及工业制成品消费减少。给出上述含义的依据是，按照上文中对近几年恩格尔系数的统计分析结果，农产品消耗没有迅速下降是个事实；在特定收入下（三个产业产品的消费份额之和等于1）当农产品支出稳定，且服务产品的消耗呈增加之势时，工业品的消耗自然会下降。

其次，当农民工回流到传统农业中时，收入的减少与工业制成品的消耗降低几乎是同步的。

二、模型分析

参考 Acemoglu（2009）给出的生产函数，在此将生产函数统一表示为：

$$Y(t) = BF \left[K(t), X(t)L(t) \right] \tag{5-3}$$

---

① 相当于古典经济学中的、与"维持生计工资"相对应的消费，以及马克思政治经济学中的等同于"劳动力价值"的那部分消费。

② 本书对其中的字母做了调整。

其中，Y 表示产量；B 表示生产率条件；K 和 L 分别代表资本和劳动力要素；X 表示劳动增进系数，且有：

$$\frac{\dot{X}(t)}{X(t)} = G \qquad (5-4)$$

因为假设三个产业产品中只有农产品能够用于投资，所以均衡状态下有：

$$\dot{K}(t) + c^A(t)L(t) = Y^A(t)$$
$$c^M(t)L(t) = Y^M(t)$$
$$c^S(t)L(t) = Y^S(t) \qquad (5-5)$$

跟 Kongsamut 等（2001）的分析思路类似，在此以农产品价格为 1，因为各个市场均为竞争性市场结构，可以得到以下等式：

$$\frac{p^M(t)\left[c^M(t) - \alpha^M\right]}{\beta^M} = \frac{c^A(t)}{\beta^A}$$
$$\frac{p^S(t)\left[c^S(t) + \alpha^S\right]}{\beta^S} = \frac{c^A(t)}{\beta^A} \qquad (5-6)$$

假设经济体有足够的资本生产出超过工人生存所需的制造品，即有以下不等式成立：

$$B^M F(K^M(0), X(0)L^M(0)) > \alpha^M L(0) \qquad (5-7)$$

均衡状态下，以下等式自然成立：

$$\frac{K^A(t)}{X(t)L^A(t)} = \frac{K^M(t)}{X(t)L^M(t)} = \frac{K^S(t)}{X(t)L^S(t)} = \frac{K(t)}{X(t)L(t)} \equiv k(t) \qquad (5-8)$$

因此，在所有时刻 $k(t)$ 可以被视为有效率的资本-劳动比例，在均衡增长路径中它可以表示为 $k(t) = k^*$。[①]

在满足式（5-7）前提下，且考虑"逆库兹涅茨化"情境实现均衡增长时，得出以下结果：

$$\frac{\dot{L}^A(t)}{L^A(t)} = n, \quad \frac{\dot{L}^M(t)}{L^M(t)} = n - G\,\frac{\alpha^M L(t)/L^M(t)}{B^M X(t) F(k^*,\ 1)}, \quad \frac{\dot{L}^s(t)}{L^s(t)} = n + G\,\frac{\alpha^s L(t)/L^s(t)}{B^s X(t) F(k^*,\ 1)}$$
$$(5-9)$$

三、研究结论

通过式（5-9）可以得出以下研究结论：

第一，"逆库兹涅茨化"特征事实的存在，会导致三次产业的就业增长率出

---

① 均衡增长过程推导请参考 Acemoglu（2009：699-702），因思路基本类似不再赘述。

现迥然不同的发展趋势：农业趋向于不变，制造业会逐步下降，而服务业是稳步上升的。

第二，在"逆库兹涅茨化"特征事实存在的情况下，与技术进步相关的劳动增进系数增长越快，上述发展趋势将越发明显。换言之，"逆库兹涅茨化"可能对制造业的创新发展带来不利影响。

第四节　资本流动视角下"逆库兹涅茨化"特征事实的原因分析

本节尝试从资本流动的视角考察一下"逆库兹涅茨化"特征事实发生的原因。在新经济地理学的自由资本模型[①]（FC）基础上，纳入转移成本，构建包含转移成本的资本流动模型。

一、模型与分析

模型的基本假设与自由资本模型（FC）相同。在一个经济体中存在两个地区（如城市和乡村），每个地区各有两个产业部门：一个是低生产率产业部门，只使用劳动一种生产要素进行生产活动，且其生产函数是规模报酬不变的；另一个是高生产率产业部门，使用资本和劳动来进行生产，其生产函数具有规模报酬递增特征，区际交易遵循冰山成本，这就是所谓的 2×2×2（两个地区、两个部门、两种生产要素）模型。本节直接使用 FC 模型中关于价格指数、需求函数、利润函数的基本形式，不再对其推导过程作详细论证。本节的主要假定是资本在运动过程中存在成本，即在流动中会有损失。设定若城市向乡村转移（反之亦然）λ 单位资本，那么最终到达乡村地区的资本实际余额为一单位。在这一假设条件下，资本流动成本将会改变 S_n（资本份额或产业份额）曲线、S_E（市场份额）曲线的函数表达式，在以下内容中，我们将计算这两条曲线的具体形式。

（一）产业分布曲线（nn 曲线）

以城市地区为例：假设城市地区的单位资本利润率为 π，乡村地区单位资本利润率为 π^*。假设现在城市有一单位资本，它要在城市和乡村之间做出投资选择：若投在城市，它将得到 π 单位利润；若投在乡村，由于存在资本流动成本，

---

　　①　自由资本（FC）模型具体请参考：安虎森等. 新经济地理学原理（第二版）［M］. 北京：经济科学出版社，2009.

一单位转移到乡村的资本将剩余 $1/\lambda$ 单位，这将获得 π^*/λ 单位利润。我们在模型中假定投资所获得的利润返回到投资者所在地消费，因此，资本所有者从这一单位投资中最终获得的利润为 π^*/λ^2 单位。当 $\pi=\pi^*/\lambda^2$ 时，城市地区资本将不向乡村地区流动，根据相同的分析逻辑，当 $\pi^*=\pi/\lambda^2$ 时，乡村资本不向城市地区流动。因此，如果上述两个条件同时得到满足，两地区的资本利润率相等，资本处于静止状态，这个由两个地区组成的经济系统将达到稳定状态。此时可能存在的一种情况是城乡两个地区均有一定量的资本参与生产活动。本模型不同于 FC 模型的地方是经济系统具有两条 S_n 曲线，而 FC 模型则只有一条。下面我们将会推导这两条曲线蕴含的 S_n 与 S_E 的函数关系（nn 曲线），但在此之前，我们首先描绘经济系统处于可能的稳定状态时的 π 和 π^* 关系图（见图5-7）。

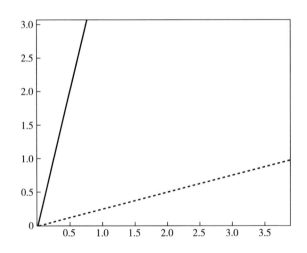

图5-7 π 和 π^* 关系（**X轴为** π，**Y轴为** π^*）

当上述两个条件得到满足时，经济系统在两条曲线的中间区域达到稳定状态，此时两个地区间互不发生资本流动。由此，我们可以猜想出当存在资本流动成本时，经济系统可能不会像 FC 模型那样收敛于一点，而可能收敛到一个区域或区间。当我们计算出 S_n、S_E 的表达式并对其进行模拟作图后才可以清楚地看出：

由标准的 FC 模型[①]（证明从略）：

城市地区单位资本利润率：

① 安虎森等. 新经济地理学原理（第二版）[M]. 北京：经济科学出版社，2009：143-165.

$$\pi = bB = \frac{E^w}{K^w} \tag{5-10}$$

乡村地区单位资本利润率:

$$\pi^* = bB^* = \frac{E^w}{K^w} \tag{5-11}$$

式(5-10)和式(5-11)中各变量表达式计算如下:

$$B = \frac{S^E}{\Delta} + \phi \frac{1-S_E}{\Delta^*} \tag{5-12}$$

$$B^* = \phi \frac{S_E}{\Delta} + \frac{1-S_E}{\Delta^*} \tag{5-13}$$

$$\Delta = S_n + \phi(1-S_n) \tag{5-14}$$

$$\Delta^* = \phi S_n + (1-S_n) \tag{5-15}$$

存在资本流动成本时的市场均衡条件:

$$\pi = \pi^* / \lambda^2 \tag{5-16}$$

$$\pi^* = \pi / \lambda^2 \tag{5-17}$$

将式(5-10)至式(5-15)代入资本均衡条件式(5-16)、式(5-17),可以得到表征 S_n 与 S_E 关系的两个 nn 曲线表达式:

$$S_n = \frac{S_E(\lambda^2-\phi)-(1-S_E)(1-\lambda^2\phi)\phi}{[(1-S_E)(1-\lambda^2\phi)+S_E(\lambda^2-\phi)](1-\phi)} \tag{5-18}$$

$$S_n = \frac{S_E(\lambda^2\phi-1)-(1-S_E)(\phi-\lambda^2)\phi}{[(1-S_E)(\phi-\lambda^2)+S_E(\lambda^2\phi-1)](1-\phi)} \tag{5-19}$$

当 $\lambda=1$ 时,式(5-18)和式(5-19)合二为一,均可化简为: $S_n = \frac{1+\phi}{1-\phi}(S_E - \frac{1}{2}) + \frac{1}{2}$,此式即为标准 FC 模型的 nn 曲线。使用 Matlab 软件可以作出两条 nn 曲线的图像,如图 5-8 所示。

描绘图 5-8 所使用的参数值为 $\phi=0.7$,$\lambda=1.05$,且无论是 ϕ 还是 λ,当它们的取值逐渐增大时,两条曲线间的距离增加,且围绕点(1/2,1/2)进行逆时针旋转。

(二)市场份额曲线(EE 曲线)

EE 曲线(即 $S_E = E/E^w$)的推导需要计算 E^w 和 E,经济系统的总收入 E^w 由劳动力总收入和资本总收入组成,城市收入 E 由当地劳动收入、资本在本地获得的收入以及流动到乡村的城市资本获得的收入构成。由于模型假设存在资本流动

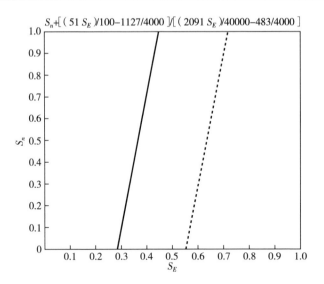

图 5-8　nn 曲线（$\phi=0.7$，$\lambda=1.05$）

成本，所以，此时我们不能假设城乡两地各自资本在两地的分配比例与经济系统总资本在两地的分配比例相同，必须采用其他方法确定其表达式，进而计算市场份额曲线的表达式。

假定经济系统初始的总资本存量为 K_0^w，达到均衡时的总资本存量为 K^w，城市的资本禀赋为 K_0，乡村为 K_0^*，同时设定 $S_K=K_0/K_0^W$，$S_K^*=K_0^*/K_0^W$，其中，$S_K^*=1-S_K$；设城市资本的 S_1 部分投资于本地，则 $S_1^*=1-S_1$ 投资于乡村；乡村资本的 S_2 部分投资于城市，$S_2^*=1-S_2$ 留在本地。由于存在资本的流动成本，因此当资本不再流动后，设城市的资本存量为 $K=S_nK^w$，乡村的资本存量为 $K^*=S_n^*K^w$，其中，$S_n^*=1-S_n$。

下面我们来计算与 EE 曲线相关的表达式：

$$K_0^w S_K S_1+\frac{K_0^w(1-S_K)S_2}{\lambda}=K^w S_n \tag{5-20}$$

$$\frac{K_0^w S_K(1-S_1)}{\lambda}+K_0^w(1-S_K)(1-S_2)=K^w(1-S_n) \tag{5-21}$$

$$K_0^w S_K(1-S_1)(1-1/\lambda)+K_0^w(1-S_K)S_2(1-1/\lambda)=K_0^w-K^w \tag{5-22}$$

令 $\eta=K^w/K_0^w$，则由式（5-22）可得：

$$\eta=1-[S_K(1-S_1)(1-1/\lambda)+(1-S_K)S_2(1-1/\lambda)] \tag{5-23}$$

同时由式（5-20）和式（5-21）可得：

$$S_1 = \frac{\eta\left[\lambda S_n + (1-S_n)\right] - \left[S^K/\lambda + (1-S_K)\right]}{S_K(\lambda - 1/\lambda)} \tag{5-24}$$

$$S_2 = \frac{S_K + \lambda(1-S_K) - \eta\left[S_n + \lambda(1-S_n)\right]}{(1-S_K)(\lambda - 1/\lambda)} \tag{5-25}$$

下面计算各地区收入以及总收入：

城市收入：

$$E = \left[K_0^w S_K S_1 \pi + \frac{K_0^w S_K(1-S_1)\pi^*}{\lambda}\right] + L^w S_L W \tag{5-26}$$

乡村收入：

$$E^* = \left[K_0^w(1-S_K)(1-S_2)\pi^* + \frac{K_0^w(1-S_K)S_2\pi}{\lambda}\right] + L^w(1-S_L)W \tag{5-27}$$

总收入：

$$E^w = \left[K_0^w S_K S_1 \pi + \frac{K_0^w S_K(1-S_1)\pi^*}{\lambda}\right] + \left[K_0^w(1-S_K)(1-S_2)\pi^* + \frac{K_0^w(1-S_K)S_2\pi}{\lambda}\right] + L^w W \tag{5-28}$$

将式（5-10）和式（5-11）代入式（5-28）并化简可得：

$$E^w = \frac{L^w W}{1 - \dfrac{b}{\eta}\left\{B\left[S_K S_1 + (1-S_K)\dfrac{S_2}{\lambda}\right] + B^*\left[\dfrac{S_K}{\lambda}(1-S_1) + (1-S_K)(1-S_2)\right]\right\}} \tag{5-29}$$

将式（5-10）和式（5-11）代入式（5-27）并化简可得：

$$E = \frac{bS_K}{\eta}\left(S_1 B + \frac{1-S_1}{\lambda}B^*\right)E^w + L^w S_L W \tag{5-30}$$

由式（5-29）和式（5-30）可得：

$$S_E = \frac{E}{E^w} = \frac{bS_K}{\eta}\left(S_1 B + \frac{1-S_1}{\lambda}B^*\right) + S_L\left\{1 - \frac{b}{\eta}\left\{B\left[S_K S_1 + (1-S_K)\frac{S_2}{\lambda}\right] + \right.\right.$$

$$\left.\left. B^*\left[\frac{S_K}{\lambda}(1-S_1) + (1-S_K)(1-S_2)\right]\right\}\right\} \tag{5-31}$$

将标准 FC 模型的特征：$S_1 = S_n$，$S_2 = S_n$，$\lambda = 1$，$\eta = 1$ 代入式（5-31），即可得到与 FC 模型一致的结果：$S_E = (1-b)S_L + bS_K$。

通过以上表达式的计算及其相关说明可知，S_E、S_n 之间的函数关系是以隐函数的方式来表达的，因此其直观含义并不明显，这里需要借助 Matlab 模拟作出其函数图像。通过模拟我们得出如下 EE 曲线，如图 5-9 所示。

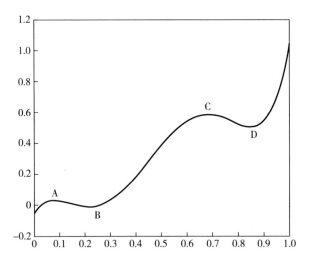

图 5-9　EE 曲线（$\phi=0.3$，$\lambda=1.01$）

由图 5-9 我们可以看出，当假设经济系统存在资本流动成本时，EE 曲线不再是一条直线，这与标准的 FC 模型有显著不同：在 FC 模型中，由于 EE 曲线由 $S_E=(1-b)S_L+bS_K$ 表达，当 S_L、S_K 均为 1/2 时，$S_E=1/2$，它是一条垂直于 x 轴的直线。在图形模拟中我们发现当选取不同的 ϕ、λ 值时，EE 曲线的基本走势不会发生较大的变动，只是曲线两端的位置会发生上下变化。因此，图 5-9 的 EE 曲线基本概括了其他参数值给出的特征，为简化分析过程，不再对由其他参数作出的 EE 曲线图的变化趋势做过多的解释。

由于图中的 EE 曲线具有多个"驻点"，曲线在这些点处的斜率符号发生了变化，因此这些点、曲线的两个端点以及 nn 曲线与 EE 曲线的交点，将作为重点研究对象。

在图 5-10 中，通过设定 $\phi=0.3$、$\lambda=1.01$，我们将 nn 曲线和 EE 曲线整合在一张图中。从图中我们发现此时 EE 曲线完全落在 nn 曲线的下方，由于在 nn 曲线的右下方，此时经济力量具有推动 S_n 增加的趋势。我们来考察 C 点，当经济运行状态处于 C 点左侧时，因为 S_n 增加，所以经济会一直运行直到 C 点；经济状态处于 C 点右侧 D 点左侧时，同样因为 S_n 增加，经济会返回到 C 点，所以 C 点是稳定点。同理，可分析经济初始状态处于 C 点和 D 点之间的情形。由对 C 点的分析可知 D 点不是稳定点，而 EE 曲线的右端点是稳定点，EE 曲线与 $S_n=0$ 的左交点和中间交点是稳定点。

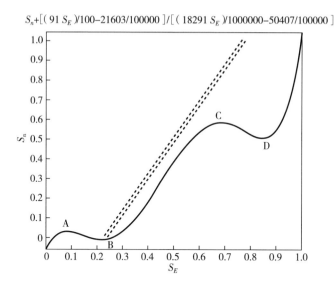

$$S_n + [(91 \, S_E)/100 - 21603/100000]/[(18291 \, S_E)/1000000 - 50407/100000]$$

图 5-10 nn 曲线与 EE 曲线（$\phi = 0.3$，$\lambda = 1.01$）

在图 5-11 中，由相同的机理可知，EE 曲线左端点、右端点、B 点、E 点是稳定点。当然，EE 曲线上点 C 和点 D 之间的任意一点也是稳定点。

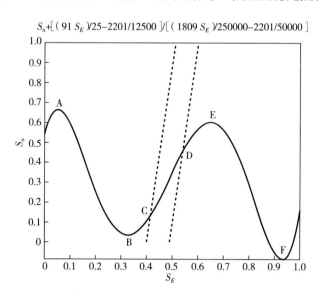

$$S_n + [(91 \, S_E)/25 - 2201/12500]/[(1809 \, S_E)/250000 - 2201/50000]$$

图 5-11 nn 曲线与 EE 曲线（$\phi = 0.8$，$\lambda = 1.01$）

类似地，在图 5-12 中，我们设定参数 $\phi = 0.3$、$\lambda = 1.3$，由相同的方法可知

A 点、C 点、D 点、F 点是稳定点，nn 曲线之间的任意一点也是稳定点。

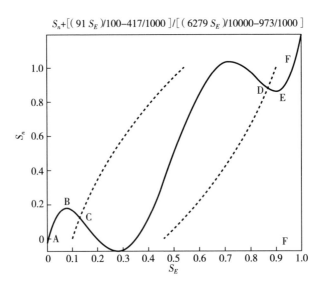

图 5-12　nn 曲线与 EE 曲线（$\phi=0.3$，$\lambda=1.3$）

通过以上分析，可以将判断各点稳定性的条件归纳如下，两条 nn 曲线作为一个整体，它们右边的波峰是稳定点，波谷是非稳定点；它们左边的波谷是稳定点，波峰是非稳定点；如果 EE 曲线左右两端点处的斜率为正，则端点是稳定点，反之则为非稳定点。EE 曲线与 nn 曲线交点的斜率如果为负则为稳定点，反之为不稳定点。最后，两条 nn 曲线之间的点无论位于何处均为稳定点。当我们为参数取不同值时（主要是 ϕ，λ）可以得到形状、相对位置各异的曲线簇，而这些点的稳定性均可以根据以上条件进行判断。

通过在 FC 模型中引入资本流动成本假设，从而得出与标准 FC 模型不同的结论。由于存在流动成本，模型中判断资本流动趋势的条件增加到了两个，这意味着模型将会出现两条近似平行并具有一定距离的 nn 曲线。而 EE 曲线则变得更加复杂，它不再是一条垂直于 x 轴的直线（垂直于 $S_E=0.5$ 或其他值），在［0，1］范围内其斜率在正负间转换，因此其形态多变。幸运的是，经过大量的模拟作图得出结论：EE 曲线的形态或基本走势与图 5-9 类似，这表明其形态变化并不会显著地影响得出的分析结论。

二、结论及"逆库兹涅茨化"特征事实原因分析

通过以上模型分析得出以下两点结论：

第一，经济中可以存在多个均衡点，这些均衡点都是稳定的，并且这些均衡点的稳定性取决于 nn 曲线和 EE 曲线各自的特性。这表明城乡发展的基本态势是稳定的、长期的、动态的一般过程，即所谓的动态随机一般均衡。城乡专业化于自身具有比较优势的产业，且处于不同的发展阶段，但从总体上看经济系统处于生产可能性边界，经济实现了长期的均衡增长。

第二，如果两条 nn 曲线截取了 EE 曲线的一部分，那么这部分曲线一定是稳定点，当经济运行至这段区间时，资本落入区位再置陷阱，且随着或取值的不断增大，区位再置陷阱的范围扩大。进入陷阱区间时，资本流动和转移不会轻易地自动发生，而政策外力此时成为扰动其状态的经济变量，且具有长期性的影响。

借助上述结论，针对"逆库兹涅茨化"事实特征发生的原因，我们认为，当经济运行和社会资本积累进入一定阶段，资本可能落入区位再置陷阱；此时制度和政策发挥着激发资本活力的重要作用。一旦制度设置和政策执行不能完全遵循要素高效配置规律，就可能出现资本从高生产率产业和地区流出的现象；当资本流向某一地区（城市或乡村），那么相应的其他资源和生产活动也势必将跟随资本迁移，"逆库兹涅茨化"的一些特征事实就会出现。例如，当金融与财税制度加大了实体经济的财务成本和管理成本时，投资会出现"避实就虚"现象，部分资本可能从实体经济中逃逸。

第五节　小结

本章着力于描述和分析我国产业结构变迁调整中的"逆库兹涅茨化"特征事实。在本章，我们主要做了三个方面的工作：第一，借助调研和文献查询获得的微观证据给出"逆库兹涅茨化"的零散事实；第二，借助宏观统计数据分析给出"逆库兹涅茨化"的整体事实；第三，借助模型和软件进行"逆库兹涅茨化"特征事实与原因的理论分析。

"逆库兹涅茨化"的零散事实，主要通过各地农民工回流与劳动力从制造业企业流失的微观数据加以体现；"逆库兹涅茨化"的整体事实，借助宏观统计数据对劳动份额、资本份额和恩格尔系数加以分析体现，证据表明可能存在农民工回流现象，以及资源从第二产业流出现象。理论分析将"逆库兹涅茨化"现象内生化，从需求角度借助福利函数（效用函数）进一步得到产业结构的变迁情况，得出两个结论为：第一，"逆库兹涅茨化"特征事实的存在，会导致三次产业的就业增长率出现迥然不同的发展趋势；第二，与技术进步相关的劳动增进系数增长越快，上述发展趋势将越发明显。换言之，"逆库兹涅茨化"可能对制造业的创新发展带来不利影响。资本流动视角下考察"逆库兹涅茨化"事实发生的原因认为，一旦制度设置和政策执行不能完全遵循要素配置规律，就可能出现资本从高生产率产业和地区流出现象；当资本流向某一地区（城市或乡村），那么相应的其他资源和生产活动也势必将跟随资本迁移，"逆库兹涅茨化"的一些特征事实就会出现。

　　本章的内容为后续章节分类分析"逆库兹涅茨化"现象奠定了基础，同时为实证分析提供了前提条件。

第六章　城乡分割视角下的
"逆库兹涅茨化"："农民工回流"

　　费孝通在《乡土中国》中谈到，一块土地上只要几代的繁殖，人口就到了饱和点；过剩的人口自得宣泄出外，负起锄头去另辟新地。可是老根是不常动的。这些宣泄出外的人，像是从老树上被风吹出去的种子。从中可以看出传统农业的边际报酬递减特性，农村过剩劳动力的必然性，以及农民工和乡村之间的千丝万缕、割舍不断的关系。改革开放以后，我国的农村剩余劳动力从边际报酬递减的传统农业中走出，成为在城市非农产业部门中就业的农民工，尽管其基本的消费仍然来自农村。从农业流往生产率更高的非农产业（工业、服务业）是我国农村劳动力长期以来的、主要的流动方向，它引致我国产业结构变迁基本遵循了"配第—克拉克定律"，系"库兹涅茨式"的产业结构调整。但是农民工从城市非农产业部门回流到传统农业中，是"逆库兹涅茨化"问题的典型表现形式。我国农民工现象，是一种劳动力呈"半城市化"流动现象，其根源是城乡分割的二元体制。因此，对"农民工回流"现象的研究须以城乡分割的视角展开。

　　本章的内容主要对我国产业结构调整中的"逆库兹涅茨化"问题——农民工回流，进行理论分析。其间遵循的逻辑是"提出问题—分析问题—解决问题"。内容主要分为三大部分：第一部分是论述我国经济社会中的"城乡分割"问题以及"农民工回流"出现的原因；第二部分是理论分析"农民工回流"问题对我国农村经济、工业发展以及农民工个人提升的影响效应；第三部分是以乡村振兴为背景提出解决"农民工回流"问题的有效思路。

　　为提高理论分析的深度和力度，我们针对本章内容使用了演绎法、建模法、案例分析法等多种研究方法。

第一节　我国经济社会中的"城乡分割"以及
"农民工回流"原因

何谓"城乡分割"？

城乡分割的表面含义是指城市与乡村在地理学上的区分，由区域位置、产业种类、人口聚集程度等几个要素组成。本书所指的城乡分割，除具备上述表面含义之外，还特指城市与乡村在制度与法律层面被割裂开来，属于二元经济结构制度根源的考察范畴。在我国，户籍制度是造成城乡分割的主要根源。户籍制度的建立本来是为了有效地安排农业集体劳动和初级产品的分配管理，但在后期的发展中成为简单的经济权利体系的划分基础。特定时期依附在户籍身份之上的不平等经济利益造成某种类户口的溢价，例如在我国较长历史时期存在的城市户口的相对溢价，以及现阶段由土地制度的保障与收益作用而带来农村户口溢价等。就农村劳动力流动而言，由户籍制度所造成的城乡分割于其中所发挥的什么样的作用必须辩证地看待。因此，"城乡分割"的基本含义包括：户籍制度以及基于户籍划分的相关体制差异、城乡区位优势与基础设施差异、城乡产业差异、城乡个体或家庭收益差异、城乡消费水平差异、农村和城市社会保障网络体系差异、城乡劳动力禀赋条件与人力资本水平差异等。在我国由体制造成的"城乡分割"问题长期存在，至少在以下两个方面影响农村劳动力流动特征的形成：一方面，如布瓦耶（Boyer，2015）所言，我国"与多数工业化国家的普遍劳动法与典型政府福利状况不一致的是，被户口体系所贯彻和强化的农民工和城市工人在获取住房、医疗和教育方面不具有相同的权利"；另一方面，"由农村户籍所带来的土地经营权保障以及其他农村社会保障措施为农村劳动力带来了防止失业保障和最低生活保障"（李玉梅，2018）。

一、"城乡分割"视角下"农民工回流"原因

如前文所述，"城乡分割"视角下"逆库兹涅茨化"问题表现为"农民工回流"现象。何谓"农民工回流"？国务院发展研究中心"农民流动与乡村发展"课题组通盘考虑主体、流动方向和流动时间等几个因素，将"农民工回流"界定为"改革前后农村剩余劳动力走出乡村、出县务工，时间在半年以上，又返回本县内从事各类职业的现象"。本书所指的"农民工回流"，其外延较之更加宽泛一些，指的是非永久性流动的农村劳动力外出打工动机消失、不再参与流动，

或从城市非农产业部门回传统农业就业的现象。

针对农民工回流的原因，学者周伟（2020）将之归结为"低级需要的推动和高级需要的引领"，其中低级需要包括生存需要和家庭责任需要，而高级需要主要指的是个人发展需要。学者王爱华和张珍（2019）从"被动回流"与"主动回流"两个角度分析回流原因，其中"被动回流"的影响因素包括：制度因素，主要指户籍制度和就业制度；经济因素，主要是农民工收入低而城市生活成本较高；文化因素，指城乡居民生活方式与文化观念悬殊，以及特殊因素造成的"非常态"大规模回流。他们同时将农民工"主动回流"的原因归结为政策因素（城镇户籍改革、"三农"发展政策以及创业政策等）、经济因素，以及个人及文化因素（自我价值实现等）。

本书认为，引致我国农民工回流的，是造成城乡分割局面演化和产业结构变迁的体制性原因，以及伴随"库兹涅茨过程"（K过程）社会经济条件演变的阶段性原因。

近年来针对影响农村劳动力流动因素的研究，越来越关注体制方面的原因。研究者们（Arrighi，2003；Boyer，2015；Munshi and Mark，2016；樊纲和郑鑫，2014；刘刚和张晓姗，2017）在分别对非洲、印度、印度尼西亚以及我国等各国的实证研究中发现，城市劳动力收入增加对各国农村劳动力流动所发挥的作用大不相同，对各国的文化和相关制度对农村劳动力流动影响机制的研究非常有必要。在我国，以"城乡分割"视角审视农村劳动力流动的影响因素，会发现造成"农民工回流"现象出现的主要因素是城乡工资差异之外的多重异质性制度设置。

一直以来，农村和城市的社会保障体系差异是导致我国农村劳动力"半城市化"流动特征形成的直接因素之一。

首先，城市和非农产业部门中针对农民工的社会保障体系不健全，且目前推进的速度缓慢，事实上在一定程度上造成了农民工的"城市困境"，并强化了他们的回流动机。此可谓我国出现"民工荒"和"农民工回流"现象的重要体制原因之一。在我国，城市社会保障体系属于正式的、较广泛的社会保障网络体系，但是其中受益者为城市居民，而流动中的农村劳动力在空间上呈"半城市化"状态，在户籍上仍属于农村居民，因此极少数能够从城市社会保障体系中获得保障。事实上多数在城市非农产业部门中就业的农民工，曾经遇到非市民化的待遇。因此，选择在城市就业的农民工长期处于弱势地位。具体而言，农民工参与到非农产业部门中就业，相关企业对待该群体不仅缺乏职业生涯规划，而且往往在其岗位与工种的选择方面存在一定程度上的设限；针对农民工的薪酬方案与激励措施往往是单一的，农民工对此几乎没有选择主动权；多数农民工在提供劳动时并没有被给予缴纳"五险一金"等社会保障待遇。即便如此,在劳动权益保护制度的实施缺乏有效监督时,农民工仍然可能拿不到或不能及时拿到该得的薪酬,因此与"讨薪"相关的农民工维权困境也会强化农民工回流的决策动机。其次,以土地制度和最低收入保障为基础的农村社会保障体系逐步完善,增强了农村就业和生活的吸引力。我国土地制度和其他日渐完善的农村社会保障体系为农民工提供了稳定的失业保障和最低生活保障。社会历史学派代表人物阿瑞吉[1]指出,农民工的家庭拥有农村土地经营权所提供的生产资料和生存条件,其生存尚未完全依赖于出卖劳动力,存在重返农业生产甚至回农村创业的可能性。樊纲和郑鑫(2014)的研究表明,在城市不提供社会保障而农村社会保障提高的情况,会导致劳动力转移发生逆转。

因此,"农民工回流"之所以能够成为我国农村劳动力流动轨迹中的鲜明特色,一方面是因为农村土地制度和其他日益完善的社会保障网络体系,对农民生活消费风险的平滑作用构成了较强的吸引力,另一方面是因为城市针对流动人口较弱的社会保障体系及非市民化待遇对农民工形成了一定程度上的外推力。

二、关于"农民工回流"的决策模型

本章借助一个简单的理论模型来说明"城乡分割"背景下由体制原因所引致的"农民工回流"问题。首先要说明的是,在模型中农民幸福感或效用水平的增加,一方面是因为其基本消费得以保障,而另一方面是因为收入水平的上升。

（一）模型构建

模型以农村劳动力个体作为决策单位。个体由其在农村的社会活动管辖部门——村集体及上级部门统一管理。农民个体凭借其农村户籍而拥有土地经营权（承包权）,可从中获取粮食种植的收入。在此借鉴 Munshi 和 Mark（2016）研究成果中理论模型的设定思路,将农村劳动力个体偏好进行对数化处理,同时用 U来表示其效用函数,平均收入用 R 来表示,并对其收入方差 V 进行标准化处理,公式中变量 R、V 均大于等于 0。那么效用公式可以表示为:

$$U(R) = \ln(R+1) - \frac{V}{(R+1)^2} \tag{6-1}$$

从式（6-1）中可以看出,个体的效用主要从（收入）消费中获取,同时对

① 刘刚,张晓姗. 中国高速增长的"半城市化"调节模式:布瓦耶和阿瑞吉的比较与补充 [J]. 中国人民大学学报,2017（1）:83.

·98·

风险的规避也会增加其效用。接下来进行具体分析。

首先，当农村劳动力不外出打工而滞留在传统农业时，其效用公式可以表示为：

$$U(R)_A = \ln(R+1)_A - \frac{V_A}{(R+1)^2} \tag{6-2}$$

此时，他们虽然具有由土地带来的种植收益，但是自然灾害等原因可能给他们的生计问题带来风险。而农村社会保障体系能为其基本消费发挥平滑作用。

其次，当农村劳动力成为农民工参与非永久性流动时，其效用公式表示如下：

$$U(R)_S = \ln(R+1)_S - \frac{V_S}{(R+1)^2} \tag{6-3}$$

此时他们虽然拥有打工收入，但是却没有种植收入。

再次，当农民工被市民化时，其效用公式表示为：

$$U(R)_C = \ln(R+1)_C - \frac{V_C}{(R+1)^2} \tag{6-4}$$

他们因参与永久性流动（正在努力或已经取得城市户籍人员），一般情况下应该比非永久性流动的农民工获得更多的打工收入；同时，因为长久与农村和土地失去联系，来自农村的社会保障体系对他们基本消费水平所起的平滑作用已经消失。

最后，当农民工停止外出打工，返回到农村就业，即"农民工回流"时，其效用公式表示为：

$$U(R)_{SA} = \ln(R+1)_{SA} - \frac{V_{SA}}{(R+1)^2} \tag{6-5}$$

此时的农民工有过外出打工经历，获得过比种植收入高的打工收入。因农村户籍而享有农村社会保障体系为其基本消费带来的平滑作用。

（二）模型分析

接下来，借助上述模型对农村劳动力做出的就业选择进行理论分析。

1. "城乡分割"视角下农村劳动力选择非永久性流动的理由

如前文所述，在我国经济发展的"库兹涅茨阶段"（K阶段），强化城乡分割的户籍与土地制度造成了农村劳动力非永久性流动模式的形成。通过上述模型进一步对此加以说明。

农村劳动力参与非永久性流动，即成为农民工，跟滞留在传统农业做农民相比，其打工带来收入较高；虽无种植收入，但同时因自然灾害等带来的消费风险亦不存在。究其原因，是因为农民工仍为农村户籍，在政策支持下可通过土地流转而获得一定的土地收益，该收益对其生计消费则起着平滑作用。在此做简单假设，农民工的生计风险可被土地带来的收益抵销掉[1]，此时他们的效用函数可以进一步表示为：

$$U(R)_S = \ln(R+1)_S \qquad (6-6)$$

不难看出，有 $U(R)_S > U(R)_A$ 成立。这意味着农村劳动力会在外出打工时获得更高的效用水平。

上述分析结果解释了为什么在 21 世纪的初期我国农村劳动力流动规模可以达到 2 亿人之巨的原因。

2. K 过程末期农民工选择回流到农村的理由

由式（6-2）、式（6-3）、式（6-4）以及式（6-5）得知，导致"农民工回流"的条件可表示为：

$$U(R)_{SA} \geqslant U(R)_C > U(R)_S > U(R)_A \qquad (6-7)$$

由前述章节内容可得知，在 K 过程末期，尤其是自 2010 年以来，导致城乡分割的城市户籍管制进一步放松，土地流转政策也趋于灵活；来自土地的相关补贴还在为农村基本生活发挥消费平滑作用；以农民增收为主要目标的乡村振兴政策，以及鼓励农民工回乡就业的政策已逐步付诸实施。在上述利好政策下，农村劳动力返乡之后不仅基本生活可以得到保障，收入水平可能高于打工收入。因此不等式（6-7）能够成立。"农民工回流"现象出现不足为怪。

当我们分析由"农民工回流"引致的"逆库兹涅茨化"问题时，一个不可忽视的因素便是经济社会的发展阶段，这也是我们一再强调要关注"逆库兹涅茨化"问题出现背景的原因。不同于前期社会发展阶段所具有显著的人口红利效应，在 K 过程末期，整个社会的人口红利式微，农村人口老龄化的趋势越来越明显，而与农村养老服务匹配的社会保障体系尚未构建起来。外出打工的农民工在具有后顾之忧的情形下，回乡就业在大概率上也成为他们的必要选择。

特别再次强调的是，尽管我们把"农民工回流"视为产业结构调整中的"逆库兹涅茨化"问题的一种具体表现，但是若农民回流到与非农产业生产率相差无几的现代农业中就业或创业的情况，须从回流导致的"逆库兹涅茨化"问题中剔除。因此对"农民工回流"问题的审视需持全面的和辩证的观点。

---

① 要说明的是，这一假设有足够的现实基础。笔者在数次考察中发现，山东等多地的农民土地流转费用在 1000 元/亩左右，可以维系其日常的基本消费。

第二节　城乡分割视角下"农民工回流"效应分析

城乡分割视角下"农民工回流"效应研究的是由"农民工回流"问题所造成的影响，具体包括它对社会人力资本存量、劳动生产率、农民的福利水平，以及对我国工业发展的影响。

一、"农民工回流"对人力资本存量和农民福利的影响分析

在"城乡分割"视角下，我国的农村劳动力在相对独立的农村经济和城市经济、城乡劳动力工资差异以及多重体制因素的影响下，整体呈现出"候鸟式"、季节性、非永久性流动（半城市化流动），以及非对称性的双向流动轨迹。其中农民工回流到传统农业中形成产业结构是"逆库兹涅茨化"问题的具体表现之一。

本书为了更好地维系整个论证过程的系统性和整体性，在此将包括回流在内的农村劳动力双向流动条件、人力资本条件积累以及资本积累（净收入增加）三者放到一个理论框架内进行分析，同时借鉴并改进 Stark 的移民模型[①]来阐释三者之间的关系。

（一）模型构建

在模型构建时，我们将根据城乡分割壁垒的高低来区分两种不同的情境。

1. 城乡分割严重、农村劳动力没有参与流动的情况下

假设在农村各个农村劳动力的劳动是同质的，且经济体中共有 M 个同质的农村劳动力，他们只生产一种粮食产品（或其他商品），价格为 1。假设生产产品的要素投入为劳动和土地、资本，为简便起见，除劳动之外的其他投入要素设为常数 T；单个劳动力形成其人力资本水平的成本函数是 $C(h)=dh$，其中 h 是人力资本，d 是大于零常数；其生产函数 $f(h)=\alpha\ln(h+1)+\eta\ln(\bar{h}+1)+\ln T$ 为凹函数，且二阶可微，其中 $\alpha>d$ 且是常数，$\bar{h}$ 表示整个农村范围内劳动力的人力资本平均水平，$\eta>0$ 代表农村人力资本平均水平所产生的外部性效应。因为劳动是同质的，所以单个劳动力具有平均水平的人力资本所产生的外部性效应。

---

①　Stark O, Wang Y. Inducing Human Capital Formation：Migration as a Substitute for Subsidies［R］. Working Paper, 2001.

现在，农村劳动力针对形成其人力资本水平，进行个人最优化决策。因为只生产一种产品且其价格为1，则每个劳动力的毛收入等于他的产量，产量水平也是劳动力的生产率水平。公式表示为：

$$f(h) = \alpha\ln(h+1) + \eta\ln(\bar{h}+1) + \ln T \qquad (6-8)$$

式（6-8）中的系数 α 和 η 分别衡量的是农村劳动力的人力资本所带来的个人收益水平和社会收益水平。因为个人人力资本的形成是有代价的，在此以成本 C （h）来表示，那么与人力资本相关的每个劳动力净收入函数公式为：

$$r(h) = \alpha\ln(h+1) + \eta\ln(\bar{h}+1) + \ln T - dh, \quad h>0 \qquad (6-9)$$

现在，单个农村劳动力面临着形成多少人力资本存量的最优化决策。根据先前的假设，生产函数 $f(h) = \alpha\ln(h+1) + \eta\ln(\bar{h}+1) + \ln T$ 为凹函数且二阶可微，可以算出其二阶导数小于0，因此 $r(h)$ 有最大值。针对式（6-9）取一阶导数之后，令其等式为0，得出由个人决策所形成人力资本的最佳水平，结果见下式：

$$\frac{\partial r(h)}{\partial h} = \frac{\alpha}{h+1} - d, \quad h^* = \frac{\alpha}{d} - 1 > 0 \qquad (6-10)$$

按照先前的假设条件，农村中每个劳动力的劳动是同质的。由此可以得知农村中人力资本的平均水平也是 h^*，即 $\bar{h} = h^*$。将 h^* 的值代入式（6-9）中，可以得出在个人决策最优化状态下每个农村劳动力的净收入为：

$$r(h^*) = (\alpha+\eta)\ln\frac{\alpha}{d} - \alpha + d + \ln T \qquad (6-11)$$

因为在农村中有 M 个同样的劳动力，所以形成的人力资本总存量为 Mh^*，相应的社会总收入（净值）则为 Mr （h^*）。

2. 城乡分割的壁垒降低、农村劳动力参与"半城市化"流动的情况下

在农村劳动力流动到城市之后，农民工从城市和非农产业部门中得到的人力资本的收益一般要比从农村和农业中获得的要高。假设流动到城市和工业中的农村劳动力（农民工）的生产函数为 $\hat{f}$ （h） $= \beta\ln$ （$h+1$） $+\ln K$，生产的产品价格为1，那么他的产量和相应的毛收入则为 $\hat{f}$ （h） $= \beta\ln$ （$h+1$） $+\ln K$，单个劳动力形成其人力资本水平的成本函数仍用 C （h） $= dh$ 表示。在这里 β 大于 （$\alpha+\eta$），且 $\ln K$ 为大于等于0的常数。

由个人决策所形成人力资本的最佳水平，结果见下式：

$$\frac{\partial r(h)}{\partial h} = \frac{\beta}{h+1} - d, \quad h^{**} = \frac{\beta}{d} - 1 > 0 \qquad (6-12)$$

将 h^{**} 的值代入收入公式（6-11）中，可以得出在个人决策最优化状态下每个农民工的净收入为：

$$r(h^*)=\beta r(h^*)=\beta\ln\frac{\beta}{d}-\beta+d+\ln K \tag{6-13}$$

现在，考虑"农民工回流"的情况。"半城市化"状态的农民工呈非永久性流动，农村的劳动力面临着大于 0 的概率 p 继续在城里工业的雇佣中获得毛收入 $\hat{f}(h)$，同时存在（$1-p$）的概率回流到农村农业中去。那么他的期望毛收入用公式表示为：

$$F(h)=p[\beta\ln(h+1)+\ln K]+(1-p)[\alpha\ln(h+1)+\eta\ln(\bar{h}+1)+\ln T] \tag{6-14}$$

此时人力资本的形成成本仍然假设为 dh。因此，此时农村劳动力的净收入表示为：

$$\tilde{r}(h)=p[\beta\ln(h+1)+\ln K]+(1-p)[\alpha\ln(h+1)+\eta\ln(\bar{h}+1)+\ln T]-dh \tag{6-15}$$

农村劳动力个体决定自己将要形成多高水平的人力资本。于是，令 $\frac{\partial\tilde{r}(h)}{\partial h}=\frac{p(\beta-\alpha)+\alpha}{h+1}-d$ 等于 0，得出农村劳动力在净收入最大化的条件下选择形成的人力资本水平：

$$\tilde{h}^*=\frac{p(\beta-\alpha)+\alpha}{d}-1 \tag{6-16}$$

将式（6-16）代入式（6-9）中，得出在农村劳动力流动背景下具有 $\tilde{h}^*$ 水平的人力资本若回流到农村，此时他的劳动力净收入水平为：

$$r(\tilde{h}^*)=(\alpha+\eta)\ln\frac{p(\beta-\alpha)+\alpha}{d}-p(\beta-\alpha)-\alpha+d+\ln T \tag{6-17}$$

在此要说明的是，农民工外出打工经历积累了经验以及技能，该经历导致其产生人力资本具有正外部性。如何来理解这一问题？如一个可能的情境是回乡农民工可以带领其他农民走"致富之路"。

当我们把回流农民工人力资本的正外部性效应也考虑在内时，每个农村劳动力的净收入水平实际上会变大。基于此，在考虑外部性的情况下，则要用下面的净收入等式进行考察：

$$r(h)=\alpha\ln(h+1)+\eta\ln(h+1)+\ln T-dh,\ h>0 \tag{6-18}$$

针对式（6-18），同样进行最大化决策，即求一阶导数后令等式为 0，得到经济体（农村）达到均衡状态时，个体人力资本存量的最优化水平为：

$$h^{***}=\frac{\alpha+\eta}{d}-1 \tag{6-19}$$

将式（6-19）代入式（6-18）中，此时回流农民工的净收入水平为：

$$r(h^{***}) = (\alpha+\eta)\ln\frac{\alpha+\eta}{d} - (\alpha+\eta) + d + \ln T \qquad (6\text{-}20)$$

进而计算得出：

$$r(h^{***}) - r(h^*) = (\alpha+\eta)\ln\frac{\alpha+\eta}{\alpha} - \eta \qquad (6\text{-}21)$$

（二）模型分析

接下来我们将针对上述模型进行理论分析，并得出相应的结论。

1. 当城乡分割的壁垒降低、农村劳动力能够参与"半城市化"流动时，农村劳动力会形成较高水平的人力资本存量

根据式（6-10），农村在没有农村劳动力流动的封闭状态下，由农村劳动力最优化决策形成的人力资本水平为 $h^* = \frac{\alpha}{d} - 1$；而在存在被工业雇佣（农村劳动力可以流动）概率时，由农村劳动力个体最优化决策所形成的人力资本水平为 $\tilde{h}^* = \frac{p(\beta-\alpha)+\alpha}{d} - 1$。根据先前的假设，$\beta > \alpha$，且 $p > 0$，因此可以得出 $\tilde{h}^* > h^*$ 的结论。

如何理解这一结论呢？当造成城乡分割的系列管控制度逐步放松，农村劳动力能够流动到城市，劳动力存在被工业雇佣的可能性；这种可能性实际上对农村劳动力产生了激励作用，从而促使其形成更高的人力资本水平，其人力资本特征也更加鲜明，从而农村劳动力的人力资本水平整体上会上升。

2. "农民工回流"可能会导致城市非农产业部门技术创新活动所需的人力资本存量下降

通过比较式（6-16）与式（6-12），因为 p 为大于 0 小于 1 的数值，所以很容易得出 $\tilde{h}^* = \frac{p(\beta-\alpha)+\alpha}{d} - 1$ 小于 $h^{**} = \frac{\beta}{d} - 1$ 的结论。

这一结论的含义是：当一定数量的农民工回流到农村就业时，非农产业部门可能因缺少人工，致使其常规的创新活动如产生创新效应的"干中学"活动，受到不利影响。

3. "农民工回流"可能引致农业生产率上升，以及提升整个农村的福利水平

借助模型分析，我们还可以得出一个令人印象深刻的、非负面的"农民工回流"效应，那就是，回流农民工可能因其人力资本的正外部性引致农业的生产率提高，以及农村农民整体的福利水平[1]上升。

总之，在借鉴 Stark 移民模型基础上，我们通过区分城乡分割两种情形，借

---

① 在本模型中用净收入衡量福利水平。

助建模分析发现："城乡分割"视角下，在城乡收入存在差异情况下，大量农村劳动力有意愿参与"半城市化"流动，该流动模式实际上会提升农村劳动力的人力资本水平，即便存在一定程度的"农民工回流"现象也不改变这一结论；"农民工回流"可能对工业的创新活动产生不利影响；"农民工回流"并不会一无是处，它可能对提升农村农民的获得感，乃至乡村振兴具有一定的意义。

上述模型分析不能解决的问题是："农民工回流"对工业发展的具体影响未能展开分析。接下来，本书将对此专门加以说明。

二、"农民工回流"问题对工业发展的双向作用

"农民工回流"对工业发展的影响，表现出"双刃剑"。一方面，它可能引发"民工荒"问题，导致传统工业生产不能及时获得足够的劳动力，从而阻碍了我国传统劳动密集型工业企业竞争优势的形成。另一方面，它表现为对我国产业结构转型升级的刺激作用。我们通过图 6-1 进一步展示"农民工回流"对工业的双向作用过程。从图 6-1 中可以看出，我国城乡分割体制的发展演化，导致产业结构调整中出现以"农民工回流"为表现的"逆库兹涅茨化"问题，即在大规模流往城市非农产业部门中的农民工，出现部分反转和回流现象，回撤到农村的农业部门就业。"农民工回流"进一步引发"民工荒"问题，导致传统工业企业出现劳动力供给不足的问题，但同时它会倒逼企业以机器取代人工。接下来对此进行详细论述。

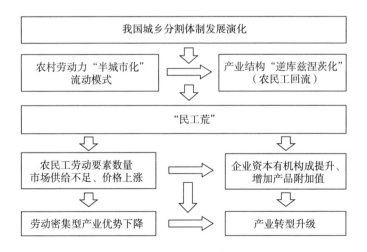

图 6-1 "农民工回流"对工业发展的影响

"民工荒"问题对工业部门造成的两方面作用表现为：一方面，农民工劳动要素数量供给不足，进而劳动力工资会持续上涨，工业企业的利润空间被压缩。它尤其会导致传统劳动力密集型产业优势受损，因为丰裕、低成本的农民工劳动要素供给本是传统产业的优势来源，而"民工荒"导致上述要素供给优势不能持续。另一方面，农民工劳动力的供给不足以及工资成本上升，迫使部分工业企业提高其资本有机构成或为重塑竞争优势加大创新力度，逐步实现产业类型向资本密集型或技术密集型转变。

接下来，我们将针对上述这两方面的作用进行具体分析。

（一）"农民工回流"对传统工业生产的负面作用

"农民工回流"对工业发展影响的直接表现便是"民工荒"问题。一般认为，"民工荒"作为一个社会问题并引起广泛关注，较早出现在 2004 年初，以珠三角地区首次出现了"招工难"事件为研究起点（王必达和张忠杰，2014；马欢，2019）。很快，"民工荒"问题从最初在局部地区、零星出现，发展演化到蔓延全国的各个经济较发达地区。①

"农民工回流"引发的"民工荒"问题对工业发展的不利影响，首当其冲表现为劳动要素的市场供给数量不足的问题。劳动力的供给数量不足，导致工业企业的扩张未能达到适度规模，进而致使其长期平均成本虚高。不仅如此，"民工荒"意味着工业企业对劳动力的需求旺盛，进一步拉升劳动力市场的工资水平，企业生产运营的边际成本也会上升，从而导致其在产品市场上竞争力大幅下降。因此，我国在"库兹涅茨阶段"的大多数时间内所奏效的、要素驱动的"生产扩张模式"在"民工荒"的背景下逐步丧失了可持续性。

接下来，我们针对"农民工回流"问题如何影响我国传统工业的优势形成的过程进行阐述。本书认为，"农民工回流"对传统工业的影响是负面的，而目前传统优势产业仍是我国国民经济体系中重要构成部分。因此，本书需要提供更加翔实的论述内容来支持论点。

如前文所述，我国经济发展的 K 过程末期，也是向 H 阶段（基于人力资本发展）的过渡时期。② 在过渡时期，我国工业所需要技术新路径不是一蹴而就的，其工业创新活动也不全是颠覆性的，而应包含大量渐进式的活动。通过要素条件积累来获得新的技术路径，首先要对劳动要素条件进行分析和评估。在这一

---

① 截至 2014 年 2 月 26 日，广州用工缺口达到 4 万，深圳缺口 15 万，东莞缺口 10 万，佛山缺口 8 万，中山缺口 4 万，江门缺口 3 万，珠海缺口 1 万。详见：王慧敏，马千惠. 基于供求关系视角的"民工荒"成因分析［J］. 经济问题，2014（10）：87.

② 见本书前述章节青木昌彦关于经济发展五阶段的论述。

时期，我国由农村劳动力流动所形成的要素供给条件在价格和数量方面的比较优势，虽然有所下降但仍然尚存，由劳动密集型、标准化的生产技术路径生产出来的产品，在我国的邻近国家以及经济欠发达地区仍然有市场①，部分传统工业企业在一定时期内仍要继续维持在上述国家的市场份额，以实现其资本积累。但是必须看到，即便如此，企业维系这一技术路径也是暂时的，究其原因，一方面是价格和数量方面的优势条件最终会消失；另一方面可能更为重要：该技术路径仍然包含着持续的内部创新活动，一旦由内部创新活动积累的技术含量超过原先引进技术的技术含量，一条新的、与我国要素条件相契合的技术路径相应会产生。

现阶段，"农民工回流"问题的存在构成对传统劳动密集型工业增长的条件约束，具体表现为它对工业企业传统竞争优势的形成产生一定程度阻碍作用。由"农民工回流"所引致的"逆库兹涅茨化"问题至少在以下几个方面影响传统生产性企业的新技术路径选择：一是劳动力从制造业中流出导致生产性企业缺乏足够的要素禀赋优势以突破技术进入壁垒；二是"逆库兹涅茨化"可能使工业企业因人力资本存量不足②而延缓了技术本地化改造的进程。此外，"逆库兹涅茨化"对生产性企业采取传统优势生产方式产生阻碍作用：因为一定规模的劳动力从制造业中流出，直接关系到生产性企业能否使用勤劳革命的方式③组织生产。因为勤劳革命的生产方式本身以劳动要素的密集投入为使用前提，而劳动密集型企业若不能采用勤劳革命的生产方式，则极有可能会丧失其生产优势。

具体而言，当出现"农民工回流"现象时，工业企业不能保证从要素市场获得具备条件优势的生产要素，甚至在突破技术进入壁垒和利用人力资本对技术本土化改进方面均有局限性，尤其是可能阻碍其有效利用"勤劳革命"的优势生产方式。在该种情形下企业即便生产出一定数量的产品，也会因竞争优势不足而不能持续。一言蔽之，产业结构变迁中的"逆库兹涅茨化"问题，直接影响着传统工业企业成长为具有竞争优势的企业。

表6-1对"农民工回流"问题可能影响传统工业企业竞争优势形成的过程作了简单的描述。

---

① 符合拉奥的发展中国家优势构建的逻辑和考察结果。详见英国经济学家拉奥（Lall，1983）的《新跨国公司：第三世界企业的发展》一书。

② 详见本章节的模型分析部分。

③ 所谓勤劳革命的生产方式强调对劳动要素的密集投入以提高资源的利用效率，进而增加产出量。以中国和日本为代表的东亚国家拥有勤劳革命生产方式的历史渊源。参考 Sugihara K R. The East Asian Path of Economic Development：A Long-term Perspective［M］//Arrighi G，Hamashita T，Selden M. The Resurgence of East Asia：500，150 and 50 Year Perspectives. London and New York：Routledge，2003.

表6-1 "农民工回流"问题对传统工业竞争优势的影响过程

问题表现	被影响环节（四步式）			
	投资设厂	技术路径选择	生产方式	整体竞争
劳动力从工业生产中转移出现"民工荒"	优势下降原因：劳动力从工业生产中转移可能导致投资不足	优势下降原因：工业生产的人力资本存量下降影响技术的本土化改造	优势下降原因：劳动力从工业生产中转移阻碍勤劳革命生产方式应用	优势下降原因：企业用工成本上升，总可变成本上升，价格竞争策略不能奏效

从表6-1中得知，由"农民工回流"引致的"逆库兹涅茨化"问题表现为部分劳动与人力资本从工业生产中转出，它对企业的投资设厂、技术路径选择、生产方式，乃至整体竞争均可能产生不利影响。

总之，本书认为，由"农民工回流"引致的"逆库兹涅茨化"问题对传统优势工业的影响是负面的，具体表现为它可能导致"民工荒"等问题阻碍传统劳动密集型企业竞争优势的形成。但是，在工业化发展的新阶段，由"农民工回流"引致的"民工荒"问题对工业经济的发展产生了另外的、相对积极的作用，那就是它对工业企业转型升级的刺激作用。毋庸置疑，这一作用将促使我们更加审慎地、全面地认识"农民工回流"问题。

（二）"农民工回流"对工业企业转型升级的刺激作用

如上文所述，由"农民工回流"引致"民工荒"导致传统的劳动密集型产业竞争优势逐步消失。为改变这一颓势，企业亟须寻找新的盈利空间。在这个过程中，部分企业在激烈的竞争中不能维系其收支均衡走向破产或重组，从而在社会层面缓解了某些行业投资过热的局面。生存下来的企业要重塑其竞争优势一般有两条可供选择的路径：一是提高其资本有机构成，通过以机器取代人工的方法，来降低整个企业的用工成本；二是提高产品的附加值，借助新技术采纳、新产品开发或新生产组织方式应用等增加创新活动的办法，以更好地适应和满足市场的需求。

显然，这两条路径均能够促进劳动密集型产业的转型升级。其中选择第一路径，将促使劳动密集型产业转向资本密集型产业；而选择第二条路径，将引导传统工业转向知识或技术密集型产业，由低附加值生产企业转向高附加值生产企业。

三、"农民工回流"影响工业化进程的模型分析

接下来我们通过建模法来研究"农民工回流"对工业化进程的负面影响。在此采用了微观经济学中的均衡分析方法。我们的模型借鉴 Bertola 等（2006）

书中的研究成果，贡献在于将工业、农业的部门划分以及"农民工回流"情境引入模型。

（一）模型构建

假设在经济体中存在两类产业部门——劳动生产率较高的工业与劳动生产率较低的农业。在农业部门，劳动力工资为 $W\theta$；在劳动生产率较高的工业产业，劳动力工资为 $W\dfrac{1-\beta\theta}{1-\beta}$，其中 $\theta(\theta<1)$ 用来衡量单个劳动力在农业部门所能提供的劳动，而 β 表示在农业部门中就业的劳动力所占比重，$(1-\beta)$ 则表示在较高劳动生产率的工业中劳动力所占的就业比重，总的劳动力或消费者人数为 L。当发生"农民工回流"时，β 值会变大，而 $(1-\beta)$ 的值会变小。

假设消费品是不可分割的，劳动力作为消费者，其效用函数为 $v(c)$ 是加性可分且是对称的，其购买消费品的种类为 N，其中低劳动生产率产业的劳动力购买消费品的数量为 N_p，而高劳动生产率产业的劳动力购买消费品的数量为 N_u。

消费者的效用函数可以统一表示为：

$$u(N) = \int_0^N v(c(j))\,\mathrm{d}j = N \tag{6-22}$$

农业部门所采用的技术种类为规模报酬不变的技术，其生产函数为：

$$L = \frac{1}{a}X_i \tag{6-23}$$

其中，劳动生产率为 a，产品的产出量为 X_i，产业的市场结构为完全竞争。高劳动生产率的工业部门所采用的技术为报酬递增的技术，其生产函数为：

$$L = F + \frac{1}{b}X_i \tag{6-24}$$

其中，生产的准备成本为 F，劳动生产率 $b>a$，产业的市场结构为垄断竞争。

在较低劳动生产率的农业部门，劳动产品的边际成本为 $\dfrac{W}{a}$，假设该产业的产品按照其边际成本定价且价格为标准计价单位 1，则有：

$$a = W \tag{6-25}$$

在较高劳动生产率的工业部门，劳动产品的边际成本为 $\dfrac{W}{b}$。在工业部门的收支平衡点，有：

$$WF = L(1-\beta)\left(p - \frac{W}{b}\right) \tag{6-26}$$

（二）模型分析

在式（6-26）中，在工资率和工业生产准备成本固定的情况下，工业部门若想维持其生产经营活动，其定价水平和工业劳动力就业份额成为关键因素。

当出现"农民工回流"现象时，农业部门的就业份额上升，工业部门的就业份额（1-β）数值变小。此时，工业部门需要将工业品制定更高的价格（跟无"农民工回流"时比较）才能够保证其经营达到收支平衡点。事实上，在农产品定价为1的前提下，工业品是面临定价约束的，若工业品的定价高于1则会失去一部分消费者。此时，工业品可能因定价水平过高而市场竞争力不足，丧失部分市场份额，甚至难以维系其正常的生产经营活动。

因此，通过上述模型分析得知，"农民工回流"可能会延缓社会工业化的进程，降低工业新产品的国内市场需求水平，进而影响消费者的总福利水平。

总之，新时期"农民工回流"对工业的影响不能一概而论，既要看到它对传统劳动密集型产业的消极作用，又要了解它对产业结构优化升级的刺激作用。那么，如何降低由"农民工回流"导致的"逆库兹涅茨化"对产业经济发展的负面影响呢？要以大力发展融合地带的产业作为解决问题的重要途径。因为产业分化或融合的结果易出现新的增长点和带来1+1>2的生产效率，而融合之后的产业能够实现三次产业间的功能互补与延伸。产业融合带来的创新活动和经济新增长点为各专家学者所公认，若回流农民工能够在农业与非农业的融合地带从事较高生产率的活动，获得高回报足以维系其对工业品的消费水平，则相关工业化的进程不会受"农民工回流"的影响。此外，农民工回乡发展现代农业，可为工业提供中间品的支持，而不仅是劳动力等原始要素的支撑，也迎合了现代工业结构发展中"高度加工化"的趋势。

因此，针对"逆库兹涅茨化"问题的解决路径，不是逆转农村劳动力流动和产业结构高级化的发展趋势，而是着重于解决资源配置效率低下问题，以生产率（全要素生产率）水平为基准进行资源配置作为解决问题的指导方向。其间的逻辑是兼顾产业结构的合理化以及三次产业的协调发展问题，当部分资源流动到低生产率的产业时，以产业分化和产业融合①为抓手，提高该部分资源的配置效率。具体而言，"农民工回流"问题与农业产业化问题紧密相关，借助农业产业化，使农业与工业或服务业进行产业渗透、交叉或重组，能够提高原产业的劳动生产率，使投入农业的生产要素获得与非农产业几乎同等水平的收益报酬，资源配置效率问题自然得到解决。

---

① 产业融合是指某些技术在一系列产业中的广泛应用和扩散，并导致创新活动发生的过程。

第三节　乡村振兴背景下解决"农民工回流"问题的有效思路

本书一贯认为，我们对"农民工回流"效应的认识须是审慎的。在本书的前述章节——背景部分，我们指出了由"农民工回流"引致的"逆库兹涅茨化"问题不应包括"农民工回流到农业产业化企业或现代农业中"的情况。因此，我们需要克服的"逆库兹涅茨化"问题是：农民工回流到生产率较低的传统农业中就业。

在乡村全面振兴的背景下，本书提出的有效解决上述问题的思路是：引导返乡农民工从事较高劳动生产率的活动，如鼓励农民工从事创业活动，进入农业产业化企业就业或经营等。

针对如何鼓励返乡农民工参与创业活动，本书尝试以萨缪·鲍尔斯的契约分布理论为基础，分析乡村振兴背景下返乡农民工所面临的契约选择，尤其是如何解决返乡农民工自主创业所面临的资本短板问题，并给出促进返乡农民工自主创业的三个方案：增加返乡农民工的资本存量、提升返乡农民工的借贷能力和通过合理的制度安排以降低返乡农民工雇佣劳动的监督成本。

针对如何激励农民工参与农业产业化活动，本书在调研的基础上采用案例分析的方法提出建议。值得一提的是，为防止在研究这个问题上出现以偏概全和理论脱离实际的错误，课题组曾在 2019 年和 2020 年分别去往山东潍坊和聊城展开调研，并收集了大量的第一手材料。因此，本章选用的典型案例为山东潍坊"诸城模式"下的农业产业化实践。

一、思路一：鼓励返乡农民工从小农经济中走出参与创业

2018 年 1 月 2 日，《中共中央　国务院关于实施乡村振兴战略的意见》发布，提出提升农业发展质量，培育乡村发展新动能；推进乡村绿色发展、打造人与自然和谐共生发展新格局。乡村振兴的实现要以推动现代农业发展为重点，以提高农民收入为根本核心（胡月和田志宏，2019）。我国的农民工群体曾经以"半城市化"流动方式为我国城市工业的发展做出重要贡献，在新时期的乡村振兴背景下，他们则面临着更多的职业选择，其中之一便是返乡创业。农民工返乡创业对农村农业产业化发展以及农民整体增收均具有非常重要的意义。返乡的农民工不是除了自己的劳动以外一无所有的人群，而是具备一定的财富基础、人力

资本水平和丰厚的生产经营经验的特定群体。由于早期的打工经历，他们往往不是风险厌恶者，而是基本具备了坚韧、执着、创新等创业者基本特质的群体。返乡农民工进行自主创业，能够带动大批农民致富，从而让乡村走向良性的自我发展之路。

我们认为，返乡的农民工，其视野得以拓宽，人力资本水平获得一定的提升，势必在农业产业化中发挥比普通农民更大的作用。在中央和地方的各种利好政策激励下，返乡创业成为农民工的择优选择之一。

（一）理论基础

本书以萨缪·鲍尔斯（2006）的契约分布理论为理论基础。在萨缪·鲍尔斯的契约分布理论中，所谓的契约分布，指的是资产的控制权和资产的剩余收入索取权是如何被分配给特定的个人的。若将回乡的资源投入到传统的小农经济中，则会陷入"逆库兹涅茨化"陷阱，若使其参与创业或农业产业化经营，则会克服"逆库兹涅茨化"问题的威胁。因此制度的有效设计思路应着眼于鼓励农民工走出小农经济，从事创业活动。按照萨缪·鲍尔斯市场"短边权力"说法，即制度安排须增强资本对劳动等要素的短边权力。首先，众所周知农民工创业经营存在着诸多约束——信贷约束、地权约束、技术约束和市场约束等，制度的安排要具备突破各项约束的意旨。其次，农民工参与创业与参与小农经济的主要差别之一是，前者令其实现对劳动的一定规模的雇佣，因此制度安排须考虑降低雇佣劳动的监督成本。根据阿曼·阿尔奇安和哈罗德·德姆塞茨的理论，企业可通过控制权和剩余索取权的产权安排来解决监督成本和效率问题。让更多的受雇佣工人成为企业剩余（经营成果）的索取人，而一旦成为企业剩余的索取者之后，受雇佣者自发地受到激励，而且能够依靠成员间的工作伦理和相互监督维系高的生产率和低的管理成本。最后，专业性资产指的是在"某一个特殊交易中的价值大于在下一个最优选择中的价值的资产"。与拥有通用性资产相比，专用性资产的拥有者面临的"退路"更少，参与再次交易的动机更弱。但是与企业产品适配的专用性资产往往能够提升整体投入的生产性价值。依据"技术-制度均衡"理论（Pagano，1993），合理的制度结构对专用性技术水平及其价值应用可发挥决定性作用。

在上述分析的基础上，本书通过构建模型进行下一步的研究。在此，我们借鉴并改进了萨缪·鲍尔斯的契约分布理论模型①来论证制度的有效设计思路。鲍尔斯指出，财富禀赋决定个体在多个契约选择区间中的位置，此处的财富可以用"资本"进行替换。具备特定禀赋水平的资本所有者若要从农业的"独立生产"

---

① 鲍尔斯在论述契约分布问题时，也充分地解释了（制度）有效设计问题。详见：萨缪·鲍尔斯. 微观经济学：行为、制度和演化 [M]. 江艇，等，译. 北京：中国人民大学出版社，2006.

(小农作业)区间中跳出,进入"雇佣劳动生产"的农村创业契约区间,须借助政策外力,换言之,须进行制度的有效设计。在模型设计中,考虑到农村创业的经营特征,本章将土地视为重要的生产要素加入模型,同时也将与农业生产技术相关的专用性资产作为要素投入到生产之中。

(二)理论模型

假设生产函数由 $q=f(t, n, n_G, k)$ 表示,其中 t 代表土地,n 代表劳动,k 代表资本,n_G 则代表专用性资产。该函数为线性、齐次的凹函数;模型中的产出价格被标准化为1,个体的总时间被标准化为1,被划分为自我雇佣时间(l)、监督员工的时间(s)和休闲时间(R);雇佣员工的数量(L)与监督员工的时间(s)同方向变化($s_L'>0$),员工的专用性资产存量水平与监督员工的时间(s)反方向变化($s_{n_G}'<0$),因此有 $s=s(L, n_G)$。在生产函数中,总的生产性劳动为 $n=l+L$。生产者个体的资产禀赋水平为 k^k,同时令 γ、w、g 和 v 分别表示土地、劳动、专用性资产和资本的价格;$T_0(T_0 \geq 1)$ 表示从事农业产业化所需要土地的最少数量。

生产者的信贷限额 B 由其资本的禀赋水平所决定,表示如下:

$$B(k^k) \geq \gamma t + wL + gn_G + v(k-k^k) \tag{6-27}$$

在式(6-27)中右边四项依次是土地的租金成本、雇佣劳动的工资成本、专用性资产成本,以及除初始资本外还需要的资本。

生产者在生产一个时期之后的效用情况为:

$$w_1 = f(t, (l+L), n_G, k) - (1+r)[\gamma t + wL + gn_G + v(k-k^k)] + u(R) \tag{6-28}$$

在式(6-28)中右边第二项表示期末需要偿还期初的贷款的成本,其中 r 为利息率。

生产者的时间约束方程为:

$$1-s(L, n_G)-R \geq 0$$
$$l \equiv 1-s(L, n_G)-R \tag{6-29}$$

依据模型的思想,生产者资本禀赋 k^k 的水平不同,则会选择不同的契约区间。假设 $k^k=0$,k_0,且有 $0<k_0$。

表6-2列出了"农民工回流"之后所面临的两种契约选择,针对每一种选择相关的系数也一并列出。

表6-2 "农民工回流"后的两种契约选择

资本禀赋水平	t	l	L	n_G	k	s	λ	μ	契约选择
大于0而小于k_0	小于T_0	大于0	等于0	等于0	大于0	等于0	等于0	等于0	小农作业
大于等于k_0	大于等于T_0	大于等于0	大于0	大于0	大于0	大于0	大于0	大于等于0	农村创业

由表 6-2 得知，当生产者居于"小农作业"的契约区间时，他把全部时间用于自我雇佣和休闲；利用少量的土地和其他资源，独立地进行生产经营；此时他一般不会考虑雇佣劳动作自己的帮手，因为单位劳动雇佣为其带来的边际产品不足以抵消它所带来的监督成本。相反，当生产者期望跳出"小农作业"区间进入"农业产业化"区间时，他必须突破资本的信贷约束，必须具有一定规模的土地使用权，需要降低雇佣劳动的监督成本，需要占据一定量专用性资产。

由以上的模型分析得知：鼓励"回流农民工"参与创业的有效制度设计可从降低雇佣劳动的监督成本、提升专用性资产的生产价值、增强信贷能力以及保障参与流转的土地数量等几个方面着手实施。

（三）建议

参考上述模型分析的结果，针对如何促进返乡农民工的自主创业，本节在此提出以下建议：

第一，千方百计地增加农民的资本存量。萨缪·鲍尔斯的契约选择理论以财富或资本品的多少为区间划分依据，其中的缘由在理论基础中已经做出了解释。显然，这里所讲的财富或资本品并不局限于物质财富，还包括人力资本等。农民工在其返乡之初，因其自身所占据的财富数量有限，事实上存在着多种创业阻碍。那么，如何增加返乡农民工的财富或资本存量以消除创业阻碍呢？首先，以深化土地改革举措促进返乡的农民工收入多元化。土地改革是我国乡村振兴的抓手。我国的二元经济发展的长期性提升了农民对土地的情感价值，并产生禀赋效应（胡新艳和罗必良，2016），事实上盘活土地的经营权能够大大增加包括农民工在内的整个农民群体的获得感。在乡村振兴背景下，我国目前实施的土地政策包括在坚持土地集体所有权的前提下，进一步稳定农户承包权，放活土地经营权，实现所有权、承包权、经营权三权分置，引导土地经营权有序流转。建议进一步为上述政策在农村的有效实施提供法制保障，而且要为农民进行土地流转交易提供相关的法律支持服务。在土地政策的利好下，农民工因其农村户籍而享有的土地，将为其带来稳定的流转租金保障。其次，以专业培训举措提升返乡农民工的人力资本水平。萨缪·鲍尔斯（2006）在阐述财富的分配和契约的分布理论时谈到，"这些资产不仅包括传统意义上的财富，还包括其他能够带来收入的属性，诸如一个人的技能和健康"。返乡农民工一旦接受了系统培训，令其具备专用性技能和创业技能，就能够大大提升他在雇佣劳动和资本中的生产性价值。依据"技术-制度均衡"理论，该种情形将更有利于他获得企业的控制权以及剩余索取权。换言之，各项专业培训将为返乡农民工的创业成功塑造核心条件。

第二，以金融服务政策提升返乡农民工创业的融资能力。个体的借贷能力高低，与其自身所拥有的资本多少一样，均为影响创业绩效的重要因素。因为借贷能力越高，意味着创业资本越雄厚，从而在契约区间中所面临的选择越多。返乡农民工在其初期，一般会因为其所占据的财富有限导致其借贷能力有限，在投资项目方面存在着资金约束瓶颈。因此，政策的着眼点可放在提升返乡农民工的借贷能力方面，有两个思路：一是出台为返乡农民工提供创业项目专项资金支持的政策；二是针对专用性技能人才的创业项目提供各项金融支持手段，其目的是消除返乡农民工开展自主创业的顾虑，同时解决其在接受训练或培训后可能面临的"因交易专用性资产而被敲竹杠"的问题。

第三，以合理的制度安排降低返乡农民工雇佣劳动的监督成本。如上文所述，依据萨缪·鲍尔斯的契约选择理论，返乡农民工初期在其财富区间内，依据效用最大化的指引，是很难产生创业动机的。究其重要原因便是，他雇佣劳动给其带来的边际监督成本可能高于该劳动（假设雇佣劳动是同质的）为其带来的边际产品。因此实施降低其雇佣劳动的监督成本的政策，是激发返乡农民工创业动机的有效途径之一。如何降低雇佣劳动的边际成本呢？在农村中推广专业合作社制度是一条可行路径。萨缪·鲍尔斯在其理论分析中提到了"胶合板合作社"的案例做法。这一做法的目的是让更多的受雇佣工人成为企业剩余（经营成果）的索取人，而一旦成为企业剩余的索取者之后，受雇佣者自发地受到激励，而且能够依靠"成员间强大的工作伦理、同伴压力和相互监督"维持高水平的生产率。因此建议在农村推广实行专业合作社制度。① 如此这样，返乡农民工在创办企业时，将会容易雇佣到自我激励水平较高的雇员，其监督成本自然就会降下来。另外，抵消合作社制度对企业融资的负面效应。值得注意的是，萨缪·鲍尔斯（2006）在其理论中谈到了合作社制度可能会提高企业的融资成本，因为"银行在借钱给胶合板合作社时候，经常觉得必须与合作社的所有成员直接达成协议，而不是仅仅和经理达成协议，这是因为合作社成员可以很轻易地终止经理的契约。这些安排所增加的困难当然提高了贷款的成本"。鉴于合作社制度可能对企业的融资安排产生上述不利影响，建议设立针对性的政策以消除这一负面影响，例如地方政府可设立鼓励合作社经营的预算

① 1999年6月24日，我国原农业部发布《关于当前调整农业生产结构的若干意见》，这是"农民专业合作经济组织"一词首次出现在中国国家文件中。"农民专业合作经济组织"在法律条文中最早出现的时间是2002年，国家修订了《中华人民共和国农业法》，该部法律中的第十一条，对这一概念的描述就是现在称之为"农民专业合作社"的原型，这部法律正式确定了合作经济组织的存在形式。《中华人民共和国农民专业合作社法》已颁布实施了十余年，自该法颁布以来，经过了岁月的洗礼，我国农民专业合作社的发展突飞猛进。在新时代，乡村振兴对农民专业合作社的发展赋予新的使命。

和专项基金。

二、思路二：激励返乡农民工参与农业产业化

针对"农民工回流"引致"逆库兹涅茨化"问题，本书给出的第二个解决问题思路是激励返乡农民工参与到农业产业化中去。进入农业产业化经营，返乡农民工的劳动生产率不会比返乡前在非农产业时低多少，从而资源配置低效问题得以解决。

在此，我们采用案例研究的方法。选用的案例是山东潍坊"诸城模式"下的农业产业化实践。

（一）文献综述

农业产业化，又称农业产业化经营。针对农业产业化进行系统研究，国内较早的学者有陈吉元（1996）和牛若峰（1998）。在他们给出的概念中，均强调贸工农或农工商的一体化经营。国外学者多用"Agroindustrialization"的概念（Reardon and Barrett，2000）描述农业产业化，将之界定为"农业部门的变化过程"，并认为该过程伴随着农业加工、贸易流通以及农业投入的非农供给增长。

自亚当·斯密以来，传统农业一直被视为边际报酬递增的产业，而农业产业化因能专业化农业的相对比较优势、提升农村投入要素的回报率，被视为乡村振兴的基本路径之一（韩旭东等，2019；熊磊和胡石其，2019；陈华彬，2019；芦千文，2017）。在政策方面，2020年"中央一号文件"提出"……培育农业产业化联合体，通过订单农业、入股分红、托管服务等方式，将小农户融入农业产业链"的政策主张，进一步确定了农业产业化的农村发展路径。

农业产业化是提升农业劳动生产率的有效路径，是区别于传统农业的现代农业经营形式，它通常体现为"农工贸一体化经营"。

（二）研究设计与案例介绍

1. 研究方法

描述性的单案例分析是我们采用的研究方法，其理由有二：一是所研究的问题是一种经验主义探究，方法与所解决的问题契合；二是与研究主题契合的单一典型案例，具有宽泛的代表性，足以说明问题。

2. 案例选择

为何选用"诸城模式"作为典型案例？2013年习近平总书记视察山东时曾指出，发端于诸城的农业产业化经营，在全国起到了很好的示范引领作用。2018年习近平总书记在全国"两会"期间到山东代表团参加审议和视察山东时两次讲到，改革开放以来，山东创造了不少农村改革发展经验，贸工农一体化、农业产业化经营就出自诸城、潍坊，形成了"诸城模式""潍坊模式""寿光模式"。

自 2007 年,诸城实施了"多村一社区"的治理模式,以农村社区为单元,统筹推进经济、文化、公共服务等"集聚式"发展,进一步深化拓展了"诸城模式"内涵。诸城目前是全省乡村振兴"十百千"工程示范县,为全省农业"新六产"发展现场会、全省乡村振兴暨脱贫攻坚现场会提供现场,承办了全国组织振兴推动乡村振兴研讨会、山东社科论坛乡村振兴研讨会、乡村振兴媒体行暨"乡村振兴诸城机遇"交流分享会。因此,山东的"诸城模式"是一种较为成熟的农业产业化经营模式,它构建了较成功的激励机制以吸引返乡农民工参与农业产业化。此外,课题组成员曾多次前往诸城,尤其是 2019 年 7 月会同中国社会科学院哲学研究所开展了详尽的调研活动,其中按照行政官员、企业管理人员、农民(农民工)等分类进行实地访谈和其他调研活动,获得了较为完整的一手和二手材料。

3. 调研情况

诸城的调研资料既包括一手资料又包括二手资料。一手资料的获得途径包括田野调查、实地访谈、调查问卷等;二手资料的获得途径包括文献资料、领导讲话、媒体报道、政府部门汇报等(见表6-3)。

表6-3 2019 年 7 月诸城调查资料采集说明

时间	地点	调查对象及内容	调研形式	备注
2019 年 7 月	密州宾馆 A 座三楼会议室	市委书记桑福岭汇报	听汇报	诸城经济社会发展情况
		农业农村局、社区化发展中心等汇报		
		中国社会科学院哲学研究所党委书记王立胜讲话		
	乔庄社区	村干部 5 人、农民(工)12 人(11 户) 农村社区化管理模式	田野调查、面对面访谈	"六会一体"村民自治管理
	福田汽车山东卡车工厂	工厂管理人员 2 人、技术(熟练劳动)工人 4 人、人力资源部门主管 1 人 回流劳动力再就业情况	田野调查、面对面访谈	以就业为导向的新型职业农民培训体系
	永辉农场	农场管理人员 3 人、职工 3 人 农业产业化运营	田野调查、面对面访谈	乡村振兴模式
	华山榛业田园综合体	农场管理人员 2 人、职工 4 人 农业产业化运营	田野调查、面对面访谈	乡村振兴模式

续表

时间	地点	调查对象及内容	调研形式	备注
2019 年 7 月	竹山田园综合体	农场管理人员 2 人、职工 3 人 农业产业化运营	田野调查、面对面访谈	乡村振兴模式
	展览中心	解说员 2 人、中心管理人员 1 人 诸城模式发展历程展览	听讲解	诸城农业产业化历程
	普兰尼奥 工业化社区	营销主管 3 人,人力资源管理部门 3 人 吸纳劳动力就业情况	田野调查、面对面访谈	诸城服装业创新发展
	昌城社区	村干部 5 人、农民(工)10 人 (10 户) 农村社区化管理模式	田野调查、面对面访谈	农业产业化体制

4. 案例介绍

改革开放以来,"诸城模式"先后经历了农村"大包干"、商品经济"大合唱"、贸工农一体化、农业产业化、农村社区化发展五个阶段(见表6-4)。

表6-4 "诸城模式"中农业产业化的发展演化

阶段	时间	内容	要素流动	农业产业化	自我发展
农村 "大包干"	1978~1984 年	家庭联产承包责任制	农村剩余劳动力出现,外出打工	基础阶段	基础阶段
商品经济 "大合唱"	1984~1987 年	将农、工、商、贸结成风险利益共同体,打破了"小农户"与"大市场"的联结壁垒	农业资本积累	基础阶段	基础阶段
贸工农 一体化	1987~1992 年	产供销一条龙,形成以利益为核心、以市场为导向、以龙头企业为依托、以农户为基础的经济共同体	农业资本积累	初级阶段	基础阶段
农业产业化	1992~2007 年	把传统农业纳入系列化生产、区域化布局、企业化管理轨道	土地流转、资本积累和人才积累	成熟阶段	初级阶段
农村社区化	2007 年至今	以行政村为单元的传统社会治理向以社区为单元的现代社会治理转变,以"多村一社区"为特色	土地流转、工商资本回乡、农民工回流	高级阶段	形成阶段

资料来源:现场调研。

表6-4 展示了自改革开放以来"诸城模式"的发展演化过程。经过 40 余年的发展,诸城已经形成了支撑现代农业发展的基础条件。农业产业化由基础阶

段、初级阶段逐步向成熟阶段和高级阶段转化。1978 年开始实施的家庭联产承包责任制，使农村出现农业边际劳动生产率为零的剩余劳动力，他们成为实施农业产业化的"准备军"；在 20 世纪 80 年代，诸城通过"商品经济'大合唱'"和"贸工农一体化"积累了大量农业资本，为实施农业产业化奠定了物质基础；自 20 世纪 90 年代以来，伴随着现代企业管理制度的建立，资本积累和人才积累推动其农业产业化进入成熟阶段。

在成熟阶段，农业产业化发展出现过后劲不足的问题：土地确权造成集体所有权虚化以及土地流转零碎化（桂华，2017；贺雪峰，2017），增加了农业产业化中的交易成本；农民工外出打工人数增多，农村老龄化和空心化严重；集体经济增收乏力；特色农业经营达不到适度规模，农业结构调整力度不够。这些问题表明，诸城的农业产业化发展面临着要素瓶颈，亟待一种新的治理模式在资源要素的集约聚集方面发挥突破作用。

为解决上述问题，自 2007 年诸城开始实行"多村一社区"的区域化基层组织建设新体系。这一新的社会治理模式，以资源集聚效应推动了城乡要素市场一体化的发展进程。基于此，诸城土地流转力度加大，工商资本受现代农业的高利润吸引而回乡，农民工因农村企业的高回报率而回流。诸城的农业产业化发展进入高级阶段，其乡村振兴进入自我发展模式。

"诸城模式"实质形成了一种激励"回流农民工"参与农业产业化的机制。接下来，我们将重点介绍该种机制，因为它实际上给出了一种解决由"农民工回流"引致的"逆库兹涅茨化"问题的制度设计思路。

（三）案例分析：关于"回流农民工"参与农业产业化的激励机制

现阶段，在"诸城模式"中，借助"农村社区化"治理，形成了激励"农民工回流"参与农业产业化的机制。

1. "农村社区化"治理简介

2007 年以来，诸城市贯彻了"政府主导、多方参与、科学定位、贴近基层、服务农民"的农村社区化发展思路。在尊重群众意愿的前提下，依法撤销全部行政村，以农村社区为单元，依法选举产生了社区党组织、自治组织和其他配套组织，构建起以社区党组织为核心、自治组织为主体、群团组织和各类经济社会服务组织为纽带的区域化基层组织建设新体系，形成了独具特色的"农村社区化"治理模式。与单个行政村相比，农村社区基层组织可被视为促进农业产业化发展和提升农民获得感的专设机构，具有明确的任务和目标；"农村社区化"治理主张去行政权威化，强调集体决策；强调按照市场规律进行资源配置。以诸城乔庄社区为例，社区于 2015 年创立"党员议事会、妇女议事会、老干部议事会、60 岁以上老人议事会、在外人员议事会以及喜洋洋同乐会"六个议事会，实行

"六会一体"村民自治管理,搭建社区协商议事平台。尤其值得注意的是,与单个行政村相比,"农村社区化"治理以集聚式发展思路,在推动资源要素的集约集聚配置方面发挥不可比拟的优越性。在城乡要素市场走向一体化的趋势下,"农村社区化"治理模式的上述优越性对农民、现代农业企业等多个相关主体达成利益联盟发挥重要作用。

2. "农村社区化"治理中的农民获得感提升机制

影响农村劳动力就业选择的核心因素是其效用水平。经济学中用效用大小来衡量满足程度,而消费风险的减少与收入的增加均能够增加个体的效用(Munshi and Mark,2016)。"获得感"一般被视为一种满足程度(胡洪曙和武锶芪,2019),是与效用水平几乎等价的术语,近年来多次出现在政策文件和相关学术研究成果中。本书在此借用这一术语。若回乡的农民工在参与农业产业化时较其他就业选择更能够得到获得感,则会因受到激励而坚定他的选择。

在"诸城模式"中,通过实施"农村社区化"治理,事实上为农民构建了基本消费平滑机制和增收机制,可谓农民"获得感"的双向提升机制。

首先,在"农村社区化"治理中形成包括回流农民工在内的农民基本消费平滑机制。所谓基本消费,指的是农民维持生计水平的消费。传统农业历来被视为边际报酬递减的行业,且农产品收益受灾害性天气的影响较大,农村中从事小农经济的农民,其基本消费面临特定的风险。外出打工的农民所面临的消费风险主要与他们存在一定的失业概率相关。此外,如前文所述,目前我国农村的社会保障体系和城市针对农民工的社会保障体系均不够完善。因此,农村的农民借助于非正式保障网络来实现其基本消费的平滑。该非正式保障网络发挥作用的效果往往与该网络中的人数呈正相关。例如,特定行政区域内村民之间的帮扶,若区域内的人数越多,则参与人所享受的基本消费平滑作用越明显。诸城所实施的"多村一社区"治理模式,事实上将发挥保障作用的非正式保障网络由单个行政村拓展到多个行政村。这就意味着,在农民或农民工个体或家庭出现基本消费风险时,能为他们提供帮助的人数大大增加;他们避险能力的提高意味着效用水平和获得感同步提升。因此,"农村社区化"治理模式事实上形成了一种农民基本消费的平滑机制,并且发挥了有效的作用。

其次,在"农村社区化"治理中形成包括"回流农民工"在内的农民多元增收机制。从事传统农耕的农民,其收入主要来自农作物收成;外出打工的农民工,其收入为打工薪酬。打工收入一般高于传统农耕收入,否则农民不会做出外出的决策。若形成对农民工的激励,则农业产业化为他们提供的总收入水平须高于打工收入。在"农村社区化"治理中,基层社区组织搭建起农民与企业之间的"利益联动"平台。该平台推行"大区域多主体""大园区小农户"等利益联结举措，不仅安置参与土地流动的农民到农业产业化相关企业中就业，还鼓励农民以土地、资金、资产入股，导致农民的收入来源与结构进一步多元化，从而实现其总收入与总效用水平提升。

最后，在"农村社区化"治理中形成"回流农民工"的人力资本水平提升机制。通过针对"回流农民工"进行现代农业相关的职业培训，减少其非永久性流动和小农经济就业的动机。诸城农村社区化基层组织以培育涉农人才为工作重点，招募"回流农民工"参与新型职业农民培育工程，并积极实施国家职业农民培育示范项目。从2014年至2019年，以粮食、蔬菜、果茶产业为培训重点，对社区内农民工集中实行"一点两线、全程分段"培训，即以产业发展为立足点，以生产技能和经营管理水平提升为两条主线，分段集中培训与实训实习、参观考察和生产实践相结合，培育时间不少于一个产业周期。诸城现已有881人被认定为新型职业农民。因此，在"农村社区化"治理模式下，农业产业化的相关企业形成了稳定的、低成本的劳动力供给机制。在当前"民工荒"和高劳动力成本的背景下，这一机制有效地提升了相关企业的综合竞争能力。

表6-5比较了农民工在三种就业选择情境下的获得感情况。如上文所述，农民整体获得感提升由其基本消费风险减少和收入增加两个维度构成。

表6-5　三种就业选择情境下农民工的获得感比较

情境	基本消费风险	平滑消费效果		收入	获得感	备注
①小农经济	存在，多由自然灾害引致	基于行政村的社会保障体系	由全村人提供帮助	土地种植收入	收入+平滑消费效果-基本消费风险	行政村管理
②外出打工	存在，多由找不到工作引致	基于行政村的社会保障体系	由全村人提供帮助	以打工收入为主		行政村管理
③参与农业产业化	小概率存在，农业产业化后抗风险能力增强	基于农村社区的社会保障体系	由全社区（多个行政村）人提供帮助	就业收入、土地流转收入、分红收入		农村社区化治理
结果比较	①>②>③	①<②<③		①<②<③	③>②>①	

由表6-5中的比较结果得知，在"诸城模式"中，借助"农村社区化"使回流农民参与农业产业化后，其整体获得感得到显著提升。在诸城，仅2019年上半年，"回流农民工"参与农业产业化就业或经营的人数就达到700人以上。

3."农村社区化"治理中的"回流农民工"创业报酬提升机制

如前面章节所述，针对农民工返乡创业问题，要解决的核心问题之一便是降低劳动的监督成本,其中类似于合作社的治理体系是有效的。

在"农村社区化"治理中,地方政府在降低劳动监督成本方面,充分借鉴了合作社治理模式的优点。"农村社区化"的基层组织,不仅安置土地流转出去的农民到实现农业产业化的企业里就业,而且鼓励他们通过土地、资金、资产等入股,以成为企业的股东之一。此时的农民兼具劳动者和股东的双重身份,基本生活消费平滑化和收入来源多元化,从而具有长期拿低薪的底气以及期盼企业长远发展的意愿。在此情形下,农业产业化企业得到充足的和成本低廉的劳动力供给。

此外,良好的金融服务体系是农民工返乡创业动机形成的重要前提。在诸城的"农村社区化"治理中有效形成了涉农资金的整合长效机制。诸城充分利用"农村社区化"治理对资源的集聚作用,做好涉农资金整合与统筹使用工作。2019 年,全市共统筹整合涉农资金 68617 万元,占全部涉农资金的 58%,集中用于农业产业化等重点工作。此外,诸城还修订完善鼓励引导城市工商资本下乡财政扶持政策,通过设立优先扶持目录、列支政策性保险专项资金、支持政府购买服务等方式,加快形成多元扶持、协调互动的金融服务格局。2017 年以来,诸城共为新型经营主体发放农业结构调整贷款贴息 597 万元,撬动社会资本 1.6 亿元;为 70 多个规模化园区落实基础设施奖励补偿 1435 万元,撬动社会资本 2.5 亿元。

三、案例启示

对本书的主题而言,山东潍坊的"诸城模式"以其农业产业化实践给出了一种解决"农民工回流"问题的思路,因为借助构建"回流农民工"参与农业产业化的激励机制,在很大程度上避免他们重新进入劳动生产率较低的小农经济中,从而"逆库兹涅茨化"效应不会产生。

上述案例带来的一大启示是,当地政府在创设乡村振兴的目标时应以提升农民工的获得感为核心,唯有如此才能形成对农民工参与农业产业化的有效激励。

第四节　小结

本章主要是对由"农民工回流"引致的"逆库兹涅茨化"问题进行理论分析。

我国农民工从城市非农产业回流到传统农业中,是"逆库兹涅茨化"问题的典型表现形式，而农民工现象的根源是城乡分割的二元体制，因此对农民工回流现象的研究须以"城乡分割"的视角展开。

本章主要完成了三个方面的工作：首先阐释了城乡分割与"农民工回流"的原因，其次分析了城乡分割视角下"农民工回流"产生的多重效应，最后提出了乡村振兴背景下"农民工回流"问题的解决思路。

针对"农民工回流"原因，本章的关注点落在中国特色体制方面，其中针对农民工的城市社会保障体系不健全是重要原因；此外，农村土地制度和其他日益完善的社会保障网络体系，构成农村对农民工的拉力。为进一步说明问题，本章构建了关于"农民工回流"的决策模型。

针对城乡分割视角下"农民工回流"的影响效应，本章关注"农民工回流"问题对社会人力资本存量、农村劳动生产率和农民福利水平，以及对我国工业发展的影响。通过建模分析发现，在"城乡分割"及城乡收入存在差异情况下，农村劳动力参与"半城市化"流动，即便存在一定程度的由"农民工回流"引致的"逆库兹涅茨化"问题，也不会阻碍劳动力整体人力资本水平的提升；"农民工回流"可能对工业的创新活动产生不利影响；由"农民工回流"所引致的"逆库兹涅茨化"问题，对提升农民获得感，乃至乡村振兴具有重要影响。在阐释"农民工回流"对工业发展的影响时，本书从其可能引致"民工荒"问题、可能影响社会的工业化进程、阻碍我国传统劳动密集型工业企业竞争优势的形成三个方面展开，最后的研究结论为：由"农民工回流"引致的"逆库兹涅茨化"问题对工业经济的整体影响可谓是负面的。

针对乡村振兴背景下解决"农民工回流"问题的思路，本书提出要引导返乡农民工从事较高劳动生产率的活动。例如，鼓励农民工从事创业活动，进入农业产业化企业就业或经营。针对如何鼓励返乡农民工参与创业活动，本书尝试以萨缪·鲍尔斯的契约分布理论为基础，分析乡村振兴背景下返乡农民工所面临的契约选择，尤其是返乡农民工自主创业所面临的资本短板问题，并给出促进返乡农民工自主创业的三个方案：增加返乡农民工的资本存量、提升返乡农民工的借贷能力和通过合理的制度安排以降低返乡农民工雇佣劳动的监督成本。

针对如何激励农民工参与农业产业化活动，本书在调研的基础上采用案例分析的方法提出有效建议。值得一提的是，为防止在研究这个问题上出现以偏概全和理论脱离实际的错误，课题组曾在2019年和2020年分别去往山东潍坊和聊城展开调研，并收集了大量的第一手材料。因此，本章节选用的典型案例为山东潍坊"诸城模式"下的农业产业化实践。该案例带来的一大启示是，当地政府在创设乡村振兴的目标时应以提升农民工的获得感为核心，唯有如此才能形成对农民工参与农业产业化的有效激励。

第七章　服务业扩张视角下的"逆库兹涅茨化"：劳动力从工业转移到服务业

　　本章的内容用于对"逆库兹涅茨化"问题的另一个表现——"劳动力从工业转移到服务业"进行理论分析。

　　第六章我们剖析了城乡分割视角下的"逆库兹涅茨化"问题——"农民工回流"，与本章的"服务业扩张视角"一并形成了研究产业结构调整中"逆库兹涅茨化"问题的双重视角。我们认为，我国的产业结构在调整中整体呈现出"库兹涅茨式"结构特征，但面临着"逆库兹涅茨化"的危险，这也是我们的理论假设。具体而言，对中国经济发展起重要作用的农村劳动力转移现象，一方面使生产率较低的农业劳动份额降低，另一方面令生产率较高的非农产业的劳动份额增加，这属于"库兹涅茨化"的产业结构变迁；而服务业的迅猛发展与工业的转型升级在新时期几乎同步发生，导致劳动等生产要素从生产率较高的工业中部分转出，转移到生产率较低的服务业，这便表现为结构调整中的"逆库兹涅茨化"现象。

　　值得注意的是，一般情况下资源从工业流向服务业系"逆库兹涅茨化"现象，但是鉴于现代服务业发展层次非常丰富，若劳动力从工业流向生产率较高水平的服务业，则不能称之为"逆库兹涅茨化"现象。

　　本章的主要内容包括三个方面：第一，论述我国服务业扩张与劳动力从工业转移的原因；第二，采用建模法分析劳动力从工业流往服务业所引致的"逆库兹涅茨化"效应，该效应包括对工业就业的负面效应和对全要素生产率的损失效应；第三，采用典型案例法，寻找解决"逆库兹涅茨化"问题的有效路径，其中一个思路是充分利用服务业和工业之间的互动与支撑关系，以服务业繁荣促成工业的转型升级。

第一节　服务业扩张与劳动力从工业转移的原因

劳动力从工业转移到服务业，与我国服务业扩张和工业转型升级的时代背景密切相关。目前，服务业正面临发展的黄金时代，现代服务业的新业态不断涌现。但是在供给侧结构性改革背景下，我国的传统工业正处于"增速阶段性放缓、吸纳就业能力减弱"的历史时期。结合上述背景，本书对服务业扩张与劳动力从工业转移原因进行具体分析。

一、服务业扩张的黄金时代到来

关于人均 GDP 与服务业产值比重之间的关系，不少研究者认为两者是趋向正相关的，如库兹涅茨（Kuznets，1957）指出，"一些迹象表明，人均收入水平越低，服务业部门在国民生产总值中所占的份额就越低"。我国的人均 GDP 自 2010 年以来超过 4000 美元，尤其是 2019 年和 2020 年已经突破 10000 美元大关，与此相对应，服务业在产业结构中的优势地位越来越明显。对此，周金涛和安尉（2014）从另一个视角——工业化进程，来诠释服务业的扩展趋势，他们发现 2013 年后的中国服务业"即将步入黄金时代"。按照世界各国产业结构演变的一般规律，在三次产业中第三产业最终将占优势地位。学术界不少学者（干春晖等，2011；乔晓楠和张欣，2012）在研究产业结构时将服务业比重提升视为结构合理化的表现之一，甚至将第三产业与第二产业的产值之比视为测度产业结构高级化的指标。因此，无论从哪个角度出发，我们都可以说中国目前已进入服务业的扩张时期。

针对服务业的扩张原因，一般认为包括以下几个方面：世界服务业市场的放开引发宽泛的就业效应；服务业内部分工细化、服务新业态不断涌现，吸引更多人加入；发达国家在部分制造业转移之后聚力发展服务业造成服务业的繁荣；各层次消费需求升级，导致整个社会对服务业的需求旺盛；制造业中间投入增加促进生产性服务业发展；世界范围内信息服务业广泛兴起，互联网技术对其他产业的改造已全面展开，造成服务业几乎对全产业的参与；经济虚拟化趋势导致金融服务业繁荣等。

值得注意的是，服务业的产值扩张与就业扩张并不完全同步。[①] 其中服务业

---

① 在后续章节我们将通过"产业的相对不平等度"等指标深入研究这一问题。

的就业增长是我们课题组研究的重点，因为它与"逆库兹涅茨化"问题直接相关。针对服务业就业增长的原因，学者沈柏年等（1992）认为，与服务业的宽门类和多行业不无关系，可以吸纳不同层次的各类人员就业。如此，任何一个经济门类的增长均可以带动服务业的就业增长。对此学者程大中（2004）显然有不同的看法，他基于对"鲍莫尔—富克斯机制"的检验结果，指出我国服务业的劳动生产率滞后是其就业增长的原因。这一结论同时表明了一个事实：我国服务业的劳动生产率增长长期滞后于制造业。① 这一现象也是我国产业结构调整中存在"逆库兹涅茨化"问题的征兆之一。此外，学者张彬斌等（2019）回顾了中华人民共和国成立70年来学者们对服务业就业问题的研究进程，指出服务业在我国发挥着吸纳就业的海绵作用，但服务业的发展推进应该遵循提高整体产业劳动生产率的原则。

总之，在新时期，我国服务业的发展已步入快车道。如何确定规则、设定优先序、引导服务业高质量发展的问题已经被提上日程。

二、劳动力从工业转移的原因

新时期，与服务业的快速扩张趋势不一致的是，我国的传统制造业正处于转型升级、增速放缓的历史时期。

近年来，我国制造业的劳动力就业增长率呈下降趋势。据统计，自2013年至2019年，我国第二产业的劳动份额增长率平均下降幅度超过1.3%。更多相关数据如图7-1所示。

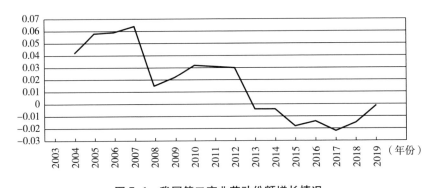

图7-1 我国第二产业劳动份额增长情况

---

① 鲍莫尔—富克斯假说认为，与制造业相比，服务业的劳动生产率越滞后，其劳动价格与制造业越同步，则服务业的就业扩张越明显。请参见本书的文献综述部分。

图 7-1 列出了 2013~2019 年我国第二产业劳动份额增长情况。图中的所有年份的增长率数据均为负值，表明就业增长下降的事实。其中下降幅度最大的年份是 2017 年，该年劳动份额下降了 2.4% 左右。因此，我们可以断定，劳动力从工业中移出已经成为事实。

针对劳动力从工业中转移出的原因，要关注两个挤出效应。首先，不得不提及工业技术进步对劳动就业的挤出效应。目前我国的供给侧结构性改革已进入深化阶段，制造业的高质量发展被置于工作首位。传统工业在转型升级过程中，提高了其资本的有机构成，同时因为广泛采纳人工智能技术，导致"机器取代人工"成为普遍现象。不少学者（韩民春等，2020；闫雪凌等，2020；蔡啸、黄旭美，2019）的研究成果支持了上述观点。另外，制造业在贯彻、实施供给侧结构性改革的"去产能""去成本"措施时，在采纳新技术以提高劳动生产率的同时，势必对人工的吸纳能力会减弱。其次，涉及的另一个挤出效应，也是为本书所重点关注的，是服务业就业对制造业人工的挤出效应。如上文所述，我国服务业处于迅猛扩张阶段，各层级的服务业，尤其是劳动密集型服务业企业，占据了大量的人工；与制造业相比，传统服务业因对劳动力的技术准入门槛低、就业时间灵活、薪酬安排弹性大，所以吸引了大量的人口就业。相关研究成果，如陈龙和张力（2020）基于 1997~2016 年中国大陆 30 个省、市、自治区的面板数据，综合考察制造业与服务业就业互动关系以及经济系统外生变量对其的影响效应，结果发现服务业对低端制造业的确存在挤出效应，虽然并不特别显著。

第二节 工业劳动力流往服务业的 "逆库兹涅茨化" 效应模型分析

针对工业劳动力流往服务业的"逆库兹涅茨化"效应，我们通过建模分析，主要关注两个效应：一是对工业的就业降低效应；二是对全要素生产率的损失效应。

一、对工业的就业降低效应

本章认为，在城市系统中服务业与工业之间一直存在着相互支撑的作用。基于此，在此借鉴并改进加蒂等（Gatti et al.，2012）的两产业部门模型，进行建模分析。

（一）模型构建

假设工业部门的工资是固定的，而服务业部门实施弹性工资，其中服务业的边际报酬不变，而工业的边际报酬递减。在此，按照均衡分析的要求，无论是工业制成品还是服务品均要求其供给与需求相等；同时其需求取决于实际劳动的雇佣水平。将整个城市系统中的劳动力数量设为1。

有以下两个公式：

$$\beta\alpha = \beta D^{SS}(p, p\alpha) + ED^{MS}(p, p\gamma) \qquad (7-1)$$

$$H(E) = \beta D^{SM}(p, p\alpha) + ED^{MM}(p, p\gamma) \qquad (7-2)$$

其中，β 表示服务业中的劳动份额，而 $1-\beta$ 表示工业中的劳动份额。α 表示服务业的劳动生产率，D^{ij} 表示产业 i 对来自产业 j 的产品的需求；γ 表示工业的劳动生产率，且有 $\gamma > \alpha$；p 是按照工业品（计价单位）计算的服务品价格，E（小于等于 $1-\beta$）表示雇佣水平；而 $H(E)$ 是工业品的生产函数，其中的参数为价格和收入，在式中价格和收入决定了需求水平。

显然两个等式均表示产品的供给等于需求的情况。接下来我们进行均衡分析。

（二）模型分析

式（7-1）表示服务品的供需均衡情况，同时给出表示工业的雇佣水平 E 与服务品价格之间关系的曲线 SS。可知，当工业的劳动雇佣水平高的时候，服务业中服务品的价格上涨。式（7-2）表示工业品的供需均衡情况，同时给出了服务品价格与工业雇佣水平之间关系的曲线 MM，当服务品的价格较高时，服务业对工业品的需求增加；同时工业品对较高价格的服务品还会发生一定程度的替代；借助收入效应与替代效应，工业的劳动雇佣水平一般会提升。曲线 MM 与 SS 的交点即为一般均衡点。均衡点表明：工业低水平的雇佣会导致服务品的价格下降，从事服务业的收入下降，进而导致它们对工业品的需求降低。

现在，我们考虑工业劳动力转移至服务业的情况。此时，工业的劳动雇佣水平下降，服务业的雇佣水平上升，服务业总供给增加，服务品价格下降；从事服务业的收入水平下降，导致对工业品的需求降低，进一步会导致工业的劳动雇佣水平继续下降。因此在城市系统中，工业劳动力转移至服务业的"逆库兹涅茨化"最终会导致针对工业劳动雇佣的恶性循环问题。如果长期得不到足够的劳动供应，工业的发展势必会受限。

二、对全要素生产率的损失效应

针对工业劳动力转移至服务业对产业创新活动的影响，我们同样通过建模的方法进行分析。在模型设计时，我们借鉴了 Bertola 等（2006）的研究成果。本节主要的贡献在于，对两类产业产品生产重新设定，以及将"逆库兹涅茨化"问题的发生情形引入模型分析等。

（一）模型构建

假设有两类产品——服务品和工业制成品，消费量分别为 c_0 和 c_1。消费者的效用函数表示为：

$$u = c_0, \quad c_0 < \bar{c}_0;$$
$$u = \bar{c}_0 + c_1, \quad c_0 = \bar{c}_0 \tag{7-3}$$

假设消费者在达到服务品的消费餍足点后，则开始考虑消费工业制成品。生产服务产品和工业制成品的分别是服务业和制造业的产业部门。

整个社会的生产要素分为熟练劳动和非熟练劳动，前者的数量为 H，后者的数量为 L，一共有 β 个熟练劳动工人与（$1-\beta$）个非熟练劳动工人（将总数标准化为 1）。我们用 A 表示产业部门的技术进步水平，或全要素生产率水平。

服务业企业使用 C-D 型生产函数生产劳动密集型产品，在生产中需要两类劳动要素。服务品的生产函数表示为：

$$Y_0 = AH_0^\alpha L_0^{1-\alpha} \tag{7-4}$$

工业部门企业在生产工业制成品时仅使用熟练劳动要素。工业制成品的生产函数为：

$$Y_1 = AH_1 \tag{7-5}$$

"逆库兹涅茨化"的情形是熟练劳动转移到服务业部门，H_0 变大、H_1 变小的情形。

熟练劳动和非熟练劳动要素的价格分别表示为：

$$W_H = \frac{\partial Y_0}{\partial H_0} = \alpha A \left(\frac{L}{H_0} \right)^{1-\alpha}$$
$$W_L = \frac{\partial Y_0}{\partial L_0} = (1-\alpha) A \left(\frac{H_0}{L} \right)^\alpha \tag{7-6}$$

那么：

$W_H H / \beta = W_h h$ 为单个熟练劳动工人的收入；

$W_L L / (1-\beta) = W_L l$ 为单个非熟练劳动工人的收入。

为简便起见，现以服务业产品为计价物，则有 $p_0 = 1$；工业制成品的价格为 $p_1 = W_H / A$。

（二）模型讨论

有理由相信，高人力资本水平的熟练劳动工人获得较高的收入，从而能够消费两类产品。假设非熟练劳动工人尚不能消费制成品。

现在进行均衡分析。

令工业制成品的产品总需求等于其总供给，以下式子成立：

$$W_H H - \bar{c}_0 \beta = A H_1 p_1 \tag{7-7}$$

令服务产品的总需求等于总供给，以下式子成立：

$$W_L L + \bar{c}_0 \beta = A H_0^\alpha L^{1-\alpha} \tag{7-8}$$

综合式（7-7）与式（7-8），并结合假设条件，可以计算出市场出清状态下的结果：

$$H_0 = \left(\frac{\beta \bar{c}_0}{\alpha A L^{1-\alpha}} \right)^{\frac{1}{\alpha}} \tag{7-9}$$

在式（7-9）中，我们注意到全要素生产率 A 与 H_0 的变化方向是相反的。当 H_0 越大时，整个产业部门的技术进步水平越下降，全要素生产率的损失效应发生。

当劳动力从工业转移到服务业时，此时服务业占据了更多的熟练劳动要素，即 H_0 变动大，此时 A 会变小，则整个产业将遭受全要素生产率的损失效应，而该损失是由产业结构变迁中的"逆库兹涅茨化"问题所引致的。

由模型分析得出另一个结论是：若整个社会中熟练劳动工人数量增加（β 变大），则无须接受工业部门的劳动力转移，服务业部门获得的熟练劳动数量 H_0 也会增大；此时全要素生产率的损失效应便不会发生。这一结论的意义告诉我们，提升劳动力整体的人力资本水平才是最终解决问题的有效思路。

总之，借助两个简单的模型，我们发现，劳动力从工业转移到服务业所引致的"逆库兹涅茨化"问题，的确为工业带来了负面的效应。这一效应一方面表现在它影响了工业的劳动雇佣，另一方面表现在它可能影响了工业的创新活动。

第三节 路径探索：R 市 D 区的产业选择

截至现在，我们在本章论述了服务业的扩张趋势和劳动力从工业转移到服务业的原因，分析了劳动力转出可能给工业发展带来的不利影响。当务之急是在新情势下找到解决"逆库兹涅茨化"问题的方法。能否以硬性政策阻碍要素从工业流入服务业？答案是否定的，因为服务业的繁荣发展趋势符合恩格尔法则，也是产业结构高级化的要求。回到问题的本源，我们归根结底要解决的是要素配置的低效率问题，所以通过引导要素流入效率高的、支撑制造业发展的服务业是解决问题的合理路径。

要素转移进入哪些种类的服务业能够减少或避免"逆库兹涅茨化"的负面效应呢？以两大产业间的合作和支撑为思路，我们给出的答案是生产性服务业或现代服务业。生产性服务业实质上处于制造业和服务业的融合地带，它对制造业的供应链发挥着强化、延长和补充的作用，从而能够维系或扩大制造业的竞争优势。现代服务业，既包括随着信息技术和知识经济的发展产生的服务新业态，也包括对传统服务业的技术改造和升级（夏杰长和张晓兵，2012；陈景华等，2022），它对制造业的助力毋庸置疑。

本书以 R 市 D 区为例，探讨通过发展生产性服务业或现代服务业，来避免资源在非农产业间低效流动所带来的"逆库兹涅茨化"问题。

一、文献综述

国外较早提出"以服务业与制造业融合以提升制造业竞争优势"的文献（Vandermerwe and Rada，1988），给出通过产业融合或产业合作来提升产业整体生产率的逻辑。制造业的服务化和服务业的制造化均是两大产业融合的形式。根据本书的研究主题，主要关注后者。服务业的制造化，一般指的是生产性服务业通过两种形式与制造业开展合作，一是服务业作为制造业的中间投入，以咨询、设计、金融、物流和供应链、研发、云计算、系统整体解决方案等要素形式注入制造业；二是服务业反向发展制造业，即所谓的服务衍生制造业务（曹建海、王高翔，2021）。针对服务业与制造业之间的发展关系，王欢芳等（2022）认为，服务业通过嵌入融合和衍生融合两种模式实现与先进制造业融合，进而实现两个产业的价值增值。

本节认为，当资源从工业转移到生产率较低的传统服务业中时将带来"逆库兹涅茨化"效应；当资源从工业中转移到现代服务业，尤其是转移到生产性服务业中，因为后者为前者提供供应链服务、研发设计服务、信息数据服务、金融服务、质量服务以及营销服务等，不仅能化解"逆库兹涅茨化"风险，而且能为工业制造业重塑竞争优势发挥作用。

二、研究设计

（一）研究方法

在此采用了描述性的案例研究法，以扎根理论为基础展开，借助质性研究的柔性特征，通过对经验做法的总结和提炼，以达到研究主旨。在此以 R 市 D 区为例进行典型案例分析，基于以下几个方面的理由：案例对象符合研究的前提条件，存在劳动力和资本从工业中流出后进入服务业的现象；案例对象为省级（山东省，2018 年）现代服务业集聚示范区，且在"十三五"省级服务业综合改革试点区期满评估中获得优秀。

（二）资料来源

2022 年 5 月 18 日至 7 月 30 日，课题组成员以专家团身份参加了市科协联合北京智库以及山东咨询集团共同开展的 R 市"企业创新驱动发展状况"的专项调研活动。此次调研范围为 R 市各区县、功能区内、开发区（园区）内一般企业、规模以上企业、高新技术企业，重点调研 227 家，网络调研 1000 余家，其中 6 月中旬对 D 区 37 家企业进行实地座谈和现场调研活动。案例所涉及的资料均来自实地访谈、现场调研以及 D 区政府各部门的汇报。其间的访谈采用了半结构化与结构化相结合的方式：前期实施半结构化访谈，有访谈提纲，但不打断被访谈者的思路；后期进行结构式访谈，补充材料和测试资料的"饱和"程度。

表 7-1 介绍了调研资料的采集过程。

表 7-1　2022 年 6 月 R 市 D 区调查资料采集说明

时间	地点	调查对象	调研形式	备注
2022 年 6 月	D 区政府三楼会议室	区发改、工信、科技、人社、商务局负责人等汇报	听汇报	约 24000 字
		1 某美佳集团 2 某智能科技有限公司 3 某锯业有限公司	座谈	约 15000 字
	企业的厂区、展厅、工作室、会议室	1 某工程有限公司 2 某科技有限公司 3 某文化旅游度假区 4 某国际物流有限公司 5 某钢铁智慧园区 6 某智慧产业园 7 某智能科技股份有限公司 8 某信息科技股份有限公司 9 某茶业 10 某生物有限公司	现场调查与访谈	约 40000 字
	D 区 H 镇党委	1 某化学有限公司 2 某汇丰电子有限公司 3 某科技有限公司 4 某海洋文化旅游发展集团有限公司 5 某锻造有限公司 6 某工贸有限公司 7 某机械有限公司	座谈与访谈	约 90000 字

续表

时间	地点	调查对象	调研形式	备注
2022 年 6 月	D 区 H 镇党委	8 某某机械有限公司 9 某食品股份有限公司 10 某智能设备制造有限责任公司 11 某机械股份有限公司 12 某生物技术有限公司 13 某港丰热电有限公司 14 某实业有限公司	座谈与访谈	约 90000 字
	D 区 T 镇党委	1 某茶厂 2 某某茶厂 3 某机械制造有限公司 4 某某某茶厂 5 某飞机工程有限公司 6 某培训学院 7 某综合体 8 某绳线织造有限公司 9 某纳米科技有限公司 10 某管业有限公司	座谈与 面对面访谈	约 40000 字

（三）编码

以扎根理论为基础，依次遵循了开放式、主轴式和选择式的编码程序进行编码。

1. 开放式编码

开放式编码按照三个步骤进行：首先针对调研资料凭借研究者的敏感性进行标签化，共设立了 260 个标签；其次根据标签内容进行选择和提炼，并进行概念化，共得到 42 个概念；最后根据概念化的内容进行提炼和整合，并进行范畴化，最终得到 12 个初始范畴。

表 7-2 作为开放式编码的示例，展示了部分标签、概念以及初始范畴。

表 7-2　开放式编码示例

资料与标签	概念化	范畴化
（1）"企业的科技人才大多是聘请的，投入大，稳定性差，技术保密程度低，直接影响到企业的发展。（a1）刚毕业的大学生很多在企业工作半年至一年就跳槽辞职，流动性大，流失率高"（a2）	A1 高层次劳动力（a1,a7，a22，…）	AA1 不同层次劳动力流向情境（A1，A2，A3，…）
（2）"现在的年轻人不愿意留在企业。有时候他会去选一个比较轻松愉快的工作。现在是物质极大丰富的时候，他没有那种激情和动力去企业干那块"（a3）	A2 具备一定人力资本特征 的 劳动力（a2，a3，a6，a9，…）	AA2 固定资产投资的产业变化（A6，…）

资料与标签	概念化	范畴化
(3)"人才流动存在乡镇与城区、工业与服务业双向流动现象。(a4)传统工业企业的就业人员年龄普遍偏大,如某某机械30多名员工,其中45岁以上占比70%;某某机械65名员工,其中50岁以上占比50%以上"(a5)	A3 普通劳动力(a3,a5,a6,…)	AA3 三次产业发展总业态(A4,A5,…)
(4)"区内企业用工情况表明,2022年企业吸纳就业岗位前三位分别为港口货物存储、交通运输及仓储、制造业,用工前三位分别为普工、设备操作工、办事员。新增就业登记人员中'80后''90后'成为就业的主力军"(a6)	A4 劳动力流动状态(a4,a6,a9,a14,a23,…)	AA4 地方性要素政策和产业政策(A5,A7,…)
(5)"区内企业也提高了对人才引进的重视程度,促进了企业的自主创新能力和发展后劲。但也存在'引人不如引资''引智力不如引项目'等观念,没有把加强人才队伍建设作为基础性、战略性任务来抓"(a7)	A5 劳动力政策(a7,…)	AA5 服务业依托制造业(A9,…)
(6)"在钢铁产业类企业方面,受碳达峰碳中和、能耗双控、产能产量双控等调控政策影响,(a8)今年钢铁企业产量下滑,企业用工人数下降,出现技术工人流失现象"(a9)	A6 资本流动状态(a8,a10,…)	AA6 生产性服务业发展(A9,A10,…)
(7)"固定资产投资增速回升。分行业看,第一产业投资下降61.6%,第二产业投资下降25.3%,第三产业投资增长92.2%"(a10)	A7 产业政策(a12,…)	AA7 现代服务业繁荣(A9,A13,…)
(8)"对我们R市来说,政府想做'店小二',我们会把产业链上的所有企业聚到一起去说说补链和强链的事儿,看看我们的产业链条到底断在哪里?如果这些链主企业是在省内的,甚至是国内的,探讨一下他们能不能溢出到我们R市来"(a11)	A8 制造业问题(a8,a10,a21,a14,…)	AA8 制造业减压(A11,A12,…)
(9)"全区上下认真落实'六稳''六保'工作任务,牢固树立'市区一体、依市兴区、产城融合'发展理念"(a12)	A9 服务业发展势头(a10,a13,a17,a25,…)	AA9 服务业赋能方式(A13,A14,A15,A16,A19,…)
(10)"数字D区建设加快。在数字治安管理方面,全球梳理有效数据目录203条,开放数据接口231个,汇聚电子证照数量11488条,'互联网+监管'事项912项,推动了政务服务流程再造"(a13)	A10 生产性服务业(a17,a24,…)	AA10 产业合作后的供应链(A12,…)
(11)"我们跟抖音网红关系都很好。在交流过程中我感觉他们虽然对实体造成一定冲击(a14),但是主要看是否善于管理。(a15)传统销售模式要花费很大成本。(a16)我前几年每年正月初八开始跑业务,每一趟来回车费得10000元,但是通过两大网红我也接触了一些东西,也能卖设备,营销成本低多了,我的主要精力可以用来抓产品质量"(a17)	A11 政府的作用(a11,a12,a15,a21,…)	AA11 产业合作后的产业结构合理化(A9,…)

续表

资料与标签	概念化	范畴化
（12）"我们公司主要做飞机的维修改装，是民航营运圈产业链上的一个点"（a18），"主要维修项目是载体机项目，2018 年拿到维修许可证，2019 年、2021 年、2022 年的营业收入、盈利都是呈几何倍数增长"（a19）……"我们的人才培养非常困难，他考维修许可牌照至少要 3 年，考了牌照至少要经过两年才能够拿到签署，这个过程要 5~6 年时间，但社会上职称体系还不认可它"（a20），"维修中需要车线工，企业不能长期养这样的一个老缝纫师傅，希望借助地方配套"（a21）	A12 产业融合与合作（a11，a16，a25，…）	AA12 产业融合后要素收益率变化（A17，A18，…）
（13）"我这个行业主要是高分子塑料加工。现在常规经营问题自己可以解决，面临的创新问题是解决产品原料的改进转化问题，这需要专家们帮忙"（a22）	A13 营销服务（a17，…）	
（14）"我以前在钢厂上班，在钢厂做生产管理的（a23）。觉得自己技术没有问题，质量没有问题，市场也有，就是自己出来干钢厂的配套公司（a24）。就工厂用的拉丝磨具而言，市场份额少说也有 4 亿~5 亿元，利润非常可观"（a25）"……创业比打工风险大，但收益也大啊"（a26）	A14 研发服务（a12，…）	
（15）"……我们致力于做工业园区，为钢厂提供一揽子配套服务：产品初加工、仓储、物流，甚至信息，只要他们有需求我们就会提供……"（a27）……	A15 维修服务（a18，…） A16 产品配套服务（a21，a24，…） A17 资本收益（a19，a25，…） A18 劳动收益（a26，…） A19 工业区服务——瑞样本（a27，…）……	

2. 主轴式编码

借助主轴式编码将概念化得到的初始范畴，进一步贯穿和联系起来，以形成主范畴，其间包括聚类的过程。在形成主范畴的过程中，遵循了典范模型的分析思路"条件/原因→行动/互动策略→结果"。最后整合而成的主范畴有四个：要素从制造业流往服务业、地方先进制造业、发展现代服务业（生产性服务业），以及要素回报率。

借助主轴式编码形成主范畴的过程请参考图 7-2。

3. 选择式编码

在选择式编码这一步，要完成的核心任务是界定核心范畴，且要理清核心范

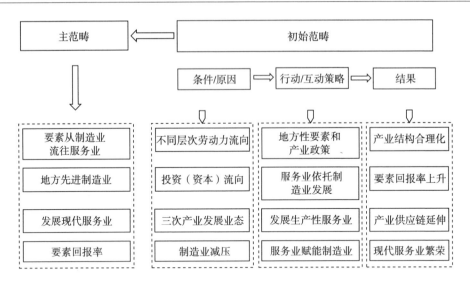

图 7-2 主轴式编码形成主范畴的过程

畴与主范畴之间的互动关系。依据主轴式编码的结果并结合研究目的，确定以"要素的配置效率"为核心范畴，结合主范畴，进一步理清"故事线"：以要素从制造业流往服务业为分析情境，以依托地方先进制造业发展现代服务业（生产性服务业）为手段，通过提升劳动和资本要素的回报率来达到要素有效配置和产业结构合理化的结果。

为测试资料的饱和程度，我们以内容与"故事线"发展相关为依据，以结构化访谈为主要手段，增加了 R 市 L 区的部分调研资料。在新资料中没有发现新的重要概念，主范畴中也没有提炼出新的内容，从而认定现有的模型为饱和状态，不用再增加理论抽样。

三、案例分析

以编码所构建的理论分析框架为基础，并结合翔实的调研资料，在此进行案例分析。

（一）案例描述

R 市是位于 S 省东南部的沿海城市。2021 年全市的生产总值为 2211.96 亿元，三次产业结构比例依次为 8.8 : 40.8 : 50.4。该市辖有 D 区、L 区、J 县和 W 县，其产业体系中首要的为先进的钢铁制造业，拥有 R 市钢铁控股集团有限公司和山东钢铁集团有限公司，而两大公司均进入 2021 年中国钢铁工业二十强名单中的前十名。目前受国际大环境原材料涨价、物流成本上升等因素的影响，制造业整体进入稳步发展阶段。除受上述因素影响外，钢铁企业还受到碳达峰碳中和、能耗双控、产能产量双控等调控政策的影响，面临着产量下滑和劳动力流失的问题。根据调查结果，2021 年 R 市制造企业的生产性劳动力流失率约为23%，其中从工业中流失的劳动力半数左右进入了服务业。除劳动力要素外，资本要素也出现从第二产业中流出的现象。根据 R 市公开发布的 2021 年固定资产投资数据，第三产业以 4.3% 的增长速度远超第二产业 3.1% 的增长速度，尤其是部分区县，例如 D 区和 L 区，其固定投资的增长超过 80% 都集中于第三产业。

R 市 D 区下辖 T、H 等七个乡镇，是龙山文化重要发祥地。产业经济包括"楼宇"经济、物流、旅游、金融、茶叶、航空等，2021 年三次产业结构为6.4：17.2：76.4。D 区通过大力发展生产性服务业和现代服务业，吸纳了大量就业、增加了财政税收，并提升了要素再配置效率，为解决"逆库兹涅茨化"问题提供了典型案例。

（二）"故事线"中的关键环节分析

1. 以现代服务业的发展助力 R 市制造业的发展

在三次产业中，服务业为 D 区提供了约六成就业和八成税收。2021 年第三产业实现增加值为 460.21 亿元，同比增长 15.4%。服务业实现税收 34.6 亿元，占全区税收比重为 81.9%。

首先，D 区位于中央活力区，以创建省级现代服务业集聚示范区为契机，打造高端服务业发展集聚区：提升内涵、丰富业态、扩容升级，完善"一核六片"空间布局，培育壮大科技创新、贸易物流、金融商务等产业，推动楼宇经济提级扩能，推进 R 市中心、总部基地、前海广场等 30 个项目建设。其次，D 区构建较完整的现代服务产业体系，它发展了现代物流业和文化旅游业、健全金融服务体系、繁荣商贸流通业，并且不断培育新兴服务业态。

2. 以"为钢铁制造业配套"为指导构建生产性服务业园区

钢铁制造业是 R 市的最重要产业。D 区的生产性服务业布局以"为钢铁制造业配套"为指导，为钢铁制造业打造全产业链优势。生产性服务园区为 R 市钢铁制造业提供粗加工、包装、仓储、装运、信息支持、营销等一体化服务，且其服务范围按照钢铁企业的需求不断扩大。

除现有的 R 市国际物流有限公司外，D 区新引进的还有新基建、众工钢铁智慧园区、智慧产业园等项目 35 个。园区已经具备大规模开发建设的总体框架，形成了良性循环的软硬投资环境，吸引了多地区企业的投资。园区具有临海、原料丰富、设施齐备、物流便捷和贴近市场等方面的独特优势。此外，D 区正筹划启动 5G 智慧产业园建设，全力保障源航超轻材料等入驻项目投产运营，并通过加快科创中心、高端装备制造园、新材料产业园等平台载体建设，不断提升园区产业承载力。

（三）问题与不足

前期 D 区依托地方先进制造业发展现代服务业，尤其是发展生产性服务业，已经走出一条提高要素再配置效率和产业结构合理化的有效路径，但是在这个过程中存在不少问题，如产业集聚优势不明显，依托工业园区在一定程度上形成了产业集聚，但大部分产业处于发展的初级阶段；产业布局缺乏统筹，受城市总体规划的影响，未入园的企业分布相对零散，不利于基础设施和公共服务机构的配套建设，不利于土地的节约、集约利用，不利于产业的分工协作和产业集群的发展，区位优势难以完全释放；数字产业基础薄弱，软件大数据产业以软件外包、基础服务为主，产品附加值和技术含量普遍不高，数字经济在生活服务领域应用较广泛，但在产业发展领域嵌入不足。

上述问题的存在，自然会影响到资源再配置的效率和效果。

四、案例启示

本章所关注的"逆库兹涅茨化"问题的解决路径，就是要消除"劳动力从工业转移到服务业"所引致的两类负面效应。最直接的方法是采取一系列激励劳动力回归工业就业的举措，但是这种做法会产生两个问题：一是在经济服务化和服务业的扩张趋势不可逆背景下，劳动力选择到服务业就业更多的是市场行为，若政府对劳动力市场实施过多的干预，则容易出现"资源误置"的问题。二是处于转型升级阶段的工业本身会排斥雇用一些不符合其技术要求的劳动力，与服务业相比，其就业吸纳能力存在局限性。因此，最好的解决办法便是做到因势利导。R 市 D 区发展现代服务业和生产性服务业的案例是其中的一个范例。案例给我们带来的启示有二：一是服务业与制造业可以通过合作，既解决了劳动力在传统服务业就业劳动生产率较低的问题，又解决了制造业在发展过程中面临的种种要素约束问题；二是在新时期，大力发展现代服务业，尤其是生产性服务业，不仅遵循了产业结构的演化规律，而且能够形成对高生产率制造业的强力支撑，不失为一条消除"逆库兹涅茨化"负面效应的有效路径。

第四节　小结

本章着力于专项分析劳动力从工业转移到服务业所导致的"逆库兹涅茨化"问题，与第六章内容一起完成了对"逆库兹涅茨化"问题的双重视角研究。在本章，我们主要做了三个方面的工作：第一方面是阐释新时期我国服务业扩张和工业转型升级的经济大背景；第二方面是分析劳动力从工业转出给工业带来的负面效应以及给整个产业带来的全要素生产率损失；第三方面是探索在新情势下如何降低或消除"逆库兹涅茨化"问题所带来的不利影响。

针对服务业扩张与劳动力从工业转移的原因，在分析时着眼于从服务业所面临的黄金时代以及供给侧结构性改革背景下工业所处的"增速阶段性放缓、吸纳就业能力减弱"的历史时期。针对服务业就业增长的原因，相关研究表明：一方面是因为服务业的宽门类和多行业可吸纳不同层次的劳动力就业，另一方面是因为我国服务业劳动生产率长期滞后于制造业；但服务业在我国长期发挥着吸纳就业的海绵作用。针对劳动力从工业中转移出的原因，关注了两个挤出效应：一个是工业技术进步对劳动就业的挤出效应，另一个是服务业就业对制造业人工的挤出效应。

针对工业劳动力流往服务业的"逆库兹涅茨化"效应分析，通过建模发现存在两个效应：一个是对工业的就业负面效应；另一个是对全要素生产率的损失效应。第一个效应的内容是：当工业劳动力转移至服务业，工业的劳动雇佣水平下降，服务业的雇佣水平上升，服务业总供给增加，服务品价格下降；服务业的收入水平下降，导致对工业品的需求降低，进一步导致工业的劳动雇佣水平下降。第二个效应的内容是：当劳动力从工业转移到服务业时，此时低劳动生产率水平的服务业占据了更多的熟练劳动要素，整个产业可能遭受到全要素生产率的损失。

针对解决"劳动力从工业转移到服务业"问题的路径，一个有效的思路是：对服务业的繁荣因势利导，使之服务于工业的改造升级，从而更好地利用两个产业间的互动与支撑关系。本章以"R市D区现代服务业和生产性服务业发展"为研究对象，探索如何另辟蹊径地降低或消除劳动力移出给工业带来的就业负面效应和技术进步损失效应，以更好地解决维系和扩大制造业的竞争优势问题。案例给我们带来的启示有二：一是服务业与制造业通过合作或加快融合，既解决了劳动力在传统服务业就业劳动生产率较低的问题，又解决了制造业在发展过程中所面临的种种要素约束问题；二是在新时期，大力发展现代服务业，尤其是生产性服务业，不仅遵循了产业结构的演化规律，而且能够形成对高生产率制造业的强力支撑，不失为一条消除"逆库兹涅茨化"负面效应的有效路径。

第八章 实证分析:"逆库兹涅茨化" 风险评估与效应测算

　　本章的内容用于从多个维度测量和评估我国产业结构调整中的"逆库兹涅茨化"风险的程度及其对经济增长的负面效应。

　　在估算我国产业结构调整中"逆库兹涅茨化"危险时,为谨慎起见,将进行初步判断和再次评估;在测算和分析"逆库兹涅茨化"对我国经济增长的负面效应时,也将测算出全要素生产率增长率的大小,并分析"逆库兹涅茨化"问题对全要素生产率的影响情况。

　　在收集、处理数据并完成上述测算任务的过程中,我们遇到不少困难。例如个别年份的农民工、新增固定资产投资等数据的缺失问题,基于"半城市化"流动特征的回流农民工数量规模的确定问题等,虽然我们在文献借鉴的基础上采取了补救或替代措施,但仍然难以避免会存在相当程度的估算误差。即便如此,我们认为本章内容的贡献颇多:它系统地提供了度量与估算产业结构与经济增长(包括全要素生产率增长)之间联系的、较完整的实证检验思路与方法。

　　本章内容共分为四部分:第一部分是对我国产业结构调整中"逆库兹涅茨化"风险进行衡量和评估;第二部分是对我国产业结构调整中"逆库兹涅茨化"效应进行测算与评估;第三部分是实证分析发现的问题;第四部分则是通过小结对本章的主要内容进行提炼和总结。

第一节 我国产业结构调整中的"逆库兹涅茨化" 风险衡量和评估

　　如何判断产业结构调整中是否存在"逆库兹涅茨化"的风险,以及风险的程度如何呢?库兹涅茨(Kuznets, 1941, 1957)、青木昌彦(Aoki, 2012)、钱纳里等（Chenery et al.，1986）等学者的相关文献①给我们带来一些启示。但现有的研究成果显然对完成我们实证检验任务是不够的。我们需要建立起衡量"逆库兹涅茨化"风险的指标体系，并找到评估风险大小的方法。在完成这些研究任务时，我们采取"两步走"策略：第一步是用农业的劳动份额变化和"产业的相对不平等度"动态初步判断是否存在风险；第二步是通过虚拟参照法比较得出"逆库兹涅茨化"问题所带来的生产率损失，利用初步判断所使用的指标数据和劳动生产率损失率数据计算出风险值，再依据风险值进行"逆库兹涅茨化"风险等级分类，最后评估"逆库兹涅茨化"风险的程度。

一、初步判断

在本书以前的章节，我们多次提及农业劳动份额的变动对判断经济发展是否属于"库兹涅茨阶段"的重要意义。事实上它的高低变化也是判断是否存在"逆库兹涅茨化"风险的重要依据之一。其中的另一个指标——"产业的相对不平等度"，与农业劳动份额的动态变化相比，更能反映出资源配置背离生产率标准的程度。因此，我们在此借助农业劳动份额和"产业的相对不平等度"来初步判断我国产业结构调整中是否存在"逆库兹涅茨化"风险。

（一）农业劳动份额变化

几乎所有的产业结构研究者都发现，较高的农业劳动份额，往往与一国较低的人均国民收入之间存在着正相关的关系，早期的相关文献可追溯到亚当·斯密的《国富论》。他将该现象归因于"农业为边际收益递减的行业"。

一国的农业劳动份额偏高，一般伴随着资源的低效率配置问题。那么，如何来评判一国的农业劳动份额到底是较高还是较低呢？一般与该国的人均收入或人均 GDP 水平结合起来进行综合判断。按照钱纳里标准产业结构的说法，当一国的人均 GDP 达到 4000 美元时，第一产业的劳动力份额应为 24%左右；而当人均 GDP 达到 4000 美元以上时，第一产业的劳动力份额应为 13%左右。

接下来将考察我国产业结构调整过程中的农业劳动份额变动情况，并借以发掘是否存在"逆库兹涅茨化"的迹象。

图 8-1 展示了自 1978~2019 年我国的第一产业②的劳动份额与人均 GDP 变化情况。

---

① 请参见本书的文献综述部分。

② 在本书的实证分析部分，没有区分农业与第一产业，视为两个概念一致；同样的情形适用于工业与第二产业，以及服务业。

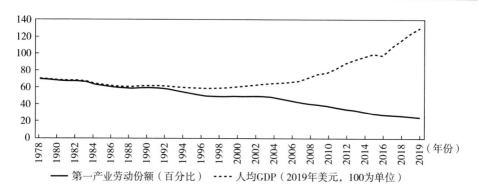

图 8-1　1978~2019 年我国第一产业劳动份额与人均 GDP 的对应变化情况

资料来源：原始数据来自国家统计局网站，由笔者经过计算、分析而成。

由图 8-1 中的数据得知，在 2010 年左右我国的人均 GDP 开始超过 4000 美元，而当年我国第一产业的劳动份额高达 36.7%；在 2019 年我国的人均 GDP 已超过 10000 美元，但第一产业的劳动力份额仍然高达 25.1%。

因此，在样本期间，相对于人均 GDP 水平，我国的农业劳动份额一直处于偏高的状况。这一统计事实虽然尚不能充分说明在我国产业结构调整过程中一定存在着"逆库兹涅茨化"风险，但仍可以断定我国的农业产业占据了过多的劳动力，在大概率上存在一定比重的回流农民工推高了农业就业的劳动份额，从而使"逆库兹涅茨化"现象的存在成为可能。

（二）产业的相对不平等度

所谓"产业的相对不平等度"（relative disparity in sectoral levels）[①]，源自库兹涅茨（Kuznets，1957）的文章，意即各个产业部门的产值份额与其劳动份额之间的偏离度，它实际衡量的是劳动生产率的产业部门差异性。如何计算"产业的相对不平等度"呢？首先计算出各个产业部门的产值份额与其劳动份额之差，取其绝对值，然后以各部门的劳动份额为权重，加总求和。显然，该数值越接近于 0，则表示产业的相对不平等度越低。

我们首先计算出样本期间我国三次产业的产值份额和劳动份额数值，并加以比较分析。具体数据请参见图 8-2。

图 8-2 展示了我国自 1978~2019 年三次产业的产值份额和劳动份额的变化情况。由图中数据可以看出，第一产业的产值和就业份额均呈迅速下降趋势；其

[①]　单个产业的相对不平等度实际上衡量的是单个产业部门的劳动生产率与整个经济体的平均劳动生产率之间的差异。本书作者认为，译为"产业的相对不平等度"更符合库兹涅茨在原文中的文义。

中第一产业的名义产值比重在 20 世纪 80 年代达到峰值,究其原因,该时期国家实行了有效的土地制度改革措施,使农业的劳动生产率大幅上升;第一产业的就业份额在 2008 年之前一直占绝对优势,但是从 2011 年开始,这一优势被第三产业"逆袭";在 2014 年第一产业就业份额已屈居第二产业之后,因此期间第一产业经历了从最大比重到最小比重的变化。即便如此,截至 2019 年我国的第一产业就业份额仍然高于 20%,传统农业国的帽子可谓货真价实。与第一产业的上述情形相反,第三产业的名义产值份额和就业份额一直呈稳定上升趋势,尤其是近五年来,它们双双超过了其他产业,甚至名义产值占据了总产值的 50% 以上。与第一产业和第二产业份额的大起大落不同的是,我国的第二产业自改革开放以来一直保持较为稳定的份额,其产值比重为 39%~49%,而其就业比重落在 17%~30%。

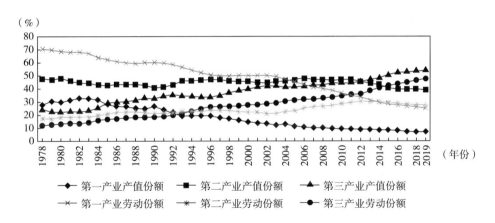

图 8-2　1978~2019 年我国三次产业的产值份额与劳动份额演变情况

资料来源:原始数据来自国家统计局网站,产值为名义 GDP。

　　值得注意的是,上述关于产值份额的分析是基于名义 GDP 进行的,没有剔除掉物价变动的因素。现在我们再考虑实际 GDP 的情况。以 1978 年为基期,借助每个产业的 GDP 指数,我们计算出三个产业的实际 GDP 数值。结果发现,第二产业的产值比重较之前名义值所占比重显著增大,第三产业的实际产值所占比重则明显降低,而且两大产业的这一发展趋势在近年来尤其得以强化。

　　基于实际 GDP,我们进行了单个产业以及总产业相对不平等度的计算。计算结果请参见表 8-1。

　　表 8-1 展示了 1978~2019 年三次产业的相对不平等度及其加权平均数据的变化情况。

由表8-1中的数据得知，经过40多年的产业结构调整，我国产业整体的相对不平等度已呈逐年下降态势，整体的产业相对不平等度数值已由20世纪80年代初期的37.4下降到22.7（2019年），下降幅度近40%；不平等度数值在整个样本期间的均值为29.4左右。就单个产业而言，相对不平等度的演化趋势各有不同。第一产业的相对不等度的下降趋势明显，其数值由从20世纪80年代初期的43.7下降到21.5（2019年），也就是说，该数据自改革开放至今已经下降了一半，这充分说明农业的资源配置效率实际上正在提升过程之中。与第一产业不同，第二产业的相对不平等度数值一直居高不下，均值维系在34.8左右，可以从两个方面来理解我国第二产业的相对不平等度一直较高的情况。一方面是由于我国工业的发展演化导致其类型已由劳动密集型逐步向资本和知识密集型转变，出现大量"机器取代劳动"的现象，从而导致同等资本所需的劳动在逐步下降；另一方面是因为从农业中转移出去的劳动力大量地被生产率更低的服务业所吸纳，可能出现劳动力不能适时满足工业生产所需的情况。第二个方面的原因尤其值得注意，因为它可能会形成"逆库兹涅茨化"的风险。因此，第二产业的相对不平等度数值表明了"逆库兹涅茨化"风险存在的可能性。此外，第三产业的相对不平等度在所有三次产业中是最低的，平均值仅为7.88；但是自2015~2019年该数据序列出现了令人警惕的信号：近五年我国第三产业的相对不平等度数值迅速攀升（每年平均值都在11以上，远高于总样本期间的均值），这意味着近年来相对于其产值份额，过大的劳动就业份额出现在第三产业。结合第二产业的数值分析结果，可以进一步确认：在我国产业结构调整中存在一定程度的"逆库兹涅茨化"风险，且近年来该风险程度进一步加大。

表8-1　1978~2019年我国三次产业的相对不平等度

年份	第一产业	第二产业	第三产业	各产业加总（加权平均）
1978	42.83883	30.41345	12.42538	36.98582
1979	42.47575	30.42705	12.0487	36.51743
1980	43.73159	32.4615	11.27009	37.44195
1981	42.62046	30.83356	11.7869	36.27087
1982	42.04175	29.2193	12.82245	35.75051
1983	41.62087	28.71644	12.90443	35.12379
1984	39.12876	27.10873	12.02003	32.38422
1985	40.20334	27.92283	12.28051	32.96641
1986	39.94643	27.28377	12.66266	32.48906

续表

年份	第一产业	第二产业	第三产业	各产业加总(加权平均)
1987	40.36501	27.6162	12.7488	32.61746
1988	41.34006	28.64923	12.69083	33.26424
1989	42.233	29.10451	13.12849	34.06336
1990	41.6785	29.06928	12.60922	33.60217
1991	42.5931	30.68509	11.90802	34.24522
1992	43.0096	32.80681	10.20279	34.29989
1993	42.32434	34.27991	8.044431	33.2552
1994	41.48685	35.94586	5.540987	31.96133
1995	40.15668	36.79953	3.357151	30.25831
1996	39.04896	37.2052	1.843766	28.94233
1997	39.10268	37.47048	1.632198	28.82376
1998	39.47767	38.08502	1.392652	28.98173
1999	40.27609	38.74858	1.527504	29.50138
2000	40.77082	39.60205	1.168773	29.61749
2001	41.34791	39.85302	1.494894	29.99307
2002	41.96431	41.04255	0.921765	30.06627
2003	41.77123	41.87958	0.108352	29.64346
2004	39.94568	41.39646	1.450777	28.55985
2005	38.34931	40.37164	2.022335	27.50077
2006	36.7334	39.24951	2.516113	26.4346
2007	35.63416	37.94067	2.306512	25.54961
2008	34.6947	37.58222	2.887511	25.01373
2009	33.5635	37.34457	3.781063	24.556
2010	31.83329	36.92566	5.092373	24.04255
2011	30.19034	36.52524	6.334894	23.54273
2012	29.14477	35.90731	6.762545	23.11385
2013	27.12543	35.98815	8.862713	22.76199
2014	25.35672	36.06852	10.7118	22.6139
2015	24.26485	36.18446	11.91961	22.52293
2016	23.78673	36.35736	12.57063	22.52817
2017	23.15686	36.64018	13.48332	22.60205
2018	22.40949	36.82189	14.4124	22.67864

年份	第一产业	第二产业	第三产业	各产业加总（加权平均）
2019	21.49962	36.71652	15.2169	22.70637

资料来源：原始数据来自国家统计局网站，产值为实际 GDP。

在对产业结构中的"逆库兹涅茨化"进行初步判断时，不能罔顾一个事实，那就是，包括库兹涅茨在内的产业结构研究者们[①]对第三产业所占份额的"不循规蹈矩"都颇有体会：第三产业的产值和劳动力比重的发展规律，往往异于其他产业，保持其独特个性；此外，它与人均国民收入之间的相关性也不够显著。也正因为第三产业具有上述结构独特性，才引起不少研究者"折腰"去进行深入探究，而鲍莫尔"成本病"的研究成果也得以产生。基于此，我们对第三产业结构变化的评估结果也是谨慎的，虽然它可能是引起"逆库兹涅茨化"问题的重要原因之一，但是对其就业份额的上升是有一定容忍度的。进而，对产业结构调整中"逆库兹涅茨化"问题的再次评估非常有必要。

二、再次评估：以"库兹涅茨"式的标准产业结构为虚拟参照

通过初步判断，我们基本上可以得知在我国产业结构调整中存在一定程度的"逆库兹涅茨化"风险。要衡量风险的程度如何，需要再次做评估工作。

我们的思路是：构建一个"库兹涅茨"式的标准产业结构；比对我国现有的产业结构与所谓标准的产业结构之间的差异性；核算上述差异性对各产业所造成的劳动生产率损失；利用初步判断所使用的指标数据和劳动生产率损失率数据计算出风险值，再依据风险值进行"逆库兹涅茨化"风险等级分类。

必须要说明的是，所谓"库兹涅茨"式的标准产业结构在此仅用于虚拟参照，它并不意味着全世界只有一种合理的或标准的产业结构，因为那样会犯形而上学的错误。但是，之所以选它作为参照，基于以下几个方面的理由：

第一，它作为一种发展了的、在发达国家盛行的产业结构，进而被库兹涅茨作为一种假设的理想产业结构提出[②]，显然具有一定的合理性，以及统计上的意义。

第二，它与钱纳里所提出的、直接对接人均 GDP 水平（大于 4000 美元）的

---

① 详见本书的文献综述部分，钱纳里针对人均 GDP 超过 4000 美元的国家提出的标准产业结构（就业份额）：一二三产业比重分别为 13%、40%、47%。

② Kuznets S. Quantitative Aspects of the Economic Growth of Nations II: Industrial Distribution of National Product and Labor Force [C]. Economic Development and Cultural Change, Supplement to 5, 1957: 51-52.

标准产业结构的各项指标几乎相同。[①] 一个显而易见的事实便是：我国自 2010 年起人均 GDP 已经超过 4000 美元，在这种情形下要求我国的产业结构对接世界发达国家的标准已具备必然性。

第三，用 2010 年以来我国现实的产业结构与"库兹涅茨"式的标准产业结构相比较，衡量其中的差异和损失，可作为一种简单、可行的方法来评估我国产业结构调整中的"逆库兹涅茨化"的程度和风险。

进而，构建虚拟的"库兹涅茨"式的标准产业结构的基本要求如下：人均 GDP 在 4000 美元以上；农业的份额较低（产值份额和劳动份额），一般应在 20% 以下；生产率较高的产业，其就业份额较大；由于经济服务化趋势，服务业保持相当高的比率。

（一）参照情形下实际劳动生产率损失

参照库兹涅茨（Kuznets，1957）关于产业结构的假设条件，在此假设第一、第二和第三产业的就业比重分别为 13%、39% 和 48%，并假定样本期间各个产业的劳动生产率不变，进而得出符合要求的"库兹涅茨"式的标准产业结构。

为便于理解，在此将用于参照的"库兹涅茨"式的标准产业结构特征列出（见表 8-2）。

表 8-2　虚拟的"库兹涅茨"式标准产业结构特征

人均 GDP 条件	基于就业比例的产业结构	产业的相对不平等度
大约等于 4000 美元	基本结构类型：三二一 比重：第一产业 13%； 第二产业 39%； 第三产业 48%	无

资料来源：Kuznets S. Quantitative Aspects of the Economic Growth of Nations Ⅱ：Industrial Distribution of National Product and Labor Force ［C］. Economic Development and Cultural Change，Supplement to 5，1957：51.

由表 8-2 得知，在此虚拟的"库兹涅茨"式的标准产业结构，具有相对"严苛"条件，例如人均 GDP 条件、结构类型条件、产业相对不平等度条件等。

在此基础上，我们核算出相比虚拟参照结构下的生产率的我国实际劳动生产率的损失率。这个损失率可视为衡量产业结构调整中的"逆库兹涅茨化"风险程度的参考指标，尽管这是一个粗略的核算指标。如前文所述，我国自 2010 年

---

① 钱纳里所提出的标准产业结构请参见本书的文献综述部分。

开始人均 GDP 超过 4000 美元，因此我们将核算的数据区间确定为从 2010 年至
2019 年共 10 年的时间。

具体的算法分为四步：第一步，以样本期某年我国各产业的实际产值除以其
就业人数得出各产业的劳动生产率；第二步，以各产业的就业比重为权数，乘以
第一步算出的各产业劳动生产率，从而得出某年的实际劳动生产率；第三步，将
一、二、三产业就业权重分别设定为 13%、39%、48%，再乘以第一步算出的各
产业劳动生产率，计算出标准产业结构下某年的"标准"劳动生产率；第四步，
将第三步和第二步算出的劳动生产率相减并除以"标准"劳动生产率，得出所
谓劳动生产率损失。

参照"库兹涅茨"式的标准产业结构，近 10 年我国现实的产业结构所造成
产业生产率损失情况，或者说，由"逆库兹涅茨化"问题所造成的实际劳动生
产率损失率，请参见图 8-3。

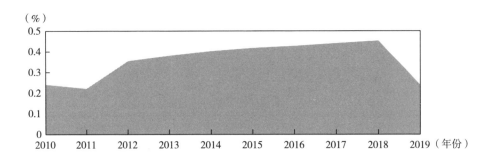

图 8-3　2010~2019 年我国现实产业结构所造成的生产率损失（参照虚拟标准）

从图 8-3 中可以看出，参照"库兹涅茨"式的标准产业结构，在 2010~
2019 年的样本期间，我国现实的产业结构所造成的劳动生产率损失值经历了先
增后降的波动过程：其中，自 2012~2018 年该数值缓慢上升，表明经济这一时
期存在着忽略效率的粗放发展，尤其是在 2018 年国际经济形势的复杂性将上述
数值推上峰值；在 2018 年之后由于供给侧结构性改革进一步深化，劳动生产率
损失值开始回落。

需要再三强调的是，上述生产率损失数值系粗略估算值，比照严苛的"逆库
兹涅茨"式的标准产业结构条件得出，甚至没有充分考虑我国工业化进程的具体
情况，因此它仅为我们进一步评估"逆库兹涅茨化"效应的大小提供参考作用。

（二）"逆库兹涅茨化"风险分类

如上文所述，我国产业结构调整中存在着一定程度"逆库兹涅茨化"的风

险，且这一风险在近年来有加大趋势，它造成了我国产业的实际生产率损失。

为了更好地进行风险管理，在此我们对近十年我国产业结构调整中的"逆库兹涅茨化"风险等级进行分类。

风险评价准则 $R=L×S$，即按照可能性 L 判断准则和事件后果严重性 S 判别标准来确定风险等级 R。

在此，我们的判断准则 L 是第一产业劳动份额与产业总的相对不平等度的乘积；S 为劳动生产率损失率。自 2010 年起，当第一产业的劳动份额越高、产业总相对不平等度越高，"逆库兹涅茨化"发生的风险越高。

基于上文给出的数值，按照风险评价准则，我们就能计算出 2010~2019 年产业结构调整中的"逆库兹涅茨化"风险值。具体的风险值如图 8-4 所示。

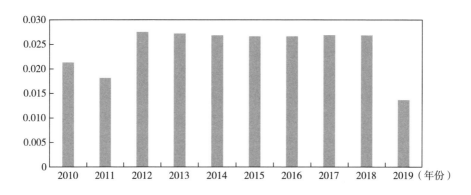

图 8-4　2010~2019 年我国产业结构调整中的"逆库兹涅茨化"的风险值

按照风险值的大小，我们粗略地划分三个风险等级：等级Ⅰ、等级Ⅱ、等级Ⅲ。2012~2018 年，风险值大于 0.025，将之列为等级Ⅰ；2010 年，风险值大于 0.02 但小于 0.025，将之列为等级Ⅱ；2011 年和 2019 年这两年，风险值均小于 0.02，我们将之列为等级Ⅲ。数据表明，"逆库兹涅茨化"的风险程度在 2012 年至 2018 年期间是最高的，而这期间劳动生产率损失值也达到峰值；2019 年得益于供给侧结构性改革政策的贯彻实施，该数值得以大幅度降低。风险区间的划分，为我国产业结构调整工作提供参考价值。

必须说明的是，在核算"逆库兹涅茨化"问题所带来的产业"生产率"损失时我们指的是"实际劳动生产率"损失，而不是"名义劳动生产率"损失；而决定年度"逆库兹涅茨化"风险所处等级的主要因素也是"实际劳动生产率"损失。为了更好地说明上述问题，我们随后给出样本期间我国三个产业的实际劳动生产率变化情况，其中各产业实际劳动生产率的计算方法是以其各自的实际

GDP 除以相应的劳动就业人数。

为了便于发现其中的规律性，我们给出较长时期的数据数列。图 8-5 给出了 1978~2019 年我国三次产业的实际劳动生产率的变化情况。

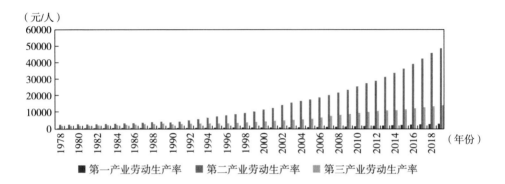

（元/人）

■第一产业劳动生产率　　■第二产业劳动生产率　　■第三产业劳动生产率

图 8-5　1978~2019 年我国三次产业实际劳动生产率比较变化

通过观察和分析图中的数据，至少可以得出以下几个结论：第一，在过去 40 多年里我国三次产业的实际劳动生产率均呈上升趋势；第二，在三次产业中，我国第一产业的实际劳动生产率的增长速度最慢，因此具有较大的提升空间，也充分说明农业产业化和乡村全面振兴战略实施的迫切性和必要性；第三，在三次产业中，我国第三产业的实际劳动生产率的增长步伐最为稳健，但增长速度仅介于一二产业之间；第四，在三次产业中，我国第二产业的实际劳动生产率增长速度最快，近 10 年来，第二产业的增长速度已经数倍于排名第二的第三产业，确实成为拉动整体经济增长的生力军。借助对各个产业实际劳动生产率的考察和分析，可以深刻地认识到：劳动力配置不合理问题，势必给整体产业的生产率带来大的损失。换言之，如果在产业结构的调整过程中，高劳动生产率的产业不能得到足够的生产资源配置，或者较低劳动生产率的产业占据了过多的生产资源，则会降低社会整体劳动生产率的水平。

总之，通过初步判断和再次评估两步工作，我们发现，在我国产业结构调整中存在一定程度的"逆库兹涅茨化"风险，而且近年来该风险程度进一步加大。这是非常值得警惕的信号。

一旦确定"逆库兹涅茨化"风险的存在，接下来的工作便是衡量该风险对我国整体经济增长率和全要素生产率的影响程度，也就是说，进一步测算出针对上述两个指标的"逆库兹涅茨化"的负面效应。

第二节 我国产业结构调整中的"逆库兹涅茨化"效应测量与评估

在上面的论述中,多个指标的测算结果预示在我国产业结构调整中存在"逆库兹涅茨化"风险。接下来,我们将测算和评估"逆库兹涅茨化"问题与经济增长、全要素生产率之间的关系,以及前者对后两者影响的程度。

需要做两步工作:第一步工作是评估我国产业结构调整的效率以及"逆库兹涅茨化"对经济效率的影响;第二步工作是在第一步工作的基础上,测算"逆库兹涅茨化"对经济增长和全要素生产率增长率的具体影响程度。

一、"逆库兹涅茨化"对经济效率的影响

接下来我们利用 DEA 分析法来评估我国产业结构调整的效率,并利用该结果说明"逆库兹涅茨化"对经济效率的影响。

(一)全局 DEA 模型

数据包络分析方法(Data Envelopment Analysis,DEA)是一种基于投入产出数据的相对有效性评价方法,该方法的基本思想起源于 1957 年 Farrell 对生产率的研究,之后 Charnes 等(1978)发展出一个基于规模报酬不变(Constant Return to Scale,CRS)的 DEA 模型,由于规模报酬不变(Constant Return to Scale,CRS)的假设与实际差距较大,会导致当被考察对象不是全部处于最佳规模时,技术效率与规模效率混在一起,因此,为解决这一问题,Banker 等(1984)对 CRS 模型进行了改进,提出了基于规模报酬可变(Variable Return to Scale,VRS)的 DEA 模型(亦称 BBC 模型)。但是这种传统的 DEA 模型也存在一定的缺点,计算出的效率值在不同时期不具有纵向可比性,而全局 DEA 方法可以克服传统 DEA 方法的局限性,测算所得的不同时期之间决策单元的效率也具有可比性。

对此,参考已有文献,采用全局 DEA 方法,从整体效率最优的角度优化各个决策单元的投入产出,动态性地考察各决策单元效率值的变动情况(顾荣忠,1995;杨国梁等,2013;宋美喆,2018)。

假设有 n 个决策单元(Decision-Making Units,DMU),单元 DMU_j($j = 1$,2,$\cdots$,n)有 m 个投入和 s 个产出,投入向量 x_{ij}^t($i = 1$,2,$\cdots$,m)表示 t 时期

第 j 个 DMU 的第 i 种投入，y_{rj}^t（$r=1, 2, \cdots, s$）表示 t 时期第 j 个 DMU 的第 r 种产出，时间为 $t=1, 2, \cdots, T$，则以投入为导向，基于生产可能集规模报酬可变假定的全局 DEA 模型（带有非阿基米德的无穷小变量）如下：

$$\text{Min}\theta = \theta - \varepsilon \left(\sum_{r=1}^{s} s_r^+ + \sum_{i=1}^{m} s_i^- \right) \ (0 \leqslant \theta \leqslant 1)$$

$$\text{s. t.} \begin{cases} \sum_{t=1}^{T} \sum_{j=1}^{n} \lambda_j^t x_{ij}^t + s_{ti}^- = \theta x_i^t \\ \sum_{t=1}^{T} \sum_{j=1}^{n} \lambda_j^t y_{rj}^t - s_{tr}^+ = y_r^t \\ \sum_{t=1}^{T} \sum_{j=1}^{n} \lambda_j^t = 1, \ \lambda_j, \ s_i^-, \ s_r^+ \geqslant 0 \end{cases}$$

$$t=1, 2, \cdots, T; \ i=1, 2, \cdots, m; \ r=1, 2, \cdots, s; \ j=1, 2, \cdots, n$$

我们将研究对象或决策单元设为我国的产业结构，产出指标[①]有两个：一个是各产业的全要素生产率指数（DEA-Malmquist 指数法），另一个是各产业的增加值（实际 GDP）。投入指标有劳动投入和资本投入，劳动投入指标选取各产业就业人数，资本投入指标选取采用永续盘存法算出的资本存量（以 1986 年为不变价格）。选择 DEA 模型中的 BBC 模型，并进一步选择投入导向模型，使用 DEAP 2.1 软件求解，得到 2003~2019 年我国三次产业的 DEA 效率值：TE 表示综合效率，PTE 表示技术效率，SE 表示规模效率，$TE = PTE \times SE$；SE 后添加的字母 i 表示规模报酬递增，d 表示规模报酬递减。

（二）结果分析

1. DMU 综合效率分析

表 8-3 的数据显示，在综合效率方面：第一产业中，2003~2008 年、2011 年、2013~2015 年和 2019 年共 11 年综合效率 DEA 有效，其余年份均为 DEA 无效，综合效率 DEA 有效的比重为 64.71%；第二产业中，2003 年、2004 年、2007 年、2008 年、2010 年、2011 年和 2019 年共七年综合效率 DEA 有效，其余年份均为 DEA 无效，综合效率 DEA 有效的比重为 41.76%；第三产业中，2003~2019 年综合效率均小于 1，均为 DEA 无效。总体上看，第一产业的 DEA 有效率最大，第二产业相对较低，而第三产业最低。结果说明第一产业的投入资源充分利用率更高，第三产业投入的资源均未发挥其最大效用。

---

① 产出指标与投入指标的初始数据均来自国家统计局网站。

表 8-3　2003~2019 年各产业 DEA 效率值

投入年份	第一产业			第二产业			第三产业		
	TE	PTE	SE	TE	PTE	SE	TE	PTE	SE
2003	1.000	1.000	1.000	1.000	1.000	1.000	0.746	0.748	0.997i
2004	1.000	1.000	1.000	1.000	1.000	1.000	0.702	0.703	0.999d
2005	1.000	1.000	1.000	0.995	0.997	0.998d	0.718	0.797	0.900d
2006	1.000	1.000	1.000	0.994	0.996	0.999d	0.737	0.858	0.859d
2007	1.000	1.000	1.000	1.000	1.000	1.000	0.781	1.000	0.781d
2008	1.000	1.000	1.000	1.000	1.000	1.000	0.774	0.774	0.999i
2009	0.985	0.998	0.987i	0.994	0.996	0.998i	0.757	0.763	0.993i
2010	0.985	0.992	0.993i	1.000	1.000	1.000	0.754	0.759	0.994i
2011	1.000	1.000	1.000	1.000	1.000	1.000	0.748	0.751	0.996i
2012	0.988	0.995	0.993i	0.992	1.000	0.992d	0.738	0.743	0.994i
2013	1.000	1.000	1.000	0.992	1.000	0.992d	0.701	0.710	0.988i
2014	1.000	1.000	1.000	0.984	0.990	0.994d	0.676	0.683	0.990i
2015	1.000	1.000	1.000	0.970	0.970	0.999d	0.661	0.665	0.993i
2016	0.958	0.988	0.970i	0.960	0.962	0.997i	0.650	0.652	0.997i
2017	0.954	0.979	0.975i	0.965	0.967	0.998i	0.646	0.647	0.998d
2018	0.949	0.978	0.970i	0.975	0.979	0.996i	0.649	0.667	0.973d
2019	1.000	1.000	1.000	1.000	1.000	1.000	0.656	1.000	0.656d

注：i 表示规模报酬递增，d 表示规模报酬递减。

2. DMU 技术效率和规模效率分析

对于非 DEA 有效的年份和产业，需要减少投入或增加产出，通过对技术效率和规模效率进行分析，进一步探讨非 DEA 有效的原因。接下来从效率值和松弛变量两方面对 DEA 模型结果进行分析。

首先，在效率方面。效率包括技术效率和规模效率。

由表 8-3 可知，三个产业中，第一、第二、第三产业技术效率 DEA 有效的年份分别有 11 个、9 个和 2 个，第一产业的技术效率 DEA 有效率最高，达到 64.71%；其次是第二产业，为 52.94%；第三产业最低，仅为 5.88%。"技术有效"是指在投入一定的情况下，产出已达到"最大"，即已不能通过改善投入要素组合方式和加强管理等手段增加产出。因此，第三产业投入的冗余程度相对较大，相对其他产业来说投入要素的组合和管理相对不够合理（范德成等，2016）。

在非 DEA 有效的年份中,第一产业非 DEA 有效的年份共有 6 个,均为技术无效;第二产业非 DEA 有效的年份共有 10 个,技术有效的年份仅有 2 个,分别为 2012 年和 2013 年,占 20%;第三产业非 DEA 有效的年份共有 17 个,仅 2007 年和 2019 年两年技术有效,占 11.76%。结果表明,各产业非 DEA 有效的原因主要是技术效率非 DEA 有效,尤其是第一产业和第三产业,在非 DEA 有效的年份,第一产业均为技术无效,第三产业仅有 1 年技术有效,其他年份均为技术无效。在技术无效的年份中,劳动投入和资本投入要素结构不够合理,且管理不善;而在技术有效年份中,资源配置较为合理,管理也较完善,但规模效率值小于 1,各资源的投入或产出规模存在不当问题。在技术效率和规模效率均无效的年份中,第一产业的技术效率值和规模效率值均较高且较为接近,除 2010 年规模效率值大于技术效率值外,其余年份规模效率值均小于技术效率值,同时在规模效率无效的年份里规模报酬都是递增的;第二产业的技术效率值和规模效率值均较高,规模效率值均大于技术效率值,且在规模效率无效的年份里,2009 年、2016~2018 年规模报酬递增;第三产业的技术效率值较低,规模效率值均大于技术效率值,在规模效率无效的年份里,2003 年、2008~2016 年规模报酬均为递增。

由于第一产业规模效率值小于技术效率值,第二、第三产业大部分年份规模效率值大于技术效率值,因此第一产业应合理地组织投入要素,适当对投入规模进行调整,第二、第三产业则应该更加注重改善技术效率,提高技术水平。

其次,在松弛变量方面。主要利用松弛变量来进行投入冗余和产出不足的分析。

当技术效率非 DEA 时,投入和产出通常会存在冗余和不足的情况。根据"投影定理",可以从技术角度把非 DEA 有效的 DMU 转为 DEA 有效。下文表 8-4、表 8-5 和表 8-6 显示了各产业投入和产出的松弛变量,也就是投入的冗余和产出的不足,以及投入冗余和产出不足的比例。[①] 其中,S_1^- 表示各产业全要素生产率指数的松弛变量,S_2^- 表示各产业增加值的松弛变量,S_1^+ 表示各产业就业人数的松弛变量,S_2^+ 表示各产业资本投入的松弛变量。

如表 8-4 所示,在第一产业中,因投入要素的松弛变量均为 0,所以不存在投入冗余的状况,但存在一定的产出不足。全要素生产率指数的产出不足率由 2009 年的 3.0011% 下降至 2012 年的 0.9278%,之后上升至 2018 年的 3.3133%。第一产业增加值的产出不足整体呈上升趋势,由 2009 年的 0.0967% 上升至 2018 年的 1.0620%。

---

① 限于篇幅原因,各松弛变量均为 0 的年份未列出。

表8-4　第一产业投入和产出的松弛变量

年份	S_1^- （全要素生产率指数）	S_2^- （增加值）	S_1^+ （就业人数）	S_2^+ （资本存量）
2009	0.028 （3.0011%）	21.711 （0.0967%）	0	0
2010	0.017 （1.7838%）	0	0	0
2012	0.009 （0.9278%）	0	0	0
2016	0.034 （3.5124%）	213.267 （0.7210%）	0	0
2017	0.028 （2.8369%）	210.066 （0.6829%）	0	0
2018	0.033 （3.3133%）	338.14 （1.0620%）	0	0

　　如表8-5所示，在第二产业中，产出不足和投入冗余的情况均存在。在产出不足方面，主要存在全要素生产率指数的不足，其产出不足率从2015年开始逐年下降，由2015年的2.4072%下降至2018年的0.7797%；在投入冗余方面，主要存在于劳动投入方面，但就业人员要素的冗余程度呈现逐年下降趋势，从2005年的0.6007%下降至2014年的0.0603%，随后年份则不出现冗余；资本投入要素的最大冗余出现在2018年，该年的冗余程度达到0.4123%。

表8-5　第二产业投入和产出的松弛变量

年份	S_1^- （全要素生产率指数）	S_2^- （增加值）	S_1^+ （就业人数）	S_2^+ （资本存量）
2005	0.013 （1.2935%）	0	106.718 （0.6007%）	0
2006	0.008 （0.7905%）	0	64.286 （0.3402%）	0
2009	0.013 （1.3078%）	0	0	0
2014	0.009 （0.9027%）	0	13.907 （0.0603%）	0
2015	0.024 （2.4072%）	0	0	0

续表

年份	S_1^- （全要素生产率指数）	S_2^- （增加值）	S_1^+ （就业人数）	S_2^+ （资本存量）
2016	0.021 （2.0896%）	0	0	0
2017	0.009 （0.8815%）	0	0	0
2018	0.008 （0.7797%）	0	0	1945.729 （0.4123%）

如表 8-6 所示，在第三产业中，产出不足和投入冗余的情况都存在。在产出不足方面，主要存在于全要素生产率指数的产出不足，在 2003 年、2008~2018 年都存在全要素生产率指数的产出不足，2013 年全要素生产率指数的产出不足率最大，为 5.0777%，2008 年最小，为 0.2973%，2013~2018 年出现逐年下降的趋势。第三产业增加值的产出不足仅出现在 2003 年，其产出不足率为 3.9605%。2004 年资本投入出现了冗余，其冗余率为 1.6225%，2006 年和 2018 年出现劳动要素的冗余，其冗余程度分别为 0.9954% 和 4.7943%；与第二产业相比，第三产业投入要素的冗余程度相对较大。

表 8-6　第三产业投入和产出的松弛变量

年份	S_1^- （全要素生产率指数）	S_2^- （增加值）	S_1^+ （就业人数）	S_2^+ （资本存量）
2003	0.003 （0.3000%）	2287.421 （3.9605%）	0	0
2004	0	0	0	1253.998 （1.6225%）
2005	0	0	0	0
2006	0	0	240.32 （0.9954%）	0
2008	0.003 （0.2973%）	0	0	0
2009	0.023 （2.3374%）	0	0	0
2010	0.017 （1.7172%）	0	0	0

续表

年份	S_1^- (全要素生产率指数)	S_2^- (增加值)	S_1^+ (就业人数)	S_2^+ (资本存量)
2011	0.014 (1.4070%)	0	0	0
2012	0.021 (2.1212%)	0	0	0
2013	0.049 (5.0777%)	0	0	0
2014	0.043 (4.4193%)	0	0	0
2015	0.031 (3.1377%)	0	0	0
2016	0.029 (2.9175%)	0	0	0
2017	0.017 (1.6932%)	0	0	0
2018	0.014 (1.3793%)	0	1673.735 (4.7943%)	0

(三)"逆库兹涅茨化"对经济效率的影响

借助以上 DEA 分析,我们评估样本期间(2003~2019 年)"逆库兹涅茨化"可能对经济效率的影响。

首先,农民工回流对第一产业的经济效率没有负面影响,甚至可能提升其 DEA 有效率和降低全要素生产率的产出不足率。

其次,农民工回流和要素从工业中流出对第二产业的影响可窥见一斑:在"逆库兹涅茨化"风险较低的年份(2010 年,2011 年,2019 年)[1] 均为 DEA 综合效率有效;17 年的样本期,仅有 2005 年、2006 年、2014 年三个年份出现劳动要素投入冗余,仅有 2018 年出现资本要素的投入冗余;[2] 同时有八个年份出现了全要素生产率的产出不足问题。可以估计,资源流出对企业的技术进步可能产生一定的影响。

最后,"逆库兹涅茨化"对第三产业的影响主要表现为投入资源未充分发挥其效用。样本期间第三产业的 DEA 综合效率全部无效,说明该产业的资源配置效率低下;尽管只有 2006 年和 2018 年出现劳动要素投入的冗余、2004 年出现资

① 见上一节内容。
② 与我国 2018 年 "4 万亿元" 的投资计划不无关系。

本要素投入的冗余,但是有 12 年出现第三产业的全要素生产率产出不足;尤其是在 2018 年,尽管出现高程度的劳动投入冗余,还出现 1.38% 的全要素生产率产出不足;第三产业非 DEA 有效的年份共有 17 个,非 DEA 有效的原因主要是技术效率而非 DEA 有效;在技术无效的年份中,劳动投入和资本投入要素结构不够合理,且存在管理问题;而在技术有效却非 DEA 有效的年份,规模效率不足,表明出现资源投入或产出的规模不当问题。

二、"逆库兹涅茨化"对经济增长的效应测算

所谓"逆库兹涅茨化"对经济增长的效应,指的是产业结构调整中所存在的资源非合理配置(资源流动方向不遵循劳动生产率标准)对经济增长所造成的负面影响。"逆库兹涅茨化"是一种由产业结构变迁可能产生的结果,其效应表现为影响 GDP 增长率的结构效应,即一种资源再配置的负效应。

(一)测算公式

"逆库兹涅茨化"效应的系列公式,需借助增长源分析框架,在借鉴劳动再配置效应的"世界银行经典范式"的基础上,综合得出。它具体包括"农民工回流"效应测算公式,劳动力从工业转移到服务业效应测算公式以及"逆库兹涅茨化"总效应测算公式。

1. 劳动再配置效应的世界银行范式

如上文所述,"逆库兹涅茨化"效应是一种结构效应,也是一种由劳动力转移所引致的资源再配置效应。

针对测算劳动的再配置效应,世界银行(World Bank,1996)[①] 在针对中国经济发展经验进行专门研究之后,提出了以农村劳动力转移为背景的核算经典范式。后来该范式被国内外众多学者所引用(胡永泰,1998;温杰和张建华,2010;Ercolani and Wei,2011;岳龙华和杨仕华,2013;周国富和李静,2013;伍山林,2016)。该范式将劳动力的再配置效应用公式表示为:

$$LRE^A = \sum_{i=I,\,S} L/Y(MPL_i - MPL_A)g_{l_i}l_i \qquad (8-1)$$

其中,A、I、S 分别表示农业、工业和服务业三次产业,而 LRE^A 表示劳动再配置效应;MPL_i 表示劳动力在非农业产业部门(工业和服务业)就业的边际产量,而 MPL_A 表示劳动力在农业部门就业的边际产量,两者相减表示农村劳动力在非农产业(工业和服务业)就业比在农业就业所增加的边际产量;Y 表示总

① 参见:Nehru V. The Chinese Economy:Fighting Inflation,Deepening Reforms [M]. Washington,D. C.:World Bank Publications,1996.

产值，L 表示劳动数量，l_i 表示非农产业劳动份额。整个公式表明，当农村劳动力由农业转移到非农产业时，因为劳动力在非农产业就业比在农业就业的边际产量高，从而使上述转移对经济增长产生贡献。

就劳动再配置效应的"世界银行范式"而言，其基本含义为：当农村劳动力转移到非农业部门就业时，通过比较非农业与农业部门劳动边际产量的差距大小并结合其劳动份额，即可估算农村劳动力转移对经济总产出的影响程度。

借鉴世界银行经典范式中对结构效应的测算思路，我们进一步得出计算"逆库兹涅茨化"效应的系列公式。

2. 由"农民工回流"引致的"逆库兹涅茨化"效应测算公式

如前文所述，所谓"农民工回流"是农民工从工业和服务业中撤出，返回农村就业，造成非农产业的"民工荒"现象，它被视为"逆库兹涅茨化"的典型表现之一。鉴于我国农村劳动力流动的非永久性特征，农民工的回流数据一直呈动态变化，只能通过第一产业就业份额的变化来粗略地估算农民工回流的规模情况。

由"农民工回流"引致的"逆库兹涅茨化"效应计算公式为：

$$LRE_{-n} = -\frac{dl_a}{l_a dt}\left(y_a\beta_{La} - \frac{l_a}{l_n}y_n\beta_{Ln}\right) = -\frac{dl_a}{l_a dt}\frac{L_a}{Y}(MPL_a - MPL_n) \tag{8-2}$$

其中，LRE_{-n} 表示农民工回流效应，l_a 和 l_n 分别表示农村劳动力在农业和非农产业就业的比重，y_a 和 y_n 分别代表农业和非农产业的产值份额，β_{La} 和 β_{Ln} 分别代表劳动力投入到农业和非农产业的产出弹性，L_a 表示农村劳动力的总量，Y 表示总产值。其他变量含义，如对边际产量的解释均同式（8-1）。

式（8-2）的含义是，当农民工从城市回流到农村农业就业时，农业和非农业的劳动份额相应发生变化，而由于农村劳动力的边际产量在农业就业与在非农业就业之间存在差异，从而对经济增长率产生综合的影响。

3. 劳动力从工业转移到服务业的"逆库兹涅茨化"效应测算公式

如前文所述，劳动力从生产率较高的工业转移到服务业是产业结构调整中"逆库兹涅茨化"的另一个显著表现。同样，在劳动再配置效应的世界银行范式基础上，我们进行推导，进一步得出计算劳动力从工业转移到服务业的"逆库兹涅茨化"效应的公式：

$$LRE_{-i} = -\frac{dl_s}{l_s dt}\left(y_{ns}\beta_{Ls} - \frac{l_s}{l_i}y_{ni}\beta_{Li}\right) = -\frac{dl_s}{l_s dt}\frac{L_s}{Y}(MPL_s - MPL_i) \tag{8-3}$$

其中，LRE_{-i} 表示劳动力从工业转移到服务业的"逆库兹涅茨化"效应，l_s 和 l_i 分别表示劳动力在非农产业——服务业和工业中的就业比重，y_{ns} 和 y_{ni} 分别表示非农产业中服务业和工业的产值份额，β_{Ls} 和 β_{Li} 分别表示劳动力投入到服务业和工业的产出弹性，L_s 表示服务业劳动力的就业量，Y 表示总产值。其他变量含义，如对边际产量的解释，均同式（8-1）。

式（8-3）的含义是，当劳动力从工业转移到服务业时，工业和服务业的劳动份额相应发生了变化，而劳动力的边际产量在工业就业与在服务业就业之间存在着差异，从而对经济增长率产生综合的影响。

4. "逆库兹涅茨化"总效应测算公式

产业结构调整中的"逆库兹涅茨化"总效应包括由农民工回流导致的"逆库兹涅茨化"效应以及劳动力从工业转移到服务业所产生的"逆库兹涅茨化"效应两部分，因此总效应测算公式可以直接表示为：

$$TLRE_{-ni} = LRE_{-i} + LRE_{-n} \tag{8-4}$$

式（8-4）衡量的是产业结构调整中的"逆库兹涅茨化"对经济增长的总影响。如该值为正值且数值越大，则意味着产业结构变迁中存在的"逆库兹涅茨化"程度越大；反之，若该值为负值则意味着不仅没有显著的"逆库兹涅茨化"效应，而且存在促进经济增长的"结构红利"（正的劳动再配置效应）。

（二）数据说明与处理

在进行实证分析时，所涉及的变量包括三类：第一类是三次产业的各投入要素量，其中第一产业的投入要素包括土地、农业劳动、资本，第二产业和第三产业的投入要素包括劳动和资本；第二类是各投入要素的产出弹性；第三类是总产值以及各个产业的产值。

接下来，将针对上述三类变量进行数据来源的说明，其中各类投入要素的产出弹性没有直接的数据来源，要通过计算或回归的方式得出。

为了便于阅读和理解，特将数据说明和来源以列表的形式给出（见表8-7）。

表8-7　数据处理说明

名称	具体类别	数据说明	数据来源
投入要素数据	农业土地	以农作物播种面积为变量数据	国家统计局网站
	劳动	①各产业的劳动人数按三次产业分就业人员数（年底数），如农业劳动数据为第一产业从业数据；②农民工劳动数据基本来自国家统计局发布的《全国农民工监测调查报告》	历年统计年鉴/国家统计局调查数据
	资本	总体及按三次产业划分的固定资产投资数据，用永续盘存法核算资本存量，借鉴李仁君（2010）所采用的方法	历年统计年鉴

名称	具体类别	数据说明	数据来源
GDP 数据	经济总量/分产业	不变价格 GDP	国家统计局网站

表8-7列出了各类投入要素和产值变量的数据来源。为了得出最终计算结果，还需要核算出各投入要素的产出弹性。针对第一产业（农业）部门的土地、劳动与资本的产出弹性（β_{Ta}，β_{La}，β_{Ka}），本书借鉴以往文献（伍山林，2016；李玉梅，2017）的研究方法，采用数据回归的方式得出结果；针对第二产业（工业）和第三产业（服务业）部门的劳动和资本的产出弹性，采用比值法，即劳动报酬份额核算法，借助全国的投入产出表中数据[①]计算得出。具体结果如图8-6所示。

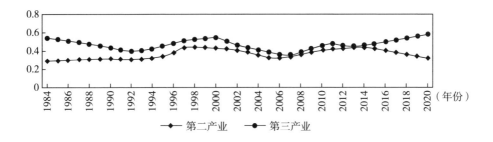

图8-6　1984~2020年我国第二产业与第三产业的劳动产出弹性的发展变化

图8-6显示了样本期间我国第二产业和第三产业的劳动产出弹性数据变化情况。由图8-6中数据可知，在样本期间，第二、第三产业劳动投入要素的产出弹性经历了不同的发展变化。就第二产业而言，劳动的产出弹性曲线在2014年之前呈曲折上升之势，尤其是在20世纪末21世纪初时位于高位；在这之后则经历了下降期和缓慢上升期，但是自2014年以来，第二产业的劳动产出弹性呈现出明显的下降趋势。这一动态表明在工业的高质量发展历程中劳动要素的重要地位逐步下降，同时还表明我国的第二产业的产业类型已由传统的劳动密集型逐步走向转型之路。就第三产业而言，在整个样本期间，其劳动的产出弹性数据曲线的动态起伏较大，尤其值得注意的是，由于服务业的行业特征以及劳动要素对服务业产出的特殊贡献，自2014年以来，该产业的劳动产出弹性曲线呈逐步上升趋

---

① 现有投入产出表只统计个别年份的数据，自1987~2017年共11张表。缺失年份的数据采用均值填补法补齐。

势，进一步表明服务业的劳动报酬在其产出中所占份额在逐年增加。

接下来，我们将计算资本投入要素的产出弹性。因为模型假设（李玉梅，2017）所涉及的生产函数皆为希克斯中性和一次齐次的，因此在计算出第一产业和第二产业劳动投入要素的产出弹性数值之后可以直接算出资本投入要素的产出弹性数值。

三次产业投入要素的相关数据如表8-8所示。

表8-8　1984~2020年我国投入要素的产出弹性

年份	第二产业资本产出弹性	第三产业资本产出弹性
1984	0.7141	0.4597
1985	0.7094	0.4777
1986	0.7047	0.4958
1987	0.7000	0.5138
1988	0.6953	0.5318
1989	0.6906	0.5499
1990	0.6859	0.5679
1991	0.6883	0.5891
1992	0.6908	0.6104
1993	0.6828	0.5913
1994	0.6748	0.5722
1995	0.6668	0.5531
1996	0.6112	0.5198
1997	0.5557	0.4866
1998	0.5603	0.4757
1999	0.5648	0.4649
2000	0.5694	0.4540
2001	0.5804	0.4964
2002	0.5913	0.5389
2003	0.6208	0.5649
2004	0.6502	0.5909
2005	0.6796	0.6170
2006	0.6688	0.6293

续表

年份	第二产业资本产出弹性	第三产业资本产出弹性
2007	0.6580	0.6416
2008	0.6406	0.6113
2009	0.6233	0.5809
2010	0.6059	0.5506
2011	0.5885	0.5202
2012	0.5817	0.5464
2013	0.5696	0.5443
2014	0.5575	0.5422
2015	0.5777	0.5219
2016	0.5978	0.5016
2017	0.6179	0.4813
2018	0.6380	0.4610
2019	0.6582	0.4407
2020	0.6783	0.4204
第一产业	土地、劳动、资本的产出弹性分别为 0.3463、0.3902、0.2635	

　　表8-8给出了第一产业的土地、劳动和资本要素的产出弹性数据，以及第二产业和第三产业资本的产出弹性数据。由表8-8中的数据可以发现，第二产业的资本产出弹性数据经历了下降、上升，再下降，又上升的发展变化；第三产业的资本产出弹性数据经历了上升、下降，再上升，又下降的发展变化。

　　尤其值得关注的是近五年数据的发展变化趋势。近五年来，资本要素在第二产业中的产出弹性数值呈现出逐年上升的趋势，而它在第三产业中的数据呈现出与之相反的变化趋势。对其原因的分析，不能脱离我国供给侧结构性改革的大背景。在这一背景下，第二产业资本要素的贡献逐年加大，表明我国的工业结构性改革正在初见成效；而第三产业资本要素贡献变小，既说明服务业具有其特殊的产业发展规律，又表明服务业的结构性改革任重道远。未来要实现服务业高质量发展的目标，意味着对高水平人力资本的需求必将更加旺盛。

　　（三）测算结果及分析

　　根据上文中的公式，结合数据，我们将测算出各项"逆库兹涅茨化"效应的相关数值，包括农民工回流效应测算结果、劳动力从工业转移到服务业的"逆库兹涅茨化"效应测算结果以及"逆库兹涅茨化"总效应测算结果。

1. 由"农民工回流"引致的"逆库兹涅茨化"效应相关测算结果

在测算农民工回流效应之前，我们先要测算和考察农村劳动力在农业的就业份额和在非农业的就业份额发展变化情况、农民工绝对数量增长变化情况，以及农业与非农业部门的边际劳动生产率之差的变化情况。

首先，我们考察农村劳动力在农业就业份额和在非农业就业份额的发展变化情况。

图 8-7 展示了农村劳动力农业就业份额和非农业就业份额的发展变化趋势。

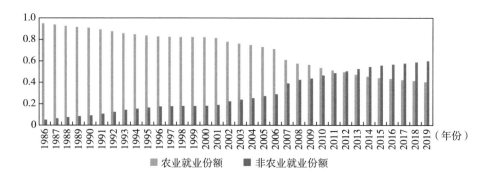

图 8-7　农村劳动力农业与非农业产业劳动份额变化

由图 8-7 得知，农村劳动力农业和非农产业就业份额的发展变化趋势完全相反。在 2011 年之前，我国超过半数的农村劳动力仍然滞留在农村，但是从 2012 年起，多数农村劳动力已以农民工的方式从事非农业生产。农村劳动力自 20 世纪 80 年代起开始大量转移到非农产业部门就业，因此他们在非农产业部门就业的份额一直呈上升趋势，自 2006 年以来农民工的绝对规模更是超过两亿元。但是，值得注意的是，近五年来我国农民工的绝对数量和非农业就业份额虽然仍在增长，但是其增长速度已有所放缓。与非农业就业份额呈上升趋势相反的是，我国农村劳动力的农业就业份额自 20 世纪 80 年代到现在一直呈下降趋势。因此，就整体而言，农村劳动力流动的主要方向仍然是从农村到城市、从农业部门到非农业部门，其中的原因与我国城镇化的步伐加快不无关系。

但是所谓"农民工回流"是否没有迹象或者迹象不明显呢？为寻找答案，有必要再考察一下参与非农产业就业的农民工绝对数量变化情况。因为通过了解农民工数量增长率变化，有助于我们更好地把握农村劳动力近期的转移动向，对"农民工回流"问题才能有更前瞻性的认识。

图 8-8 列出了 1986~2019 年我国农民工数量的增长率变化情况。

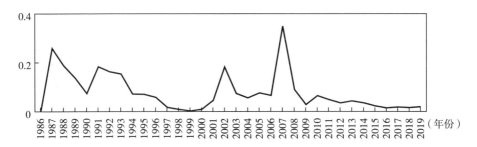

图 8-8 1986~2019 年我国农民工数量增长率变化

从图 8-8 中可以清楚地发现，自 2012 年以来我国农民工的数量增长已经出现乏力的迹象，这既是工业部门出现"民工荒"的原因之一，又是"农民工回流"出现的迹象。

接下来，我们测算农业和非农业部门之间边际劳动生产率的差异结果。

借助公式（8-2）的转换，我们得出样本期间农业和非农业部门之间的边际劳动生产率差异。具体的测算结果如图 8-9 所示。图 8-9 展示了 1986~2019 年我国农业与非农业部门劳动的边际生产率之差的变化情况。

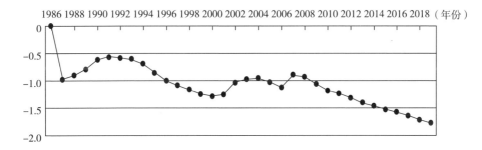

图 8-9 1986~2019 年我国农业与非农产业部门劳动的边际生产率差异

由图 8-9 中的数据得知，在样本期间尽管有起伏变化，但我国的农业与非农产业部门的边际劳动生产率之差一直为负值，也就是说，农业部门的边际劳动生产率长期落后于非农业部门。尤其值得注意的是，近 10 年来这一数据的绝对值出现显著的增大趋势。这一趋势表明我国农业的劳动生产率亟待提升，而发展高生产率的现代农业将成为新时代刻不容缓的核心任务之一。

最后，利用公式（8-2）测算得出由农民工回流引致的"逆库兹涅茨化"效应的具体结果，如表 8-9 所示。

表8-9　1987~2019年我国由农民工回流引致的"逆库兹涅茨化"效应测算结果

年份	LRE_{-n}	年份	LRE_{-n}
1987	-0.04697	2004	-0.01489
1988	-0.03735	2005	-0.01991
1989	-0.02819	2006	-0.01789
1990	-0.01548	2007	-0.06966
1991	-0.03424	2008	-0.0259
1992	-0.03321	2009	-0.00984
1993	-0.03352	2010	-0.02172
1994	-0.01818	2011	-0.01677
1995	-0.02055	2012	-0.01271
1996	-0.01954	2013	-0.01560
1997	-0.00617	2014	-0.01299
1998	-0.00341	2015	-0.00842
1999	-0.00119	2016	-0.00550
2000	-0.00366	2017	-0.00653
2001	-0.01504	2018	-0.00583
2002	-0.04818	2019	-0.00690
2003	-0.02069	均值	-0.01990

注：数值保留小数点后五位。

　　基于上文中对劳动份额变化、农民工数量增长率变化、农业与非农业边际劳动生产率差异的考察结论，结合表8-9中的数据，我们进行测算结果的分析。

　　首先，我们注意到表8-9中的数据均为负值。根据先前的假设，负值意味着在样本期间由"农民工回流"引致的"逆库兹涅茨化"效应没有明显出现。结合农村劳动力在农业就业份额的逐年下降和在非农业就业份额的持续上升的情况，得出这一结论并不那么"出乎意料"。如前文所述，我国的农村劳动力流动具有"半城市化"和非永久性流动的特征，导致在进行学术研究时对农民工回流规模等问题一直难以确定。本书基于农村劳动力农业劳动份额增加和非农业劳动份额下降而进行的相关考察结论，有一定的局限性。即便如此，我们认为上述研究结论仍然具备多重意义。首先，它表明，我国自改革开放以来，相对于转移到非农产业就业的农民工规模，回流到农村的农民工仍是局部的、次要的和小规模的，因此我国的"农民工回流"可谓是一种"弱回流"。其次，它进一步说明，在经济发展的"库兹涅茨化"过程中，我国非农产业所发生的"民工荒"

等问题，就其原因而言，应是多维的和复杂的，而不能完全地、简单地归咎于"农民工回流"问题。

通过对表中数据作趋势分析我们还发现，尽管样本期间的所有数据均为负值，但是近五年来这一数值的绝对值在变小，它远低于整个样本期间的均值绝对值 0.0199。再结合近年来我国农民工绝对数量增长率下降的事实，在此可以得出这样的结论：我国的"农民工回流"效应即便现在不显著，但如果不加以趋势控制的话，也极有可能在将来会显著，同时对经济产生不利影响。

2. 劳动力从工业转移到服务业的"逆库兹涅茨化"效应相关测算结果

"逆库兹涅茨化"问题的另一个重要表现便是劳动力在非农产业部门内部的非效率配置，即他们从高生产率的工业转移到较低生产率的服务业中去对经济最终产生的负面影响。在测算这一效应之前，我们先要测算、考察劳动力在工业就业份额和在服务业的就业份额发展变化情况，以及服务业与工业部门劳动的边际生产率之差的变化情况。

首先，我们要测算出样本期间劳动力在工业和服务业的就业份额发展变化情况，如图 8-10 所示。图 8-10 展示了 1986~2019 年我国非农产业中工业和服务业的劳动份额发展变化情况。从图中可以看出，工业和服务业两个产业部门的劳动份额经历了不同的发展动态。大致可以分为三个阶段进行考察：第一阶段是从改革开放到 20 世纪 90 年代中期之前，该阶段的工业劳动份额远超服务业的劳动份额，究其原因与我国当时"优先发展工业"的产业政策是不无关系的。第二阶段是 20 世纪 90 年代中期至 21 世纪初期，该时期服务业劳动份额已逐步超过了工业的劳动份额，但是两者的差别并不特别大，其中在 21 世纪初之时两者的数值曾一度出现迫近之势，其主要原因可归结为在该历史时期国家注重"各产业部门的协调发展"并给予切实的政策保证。第三阶段发生在近 10 年（2010~2019 年），我国工业与服务业的劳动份额变化出现明显的"剪刀差"——服务业的劳动份额上涨势头迅猛，而工业的劳动份额下降趋势明显，故两者之间的差距在逐步扩大。

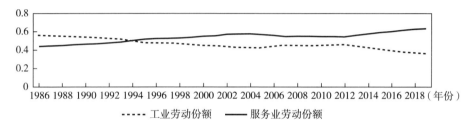

图 8-10　1986~2019 年我国非农产业中两产业部门的劳动份额变化

接下来，我们考察工业和服务业的边际劳动生产率差异情况。

通过对式（8-3）进行转换，得出测算工业和服务业的边际劳动生产率差异的公式如下：

$$MPL_s - MPL_i = \frac{Y}{L_s}\left(y_{ns}\beta_{Ls} - \frac{l_s}{l_i}y_{ni}\beta_{Li}\right) \tag{8-5}$$

借助式（8-5），我们计算得出样本期间工业和服务业的边际劳动生产率差异数据。具体的测算结果如图 8-11 所示。

图 8-11 展示了 1986~2019 年我国两个非农产业部门的边际生产率之差的变化情况。从图中可以看出，除去 20 世纪 80 年代的个别年份，我国服务业的边际劳动生产率略大于工业的边际生产率之外，几乎在整个样本期间，工业的边际劳动生产率均大于服务业。尤其是，从 20 世纪 90 年代直至 2014 年，两者之间的差异在逐年增大。从 2014 年至今，服务业与工业的边际劳动生产率之差，基本维持在较大的数值，没有再继续变大。显然，两大产业部门之间的劳动生产率差异，与劳动力的逆向流动现象，一并加剧了产业结构变迁中的"逆库兹涅茨化"的风险。

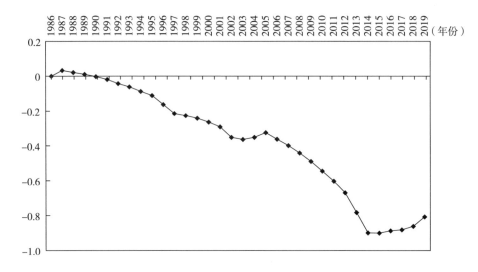

图 8-11　1986~2019 年我国非农产业中服务业与工业之间的边际劳动生产率差异

最后，我们利用式（8-3）测算得出劳动力由工业转移到服务业所引致的"逆库兹涅茨化"效应的具体结果，如表 8-10 所示。

表 8-10　1987~2019 年我国由非农产业内部劳动力无效率流动引致的
"逆库兹涅茨化"效应测算结果

年份	LRE_{-i}	年份	LRE_{-i}
1987	−0.00040	2004	0.00022
1988	−0.00024	2005	−0.00220
1989	−0.00020	2006	−0.00240
1990	0.00004	2007	−0.00414
1991	0.00023	2008	0.00076
1992	0.00076	2009	0.00041
1993	0.00113	2010	−0.00147
1994	0.00286	2011	0.00034
1995	0.00312	2012	−0.00146
1996	0.00178	2013	0.00771
1997	0.00057	2014	0.00707
1998	0.00167	2015	0.00713
1999	0.00244	2016	0.00438
2000	0.00380	2017	0.00538
2001	0.00141	2018	0.00438
2002	0.00725	2019	0.00195
2003	0.00138	均值	0.00169

注：小数点后保留 5 位。以 1978 年为基期的 GDP。

　　基于上文中对劳动份额变化、服务业与工业边际劳动生产率差异的考察结论，结合表 8-10 中的数据，我们进行测算结果的分析。

　　由表 8-10 中的数据可知，样本期间的大多数年份均出现正的"逆库兹涅茨化"效应。根据我们先前的假设，"逆库兹涅茨化"效应为正值则意味着上述年份存在着由劳动力从工业转移到服务业对经济增长造成负面影响的"逆库兹涅茨化"现象。结合劳动力在服务业就业份额的上升趋势和在工业就业份额的下降情况，这一结论的得出实属"顺理成章"。接下来我们进行具体分析。1987~1989年这三年的数值为负，表明期间尚不存在"逆库兹涅茨化"的负面效应。其中的主要原因是在上述三年中我国工业的劳动份额超过了服务业的劳动份额；2005年、2006年、2007年这三年的数值为负，是因为在上述年份服务业与工业的边际劳动生产率差距略有收窄（尽管两者之差仍为负值），但是工业的劳动份额较服务业上涨。尤其值得关注的是，2013~2019年这七年，我国的"逆库兹涅茨化"效应迅速增大：2013~2019 年该数值的均值为 0.00543，远超过整个样本期间的均值 0.00169。究其原因主要是我国服务业的就业份额在不断上升，而工业的就业份额不断下降，同时服务业与工业之间的劳动生产率差距却在逐步加大。

毋庸置疑，这是一个非常令人警惕的现象。

3. 由劳动力在产业间低效转移所引致的"逆库兹涅茨化"总效应测算结果

在计算出"农民工回流"效应和劳动力从服务业转移到工业的"逆库兹涅茨化"效应之后，我们将借助式（8-4）对产业结构变迁中我国的"逆库兹涅茨化"总效应进行测算，以便综合评估其风险效应和对经济增长的影响程度。具体的测算结果如图 8-12 所示。

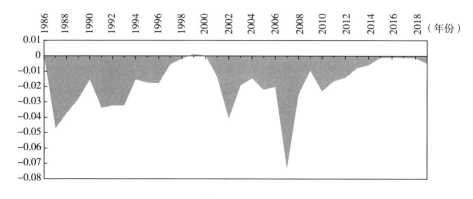

图 8-12　1986~2019 年我国产业结构调整中的"逆库兹涅茨化"总效应

图 8-12 显示了我国产业结构调整中的"逆库兹涅茨化"总效应数据，该效应具体包括"农民工回流"引致的"逆库兹涅茨化"效应和劳动力从工业转移到服务业引致的"逆库兹涅茨化"效应。

为便于让读者有个直观的认识，我们特意选取如同冰山形状的图表类型，其目的是再次提醒在产业结构调整过程中要警惕由"逆库兹涅茨化"给经济增长所带来的危险。

除个别年份外，样本期间的数据基本为负值，这意味着我国产业结构调整中的"逆库兹涅茨化"总效应并不显著。据上文所述，我们得知劳动力由工业转移到服务业所引致的"逆库兹涅茨化"效应数据多为正值，表明有显著的效应；而由"农民工回流"引致的"逆库兹涅茨化"效应数值为负，表明该效应不显著；由两者之和所衡量的"逆库兹涅茨化"总效应数值仍为不显著的负值。显然"逆库兹涅茨化"总效应数值符号基本与由"农民工回流"所引致的"逆库兹涅茨化"效应数值一致，也就意味着：相对于农村劳动力由农业转移到非农业所引致的较大结构效应或"结构红利"，我国产业结构调整中的"逆库兹涅茨化"对经济增长所带来的整体影响尚不明显。

正如潜伏在水面下的冰山会造成威胁一样，"逆库兹涅茨化"的总效应不明显，并不意味着在我国产业结构的调整中不存在危险。"逆库兹涅茨化"的总效应强调的是它对整体经济增长的影响，事实上"逆库兹涅茨化"对单个产业增长的负面影响是显著存在的，如劳动力从工业转移到服务业所引致的"逆库兹涅茨化"效应一直显著，就证明了这一点。

特别要注意的是，2015年至今，即便是"逆库兹涅茨化"总效应的数值也清晰地表明这样一个事实：产业结构变迁中的"逆库兹涅茨化"危险程度在显著增大。这是非常令人不安的一个趋势。

此外，我国农业的边际劳动生产率长期落后的局面若不从根本上改变，农业劳动份额的变化最终也会引致对经济增长不利的"逆库兹涅茨化"效应。

三、"逆库兹涅茨化"对全要素生产率的影响

无论是供给侧结构性改革，还是经济的高质量发展，全要素生产率（Total Factor Productivity，TFP）的增长均是需要达到的重要目标之一。学术界一般认为，全要素生产率的增长率是将经济增长率中剔除各投入要素增长的数量效应之后剩余的部分。它具体包括两部分：一是所有投入要素的技术进步效应；二是各要素在产业间转移所产生的结构效应，或再配置效应（也称结构红利）。因此，在评估产业结构变迁中的"逆库兹涅茨化"对全要素生产率是否产生影响时，我们设计了这样的思路：首先计算出样本期间的TFP增长率，然后将"逆库兹涅茨化"效应与之进行因果分析，看结果是否显著，再评估"逆库兹涅茨化"对TFP的影响程度。

（一）全要素生产率增长率计算公式

为计算全要素生产率增长率，我们需借助增长源分析框架。首先构建一个包括三产业部门在内的经济增长模型，然后通过分解各个增长源，得到TFP增长率的计算公式。

1. 增长源分析框架

现在，我们按照增长源分析框架[①]将农业、工业与服务业三产业部门对经济增长的贡献列出，公式参见式（8-6）。其中涉及的生产函数均为希克斯中性和

---

① 增长源分析参考马塞尔（Massell，1961）、伍山林（2016）、李玉梅（2017）。本书根据研究目的的不同对模型做出调整，但关于增长源分析框架的前提假设与李玉梅（2017）文献基本相同。

一次齐次。

$$\frac{\dot{Y}}{Y}=y_a\frac{\dot{A}_a}{A_a}+y_i\frac{\dot{A}_i}{A_i}+y_s\frac{\dot{A}_s}{A_s}+y_a\beta_{L_a}\frac{\dot{l}_a}{l_a}+y_i\beta_{L_i}\frac{\dot{l}_i}{l_i}+y_s\beta_{L_s}\frac{\dot{l}_s}{l_s}+y_a\beta_{K_a}\frac{\dot{k}_a}{k_a}+y_i\beta_{K_i}\frac{\dot{k}_i}{k_i}+y_s\beta_{K_s}\frac{\dot{k}_s}{k_s}$$

$$+y_a\beta_{T_a}\frac{\dot{T}}{T}+(y_a\beta_{L_a}+y_i\beta_{L_i}+y_s\beta_{L_s})\frac{\dot{L}}{L}+(y_a\beta_{K_a}+y_i\beta_{K_i}+y_s\beta_{K_s})\frac{\dot{K}}{K} \qquad (8\text{-}6)$$

其中，农业部门的生产要素投入包括农业土地（T）、农业劳动（L_a）和农业资本（K_a）；工业部门的投入要素是工业劳动（L_i）及资本（K_i）；服务业部门的投入要素是劳动（L_s）及资本（K_s）；A 表示技术进步等对经济增长的效应。

借助上述公式我们不仅可以核算出各要素增长对经济增长所产生的数量效应，而且能够核算出全要素生产率增长率的大小，并衡量出它在整体经济增长率中所占的比重。

2. TFP 增长率计算公式

借助式（8-6），我们进一步写出 TFP 增长率的计算公式如下：

$$\frac{\dot{A}}{A}=y_a\frac{\dot{A}_a}{A_a}+y_i\frac{\dot{A}_i}{A_i}+y_s\frac{\dot{A}_s}{A_s}+y_a\beta_{L_a}\frac{\dot{l}_a}{l_a}+y_i\beta_{L_i}\frac{\dot{l}_i}{l_i}+y_s\beta_{L_s}\frac{\dot{l}_s}{l_s}+y_a\beta_{K_a}\frac{\dot{k}_a}{k_a}+y_i\beta_{K_i}\frac{\dot{k}_i}{k_i}+y_s\beta_{K_s}\frac{\dot{k}_s}{k_s}$$

$$(8\text{-}7)$$

从式（8-7）中可以看出全要素生产率增长率的各个具体构成部分。[①] 除了直接利用式（8-7）计算得出 TFP 增长率之外，另一个更加简便的方法是通过对式（8-6）和式（8-7）作减法以得出该数值，将之表示为式（8-8）。

$$\frac{\dot{A}}{A}=\frac{\dot{Y}}{Y}-\left[y_a\beta_{T_a}\frac{\dot{T}}{T}+(y_a\beta_{L_a}+y_i\beta_{L_i}+y_s\beta_{L_s})\frac{\dot{L}}{L}+(y_a\beta_{K_a}+y_i\beta_{K_i}+y_s\beta_{K_s})\frac{\dot{K}}{K}\right] \qquad (8\text{-}8)$$

接下来，我们将按照先前设定的思路评估产业结构变迁中的"逆库兹涅茨化"与全要素生产率增长率之间的关系。

首先，我们需要核算出样本期间我国的全要素生产率增长率的数据。

根据式（8-8），我们测算得出 TFP 增长率的数据结果。具体请参见表8-11。

由表8-11中的数据可知，在1987~2019年33年期间，我国全要素生产率增长率的均值为1.4%左右。经计算[②]，它对整体经济增长率的平均贡献在14%左右。值得关注的是，在不少年份我国 TFP 的增长率为负值。这些年份包括1989

年、1990 年、2008 年、2009 年、2010 年、2012 年、2013 年、2014 年、2015
年、2016 年、2017 年，它们主要集中两个时间段：一个是在我国经济的粗放发
展时期，另一个是在我国经济增长方式的转型准备期。从表中还可以看出，在
20 世纪 90 年代初期我国的 TFP 增长率较高，主要因为在该时期农村劳动力大规
模流动到城市就业形成较高的结构红利，而结构效应本身是 TFP 增长率的一部
分。此外，近两年（2018 年、2019 年）的 TFP 增长率数值出现逐步增大的趋
势；与 20 世纪 90 年代初期相比，我们更有确切的理由相信近两年 TFP 增长率
的提升主要是由于我国供给侧结构性改革与经济高质量发展进程中的技术创新
效应所引致。

表 8-11　1987~2019 年我国 TFP 增长率

年份	TFP 增长率	年份	TFP 增长率
1987	0.03535	2004	0.01167
1988	0.03119	2005	0.01074
1989	−0.01102	2006	0.01926
1990	−0.06204	2007	0.03036
1991	0.04907	2008	−0.01067
1992	0.08848	2009	−0.02587
1993	0.07074	2010	−0.00070
1994	0.05619	2011	0.00349
1995	0.03590	2012	−0.01761
1996	0.02972	2013	−0.01639
1997	0.03112	2014	−0.01920
1998	0.01513	2015	−0.01894
1999	0.01826	2016	−0.01453
2000	0.02919	2017	−0.00057
2001	0.02174	2018	0.01135
2002	0.02596	2019	0.02552
2003	0.02539	均值	0.01449

注：小数点后保留五位数。数据以 1986 年为基期。

　　为了更好地验证上述结论，我们根据式（8-7）进一步将 TFP 增长率分解成
两个部分，它们分别是纯技术进步效应和结构效应（结构红利）。然后，我们分
别核算出这两个部分的数值，并将之与 TFP 增长率数值进行比较，以进一步探究

样本期间我国 TFP 增长的主要原因。

图 8-13 显示了这三个部分在样本期间的变化情况。

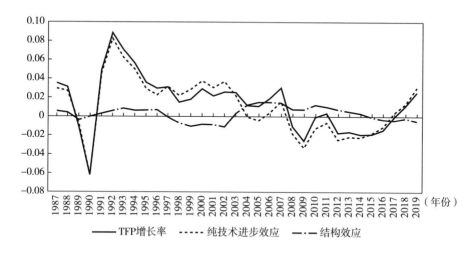

图 8-13　1987～2019 年我国全要素生产率增长率变化

图 8-13 中的数据支持了我们的上述结论：20 世纪 90 年代初存在着高结构效应，以及 2018 年、2019 年存在着高技术进步效应。在图 8-13 中有三条曲线，分别代表 TFP 增长率、技术进步效应和结构效应。在三条曲线中整体变化幅度较小的是结构效应曲线，而技术进步效应曲线与 TFP 增长率曲线的总动态相类似。在样本期间（1987～2019 年），我国的 TFP 增长率经历了非常复杂的变化，曲线上先后有多个拐点出现。其中，第一明显的拐点发生在 20 世纪 90 年代初期，我国 TFP 增长率由负值迅速上升为正值，其间不仅有结构效应，而且有技术进步效应，两者均发挥了作用；在 2007 年之后出现的拐点却意味着我国 TFP 增长率下降至负值，而其间技术进步效应也下降到谷底；此时尽管产生了正的结构效应，但却不能扭转整个颓势，考虑到 2008 年左右国际市场上复杂的经济形势，就不难理解会出现这一结果。令人振奋的是，TFP 增长率近年来出现加速趋势，且这一趋势伴随着增加的技术进步效应和下降的结构效应，充分说明我国的技术创新工作已初见成效。

（二）"逆库兹涅茨化"对全要素生产率增长率的影响

在计算出"逆库兹涅茨化"效应数据和全要素生产率增长率相关数据之后，我们将进一步评估前者对后者的影响情况。

1. 变量选取

在前文中已经测算了 1987～2019 年中国全要素生产率（TFP）以及"逆库

滋涅茨化"效应（LRE）。本节的被解释变量是 TFP 即全要素生产率增长率，核心解释变量是上文测算出的"逆库兹涅茨化"效应（LRE）。[①] 基于数据的一致性、完整性和可得性，以 1996～2019 年中国宏观数据进行全要素生产率的影响因素分析。选取的其他的影响因素依次为：①研发投入（RD），研发投入是一个国家和地区技术进步和科技创新的源泉，选择 R&D 经费内部支出占国内生产总值（GDP）的比重来衡量。②外商直接投资（FDI），选择外商直接投资额占国内生产总值（GDP）的比重来衡量。③人力资本（HC），人力资本的提升对创新思想的形成有重要作用，选择居民平均受教育年限来衡量。人均受教育年限统一采用 6 年×小学人数份额+9 年×初中人数份额+12 年×高中人数份额+16 年×大专及以上人数份额进行测算。④金融发展规模（FD），金融的发展规模可以反映虚拟经济的发展情况，选择金融机构各项存款占国内生产总值（GDP）的比重来衡量。⑤全社会固定资产投资（K），选择全社会固定资产投资额占国内生产总值（GDP）的比重来衡量。⑥政府财政支出（GI），选择中央政府一般公共预算支出额占国内生产总值（GDP）的比重来衡量，财政支出一方面通过基础设施改善提高地区区位优势，另一方面通过教育、社会保障、文化等公共物品提高生产效率。⑦对外开放水平（OP），选择进出口总额占国内生产总值（GDP）的比重来衡量。

2. 数据来源

以上数据来自历年《中国统计年鉴》《中国人口和就业统计年鉴》《中国贸易外经统计年鉴》《中国科技统计年鉴》。各影响因素描述性统计如表 8-12 所示。

表 8-12　各变量描述性统计

变量	(1) N	(2) Mean	(3) SD	(4) Min	(5) Max
TFP	24	0.00768	0.0190	−0.0259	0.0311
LRE	24	0.00201	0.00330	−0.00414	0.00771
RD	24	0.0147	0.00534	0.00596	0.0223
FDI	24	0.150	0.108	0.0369	0.362
GI	24	0.0417	0.00763	0.0317	0.0556
OP	24	0.439	0.104	0.319	0.642

---

① 在此选用上文测量出的非农产业间要素流动所引致的"逆库兹涅茨化"效应。

续表

变量	(1) N	(2) Mean	(3) SD	(4) Min	(5) Max
FD	24	1.573	0.288	1.010	2.018
HC	24	8.505	1.276	6.794	13.21
K	24	0.548	0.175	0.328	0.816

3. 模型设计

使用时间序列数据分析影响中国全要素生产率（TFP）的因素，采用普通最小二乘法估计构建时间序列模型如下：

$$TFP=\beta_0+\beta_1 LRE+\beta_2 RD+\beta_3 FDI+\beta_4 GI+\beta_5 FD+\beta_6 OP+\beta_7 HC+\beta_8 K+\mu \qquad (8-9)$$

运用 Stata 16.0 软件，进行最小二乘估计得到回归结果如表 8-13 第（1）列所示，结果各变量在统计意义上并不显著。本节采用筛选剔除变量的方法得到第（2）列回归结果。第（2）列的回归结果显示本节的核心解释变量（LRE）在统计意义上是显著的且具有经济意义。但是，第（2）列的回归结果中只有"逆库兹涅茨化"效应（LRE）和外商直接投资（FDI）是显著的，其他影响因素并不显著。

表 8-13　回归结果

变量	(1) TFP	(2) TFP	(3) TFP
LRE	−0.00295 (1.414)	−2.595* (1.392)	−2.610* (1.348)
RD	0.981 (2.665)	5.355 (3.757)	6.352* (3.424)
FDI	0.0735 (0.0577)	0.216*** (0.0661)	0.210*** (0.0607)
GI	−1.086 (0.704)	0.649 (0.577)	0.895* (0.441)
FD	0.0468 (0.0492)	−0.0604 (0.0486)	−0.0749 (0.0442)
OP	0.0130 (0.0450)	−0.0812 (0.0470)	−0.0897* (0.0426)
HC	0.00301** (0.00124)	0.00193 (0.00153)	

续表

变量	(1) TFP	(2) TFP	(3) TFP
K	−0. 180 *** （0. 0487）		
Constant	0. 0211 （0. 0313）	−0. 0110 （0. 0389）	0. 00805 （0. 0297）
Observations	24	24	24
R−squared	0. 821	0. 698	0. 689

注：*** p<0. 01，** p<0. 05，* p<0. 1。

4. 平稳性检验

考虑到用时间序列数据构造计量经济学模型时，要求序列具有平稳性，即序列的统计规律不随时间的推移而变化。因此，对各变量进行单位根检验，结果如表 8-14 所示。

表 8-14　ADF 检验结果

变量	ADF 检验值	5%显著水平上的检验值	10%显著水平上的检验值	P 值	检验结果
TFP	−1. 928	−3. 000	−2. 630	0. 3192	不平稳
LRE	−2. 461	−3. 000	−2. 630	0. 1251	不平稳
RD	−1. 014	−3. 000	−2. 630	0. 7483	不平稳
FDI	−1. 899	−3. 000	−2. 630	0. 3326	不平稳
GI	−1. 398	−3. 000	−2. 630	0. 5832	不平稳
FD	−1. 570	−3. 000	−2. 630	0. 4984	不平稳
K	−1. 210	−3. 000	−2. 630	0. 6691	不平稳
OP	−0. 903	−3. 000	−2. 630	0. 7869	不平稳
HC	−4. 496	−3. 000	−2. 630	0. 0002	平稳
D. TFP	−4. 240	−3. 000	−2. 630	0. 0006	平稳
D. LER	−6. 524	−3. 000	−2. 630	0. 0000	平稳
D. RD	−4. 644	−3. 000	−2. 630	0. 0001	平稳
D. FDI	−3. 172	−3. 000	−2. 630	0. 0217	平稳
D. GI	−2. 846	−3. 000	−2. 630	0. 0520	平稳
D. FD	−4. 361	−3. 000	−2. 630	0. 0003	平稳
D. K	−1. 061	−3. 000	−2. 630	0. 7304	不平稳

续表

变量	ADF 检验值	5%显著水平上的检验值	10%显著水平上的检验值	P 值	检验结果
D. OP	−3.085	−3.000	−2.630	0.0277	平稳
D2. K	−4.464	−3.000	−2.630	0.0002	平稳

通过平稳性检验可以得到，全要素生产率增长率（*TFP*）、"逆库兹涅茨化"总效应（*LRE*）、研发投入（*RD*）、外商直接投资（*FDI*）、财政支出（*GI*）、金融发展规模（*FD*）、固定资产投资水平（*K*）、对外开放程度（*OP*）原序列不平稳。人力资本（*HC*）原序列平稳，进行一阶差分后，全要素生产率增长率（*TFP*）、"逆库兹涅茨化"总效应（*LRE*）、研发投入（*RD*）、外商直接投资（*FDI*）、财政支出（*GI*）、金融发展规模（*FD*）、对外开放程度（*OP*）序列通过平稳性检验，并且这些变量之间可能存在长期的均衡关系。固定资产投资水平（*K*）一阶差分序列未通过平稳性检验。

5. 协整检验

协整检验的目的是检验非平稳序列的回归方程所描述的因果关系是否是伪回归，变量之间是否存在稳定关系。协整关系可以解释为变量之间的长期稳定均衡关系，通过检验对象的不同，分为对回归系数的检验和对回归残差的检验。本节采用 EG-ADF 两步法对残差序列进行检验。

第一步，对同阶单整序列 *TFP*、*LRE*、*RD*、*FDI*、*GI*、*FD*、*OP* 进行线性回归得到回归结果，生成残差序列。第二步，对残差序列做单位根检验。结果如表8-15 所示。

表8-15 残差序列单位根检验结果

变量	ADF 检验值	5%显著水平上的检验值	10%显著水平上的检验值	P 值	检验结果
RE	−4.477	−3.000	−2.630	0.0002	平稳

检验结果表明残差序列是平稳的。平稳的残差序列意味着全要素生产率增长率（*TFP*）和"逆库兹涅茨化"效应（*LRE*）、研发投入（*RD*）、外商直接投资（*FDI*）、财政支出（*GI*）、金融发展规模（*FD*）、对外开放程度（*OP*）存在协整关系。

通过图8-14，也可以看出各个变量有时间趋势（非平稳）且存在一定的相关性。

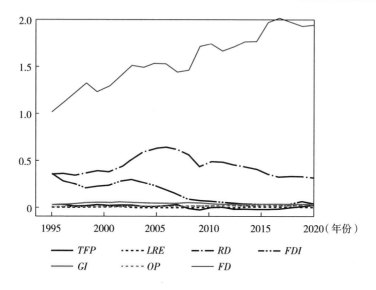

图 8-14　各变量趋势

因此，本节基于上述检验分析构建新的时间序列模型如下：

$$TFP = \beta_0 + \beta_1 LRE + \beta_2 RD + \beta_3 FDI + \beta_4 GI + \beta_5 FD + \beta_6 OP + \varepsilon \qquad (8-10)$$

回归结果如表 8-13 第（3）列所示，回归结果表明"逆库兹涅茨化"效应（LRE）对全要素生产率（TFP）具有显著的负向影响，研发投入（RD）和外商直接投资（FDI）具有显著的正向影响。

6. 自相关与异方差检验

根据残差自相关图，可以观察出各阶自相关系数的取值均在 95% 的置信区间之内，故可接受各阶自相关系数为 0 的原假设；在德宾—沃森检验法（DW 检验法）执行过程中，回归模型得到 DW 值 = 1.907861，由已知条件得到 $n = 24$，解释变量个数 k 为 6，由此可以查表获得 dL 和 du，前者为 0.857，后者为 1.895，DW 大于 1.895，小于 2，属于无自相关区域，因此方程不存在一阶自相关性；偏自相关检验结果表明不存在高阶自相关。

根据怀特（White）的异方差检验可得：原假设 H0 为不存在异方差，由 $Prob > chi^2 = 0.4038 > 0.05$，可知接受原假设即模型中不存在异方差。

因此，借助回归分析我们得知，产业结构调整中的"逆库兹涅茨化"效应显著阻碍了全要素生产率的增长，影响了产业创新发展的步伐。减少和消除"逆库兹涅茨化"效应是实现我国经济高质量发展目标的重要前提条件。

第三节　通过实证分析发现的问题

借助统计分析与实证分析，我们发现，近年来我国产业结构调整中的"逆库兹涅茨化"风险存在；1986~2019 年由劳动力从工业转移到服务业造成的"逆库兹涅茨化"效应显著；自 2015 年至今"逆库兹涅茨化"总效应数值明显增大，意味着"逆库兹涅茨化"对经济增长的负面影响可能逐步显现；"逆库兹涅茨化"效应会显著降低我国的 TFP 增长率。

将上述结论进一步分解，我们可以得出引致"逆库兹涅茨化"风险和效应的具体问题：

第一，相对于低的农业劳动生产率，我国农业的劳动份额偏高。

第二，我国工业的相对不平等度多年来一直居高不下，即便在非农产业部门内部工业的劳动份额也偏低。

第三，近年来我国服务业的相对不平等度提升，相对于较低的劳动生产率，服务业占据了大量的劳动份额。

第四，自 2012 年以来我国农民工的数量增长已经出现乏力的迹象，这既是工业部门出现"民工荒"的原因之一，又是"农民工回流"出现的迹象。

第五，2013 年至 2019 年服务业的就业份额不断上升，而工业的就业份额不断下降，同时服务业与工业之间的劳动生产率差距却在逐步加大。

第六，要减轻"逆库兹涅茨化"问题对 TFP 增长率的不利影响，尤其要提升第三产业的经济效率，还要做好两个非农产业的要素投入结构的管理工作。

上述问题的提出，将引导我们逐步找到解决"逆库兹涅茨化"问题的有效路径。

在本书的后续章节，我们将针对上述问题展开分析，并提出相应的对策建议。

第四节　小结

本章的内容用于对我国产业结构调整中的"逆库兹涅茨化"问题进行实证分析。主要做了两个方面的工作：一是对我国产业结构调整中"逆库兹涅茨化"

危险进行评估；二是对“逆库兹涅茨化”问题对经济增长的负面效应进行测算。在此之后，本书进行总结，并提出通过实证分析而发现的具体问题。

在评估我国产业结构调整中“逆库兹涅茨化”危险时，遵循了初步判断与再次评估两个步骤。首先，以农业的劳动份额和三次产业的相对不平等度两个维度进行初步判断。判断结果表明：多年来我国的农业劳动份额偏高，虽然尚不能充分说明在产业结构中一定存在着“逆库兹涅茨化”风险，但是基本可以断定第一产业在新时期仍然占据了大量劳动力，而在这些劳动力中存在一定比重的回流农民工；目前我国产业整体的相对不平等度已经呈逐年下降态势，其中第一产业的相对不平等度的下降趋势明显，第二产业的相对不平等度一直居高不下，第三产业的相对不平等度最低。产业相对不平等度的测算结果表明，存在“从农业中转移出的劳动力大量被生产率更低的服务业所吸纳，而没有适时满足工业生产要求”的现象，换言之，我国产业结构调整中的“逆库兹涅茨化”风险在一定程度上存在。其次，以“库兹涅茨”式标准产业结构为虚拟参照，通过比较差异，得出“逆库兹涅茨化”带来的生产率损失率，进而利用初步判断所使用的指标数据和劳动生产率损失率数据计算出风险值，再依据风险值进行“逆库兹涅茨化”风险等级分类，最后评估“逆库兹涅茨化”风险的程度。

在对“逆库兹涅茨化”问题对经济增长的负面效应进行测算时，我们做了三个方面工作：一是针对“逆库兹涅茨化”相关指标与经济增长率作相关性检验；二是构建模型公式测算出“逆库兹涅茨化”效应的大小；三是分析“逆库兹涅茨化”对全要素生产率是否有影响。相关性检验结果表明，产业结构调整中的“逆库兹涅茨化”在一定程度上影响了我国的经济增长，因为“逆库兹涅茨化”导致各产业的就业份额、劳动生产率整体水平发生变化，而它们的变化与经济增长直接相关；分析“逆库兹涅茨化”现象对经济增长的影响需结合各产业的发展规律进行分析，而各产业的就业份额及其劳动生产率水平是其中关键指标。针对“逆库兹涅茨化”效应，我们分别测算了由“农民工回流”引致的“逆库兹涅茨化”效应，由劳动力从工业转移到服务业引致的“逆库兹涅茨化”效应，以及“逆库兹涅茨化”总效应，测算结果表明，样本期间由“农民工回流”引致的“逆库兹涅茨化”效应不够明显；由劳动力从工业转移到服务业造成的“逆库兹涅茨化”效应较为显著；由上述两个效应所组成的“逆库兹涅茨化”总效应不够明显，但是近五年来代表总效应的数值在显著增大，提醒可能出现大的“逆库兹涅茨化”风险。在分析“逆库兹涅茨化”对全要素生产率是否产生影响时，我们首先核算出样本期间我国的全要素生产率增长率数据，结果表明我国全要素生产率增长率的均值为1.4%左右，对整体经济增长率的平均贡献在14%左右，且TFP增长率近年来出现加速趋势。其次，针对“逆库兹涅茨化”

效应与全要素生产率增长率的因果关系进行回归分析。考察结果表明,"逆库兹涅茨化"效应对全要素生产率的增长率产生显著的、负面的影响。借助实证分析发现引致"逆库兹涅茨化"风险和效应的具体问题包括农业的劳动份额偏高、工业与服务业的相对不平等度过高、农民工数量增长乏力、服务业与工业间的劳动生产率差距变大,以及 TFP 增长面临挑战等问题。

第九章 结论与政策建议

我国目前正处于"库兹涅茨过程"的末期。在这一时期人口红利式微,农村劳动力流动进入平缓期,结构效应和创新效应正合力将经济推向高质量发展的方向。它们构成"逆库兹涅茨化"问题出现的时代背景。"逆库兹涅茨化"问题意味着在我国的国民经济体系中尚存在不平衡、不合理的地方,它们影响着结构效应和创新效应的正常发挥。在供给侧结构性改革的背景下,对"逆库兹涅茨化"风险的解除,则意味着我国基本遵循了产业结构演化一般规律,而且合理化程度高的产业结构业已建构,它必将推动着经济走向稳步增长。

本书在文献梳理、背景界定以及现实考察的基础上,对我国产业结构调整中的"逆库兹涅茨化"问题进行理论分析和实证检验,其间广泛采用了文献查询法、归纳法、建模法、案例法,以统计分析和计量实证相结合等多种研究方法,最终得出研究结论。

第一节 研究结论

本书主要得出以下五个方面的研究结论:

第一,我国的供给侧结构性改革所处的经济发展阶段为"库兹涅茨过程"末期,资源供给条件变化与经济运行模式调整孕育着"逆库兹涅茨化"问题产生的可能性;对该问题的衡量标准不应是单一的劳动生产率指标,而是包括全要素生产率在内的生产率指标体系。根据生产率指标体系的衡量标准,"逆库兹涅茨化"问题具有以下表现:农民工由城市回流到农村的传统农业中去,其中不包括回流到农业产业化企业或现代农业中去;劳动力从工业转移到传统服务业中去,其中不包括劳动力转移到生产率更高和创新性更强的现代服务业中去。

第二,我国的产业结构调整方式经历了从"指令性"到"指令性和指导性兼具"的变化,最后调整方式落实到以"指导性"为主。产业结构类型的考察结果表明,多年来我国的产业结构演化基本遵循了"配第—克拉克"定律;泰尔指数的测算结果表明现阶段我国产业结构虽然偏离了部分合理区间,但已经出现趋好态势,同时说明我国的产业结构调整政策逐步奏效;产业结构的服务化指标测度结果表明,在我国非农产业内部存在着发展不均衡、不协调的地方,尤其是第三产业部门的产值大小与被投入资源规模之间可能存在着非正向的关系。

第三,城乡分割视角下"农民工回流"的主要原因与我国的特色体制直接相关。我国户口制度改革推进缓慢,针对农民工的城市社会保障体系不健全,一并构成城市对农民工的推力;土地制度改革中的兴村惠民举措以及农村日益完善的社会保障网络体系,同时构成农村对农民工的拉力。"城乡分割"视角下,在城乡劳动收入存在差异情况下,农村劳动力参与"半城市化"流动,即便存在一定程度的"农民工回流"问题,也不会阻滞劳动力整体人力资本水平的提升,但"农民工回流"可能对工业的创新活动产生不利影响;由"农民工回流"所引致的"逆库兹涅茨化"问题,若妥善解决反而对乡村振兴和农民整体获得感的提升有利。

第四,"服务业扩张"视角下劳动力从工业转移的原因,包括服务业所面临的黄金发展时代以及工业所处的"增速阶段性放缓、吸纳就业能力减弱"的历史时期。工业劳动力流往服务业所产生的"逆库兹涅茨化"效应存在两个:一个是对工业的就业负面效应,另一个是对产业总体的全要素生产率损失效应。解决"劳动力从工业转移到服务业"问题的有效思路是:对发达的服务业进行因势利导,推动服务业与工业合作或融合发展,使服务业的发展能够服务于工业的改造升级,从而更好地利用两个产业间的互动与支撑关系。

第五,借助统计分析发现引致"逆库兹涅茨化"风险和效应的具体问题包括农业的劳动份额偏高、工业与服务业的相对不平等度过高、农民工数量增长乏力、服务业与工业间的劳动生产率差距变大,以及 TFP 增长面临挑战等问题。综合初步判断和再次评估的结果发现,在我国产业结构调整中存在一定程度的"逆库兹涅茨化"风险,且近年来该风险的程度进一步加大。通过计量分析"逆库兹涅茨化"问题对经济增长的负面效应发现:产业结构调整中的"逆库兹涅茨化"在一定程度上影响了经济增长;样本期间(1987~2019 年)由"农民工回流"引致的"逆库兹涅茨化"效应不够明显;由劳动力从工业转移到服务业造成的"逆库兹涅茨化"效应较为显著;由上述两个效应所组成的"逆库兹涅茨化"总效应整体不够明显,但是近五年来表示总效应的数值有显著增大迹象。针对"逆库兹涅茨化"效应与全要素生产率增长率的因果关系的考察结果表明,"逆库兹涅茨化"效应对全要素生产率的增长率产生显著的、负面的影响。

第二节　政策建议

在上述结论的基础上，我们在此提出政策建议：一方面对接供给侧结构性改革关于发展生产力和提高全要素生产率的历史任务，另一方面旨在消除"逆库兹涅茨化"风险。

政策建议包括三个方面：促进优质要素流往实体经济，调整工业要素投入结构，提高供给质量和效率；以"两手抓"应对"农民工回流"问题；以鼓励产业合作（融合）创新应对"劳动力从工业转移到服务业"问题。

一、调整工业要素投入结构，促进优质生产要素流往实体经济

供给侧结构性改革的着力点是发展实体经济。本课题的研究结果证明，现阶段从生产端发力，促进工业经济发展是提升经济增长水平的重要抓手。调整工业生产的要素投入结构，是提高供给体系质量和效率的重要保障。

一方面，实施人力资本水平高的农民工优先市民化政策，保障工业企业优质劳动力的供给。提倡实施有层次的"农民工市民化"的政策。具体而言，针对"农民工市民化"设优先次序，鼓励具备熟练劳动技能的农民工尽早结束其"半城市化流动"或回流状态，成为具有城市户籍的市民工，并且要帮助该部分农民工切实做好职业生涯规划工作，尽快融入城市和工业生活。借此，不仅保障工业企业的劳动力供给，还保障其"干中学"的创新动力不缺失。

另一方面，营造良好市场环境，促进优质资本进入实体经济。资本按照其边际报酬率由低往高流动，营造良好的市场环境就是要尊重资本的这一流动规律，强调市场机制在资源配置中发挥决定性的作用。政府的行政措施应保障的是消除负外部性等市场失灵问题，从而让实体经济与虚拟经济在同一赛道上进行公平竞争。增强实体经济的实力是防止虚拟经济过度泡沫化的有效措施，因此政策的着力点便是促进实体经济的"优胜劣汰"，并保障资本对具有增长活力实体企业的自主选择权。优质资本则按照市场机制逐步退出各类"僵尸企业"，进入在"补短板"和"降成本"中表现优异的工业企业，从而促成供给侧结构性改革中的"去产能、去库存、去杠杆、降成本、补短板"任务。具体而言，政府首先要保障市场供给信号顺利发挥作用，还要对工业企业进行分类管理，在出台协助实体经济减负降税政策的同时，更需构建起激活企业微观主体的运营活力和创新动力的激励机制。

二、以"两手抓"应对"农民工回流"问题

辩证地看待"农民工回流"的问题，采取"两手抓"策略加以应对。我们的思路是防止农民工由高生产率产业回流到低生产率的产业部门就业，从而克服"逆库兹涅茨化"问题所带来的生产率损失。目前"民工荒"等问题的存在意味着城市非农产业部门对农村劳动力仍积蓄着大量的就业需要，因此我们应一手抓"促进农民工城市就业"工作，同时也要看到，在乡村全面振兴的背景下农民工劳动生产率的提升成为可能，返乡农民工在带领农村致富过程中将产生强的正外部性。所以，我们应另一手抓"返乡农民工的就业引导"工作。

如何促进农民工城市就业以减少"农民工回流"现象？要做到着力实施一系列的"农民工"专项优惠政策，以落实农民工在城市的"国民待遇"问题。例如，建立完善的农民工流动市场，按计划提升就业农民工的薪酬待遇，逐步健全农民工的保障体系，保障农民工子弟的受教育权利等。如何做好"返乡农民工的就业引导"工作？在新时期这一工作不仅能够解决由农民工回流引致的"逆库兹涅茨化"问题，而且它对"资源还乡"参与新农村建设还具有积极的意义。众所周知，城乡一体化发展成为新时期经济社会发展的核心命题之一。自改革开放以来，我国的农村和农业曾经为城市和工业实现资本积累做出过重要贡献，但同时带来的后果是使整个社会呈现出的显著二元经济特征：城乡居民收入差距显著，农村人力资本外流，农业生产率严重滞后，部分乡村凋敝或乡村资源被过度消耗。我国的乡村振兴战略在这一背景下得以实施。现阶段实现乡村振兴的方法可粗略划地分为两种：一种可谓输血法。农村和农业接受城市和工业的扶持，由"政府通过加大对农业农村的直接投入来改善城乡关系"（张海鹏，2019）。对此，不少学者给出了理论依据，如洪银兴（2007）提出应加强工业和城市对农村人力资本反哺，政府应加大对农村人力资本投资。另一种可谓造血法，"通过培育乡村社区的自我发展能力实现城乡一体化和经济增长"（胡月和田志宏，2019）。显然，后一种方法更符合城乡发展一体化的长远目标。"返乡农民工"是乡村塑造自我发展能力的人力资本保障之一。对返乡农民工做好就业引导工作，首先要引导他们从与传统耕种捆绑在一起的小农意识中彻底走出，其次要激励他们参与到农业产业化经营或到现代化的农业企业就业。相关的激励措施包括做好农民工的职业培训、为回乡创业农民工创设适宜的创业环境等。其间可以提升农民工返乡后的获得感和幸福感为抓手。如前文所述，唯以提升农民工的获得感为核心来创设乡村振兴的目标，才能形成对农民工参与农业产业化的有效激励。

三、以鼓励产业合作（融合）创新应对"劳动力从工业转移到服务业"问题

正如本书在结论中所提及的那样，目前由"劳动力从工业转移到服务业"所引致的"逆库兹涅茨化"效应最为显著。鉴于服务业的行业特点，我们不能用"以规模化或标准化提升服务业劳动生产率"的办法来解决上述问题，因为服务业的劳动生产率可能无法与工业媲美。但是我们能做到的是尽量消除"逆库兹涅茨化"问题对工业引致的就业负面效应，以及对整体产业带来的全要素生产率损失效应。[①] 其中服务业与工业的产业合作创新不失为一种有效路径。不少学者（丁守海等，2016；张彬斌等，2019）认为，在工业与服务业之间，工业发挥了对服务业的支撑作用。本书认为，两个产业间的支撑作用是相互的。当服务业的发展已经无孔不入时，制造业通过与服务业合作，能够更快地完成产业升级的历史任务。

鼓励产业合作创新，尤其强调加快生产性服务业的发展。因为生产性服务业对促进工业技术进步、提高工业生产率提供保障作用。新时期工业的技术进步是增长的最重要源泉。借助产业合作或产业融合完成工业新技术路径的开辟，不乏成功的范例，更不是小概率事件。相反，当政府对之施以援手时，在全产业间形成促进工业创新的生态系统，那么我国工业的技术进步和工业产业的转型升级指日可待。

值得注意的是，政府特别要做好高人力资本水平的劳动力规划与管理工作，因为他们本身隶属于高劳动生产率的群体，而且在创新活动中发挥着不可或缺的作用。政府应专门为他们构建适宜的激励机制，以鼓励他们从事高创造力的工作。如此，当高水平的人力资本要素，不管其属于哪个产业，但都能为工业部门的创新发展效力时，即便存在非熟练劳动从工业中流失，他们所造成的就业负面效应和全要素生产率损失效应也是有限的和不可持续的。在这种情形下，"逆库兹涅茨化"的威胁自然会被解除。

第三节　研究展望

在课题组成员的共同努力下，我们逐一完成了对"逆库兹涅茨化"问题的文献溯源、背景界定、现实考察、理论分析以及实证检验。在这一过程中所取得

---

① 在本书的理论分析部分，我们对此展开了详细的论证。

的任何研究进展都令我们感到鼓舞欢欣。但是其间也不乏遗憾之处：例如在作理论分析时常感觉到所构建的分析框架不够全面，一些重要影响变量没有被内生化处理；在作实证检验时因部分数据的缺少而不得不选择"次优"的测算方法等。尤为遗憾的是，我们对我国服务业的考察、分析和验证不够具体、不够全面。

事实上，当我们探究服务业之谜[①]时，发现它们的范围之广、门类之细、生产率之悬殊均超乎大家的想象，因此需要投入大量的时间与精力才能对它们梳理清楚，而我们当时并不能确定针对这个课题是否需要对服务业进行这样大的投入。结果便是，针对如何以服务业的发展来克服产业结构调整重点"逆库兹涅茨化"问题，我们没有给出非常满意的方案，无论是在理论分析部分还是在对策建议章节。我们已经认识到，服务业对我国经济高质量发展的作用机理研究，是个既庞杂又引人入胜的课题，值得所有人来进行专项研究。

此外，关于产业如何分类也是值得进一步探讨的问题。对产业分类采用何种具体的方法多为满足学者的研究目的以及社会的实际应用。例如马克思为研究剩余价值的形成过程采用两大部类分类法，将产业分为生产生产资料的部门和生产消费资料的部门；霍夫曼为研究各国的工业化进程将产业分为消费资料工业、资本资料工业以及其他工业。但是，随着科学技术的进步和生产方式的变化，产业分类具有动态性的特征。20 世纪 30 年代，经济学家费歇尔提出三次产业划分法，将人类经济活动发展划分为三个阶段，第一产业、第二产业与第三产业分别在不同的阶段发挥主要作用。三次产业的划分方法得到经济学界和政府部门的广泛应用。随着经济社会的发展，新的分类方法不断出现，具有影响力的包括四次产业分类法和生产要素分类法。二战之后美国经济学家马克·波拉特把信息业从服务业划出，将产业分为农业、工业、服务业和信息业四大产业，其中信息业主要包括计算机制造、电气通信、广告宣传和管理部门。所谓生产要素分类法是按照劳动、资本、知识等生产要素在产业中的比重，或产业对各生产要素的依赖程度加以划分，将产业分为劳动密集型、资本密集型以及知识密集型等部门。

与国内外现有的多数研究相一致，本课题主要以三次产业划分法为基础展开，且上述产业分类新动态对本课题研究结论的影响整体不大。例如在四次产业分类中被单独列出的信息技术，在本课题的理论分析中它实际被默认为影响三次产业各个产业生产率的生产要素，而在实证分析中四次产业分类和三次产业分类对研究劳动力在农业和非农业间的整体流动效应没有影响。尽管如此，产业的细

---

① 在这里，这一说法为通常说法，并不特指"鲍莫尔成本病"。

分，例如对服务业的重新分类，对研究劳动力在非农产业（从工业到服务业）间转移产生的"逆库兹涅茨化"效应仍产生一定程度的影响。非常期待在该方面出现新的研究进展。

参考文献

一、外文文献

［1］ Acemoglu D. Capital Deepening and Nonbalanced Economic Growth ［M］. Princeton： Princeton University Press， 2009.

［2］ Acemoglu D， Guerrieri V. Capital Deepening and Non－Balanced Economic Growth ［J］. Journal of Political Economy， 2008 （116）： 467－498.

［3］ Aghion P， Howitt P. Endogenous Growth Theory ［M］. Cambridge， MA： MIT Press， 1998.

［4］ Akhilesh T. The Making of India： Game Changing Transitions ［M］. Mumbai： Peplika Press， 2015.

［5］ Alchian A A， Demsetz H. Production， Information Costs， and Economic Organization ［J］. American Economic Review， 1972， 62 （5）： 777－795.

［6］ Aoki M. The Five Phases of Development and Institutional Evolution in China， Japan， and Korea ［M］ //Aoki M， Kuran T， Roland G. Institutions and Comparative Economic Development， Basingstoke： Palgrave Macmillan， 2012.

［7］ Arrighi G， Silver B J， Brewer B D. Industrial Convergence， Globalization， and the Persistence of the North South Divide ［J］. Studies in Comparative International Development， 2003 （1）： 3－31.

［8］ Arrow K J. The Economic Implications of Learning by Doing ［J］. The Review of Economic Studies， 1962， 29 （3）： 155－173.

［9］ Arthur B W. Competing Technologies， Increasing Returns， and Lock－In by Historical Events ［J］. The Economic Journal， 1989 （394）： 116－131.

［10］ Asplund R. Human Capital Creation in an Economic Perspective ［C］. Springer Science & Business Media， 2013.

［11］ Aurora A C， Anabela S S. Economic Growth， Human Capital and Structural Change: A Dynamic Panel Data Analysis [J]. Research Policy, 2016 (45): 1636-1648.

[12] Bai C, Qian Z. The Factor Income Distribution in China: 1978-2007 [J]. China Economic Review, 2010, 21 (4): 650-670.

[13] Banker R D, Charnes A, Cooper W W. Some Models for Estimating Technical and Scale Inefficiencies in Data Envelopment Analysis [J]. Management Science, 1984, 30 (9): 1078-1092.

[14] Barro R, Sala-i-Martin X. Economic Growth [M]. Cambridge, MA: MIT Press, 2004.

[15] Barro R J, Lee J W. International Measures of Schooling Years and Schooling Quality [J]. American Economic Review, 1996, 86 (2): 218-223.

[16] Barro R J. Economic Growth in a Cross Section of Countries [J]. Quarterly Journal of Economics, 1991, 106 (2): 407-443.

[17] Barrosala M. Technological Diffusion, Convergence and Growth [J]. Journal of Economic Growth, 1997 (12): 1-27.

[18] Blanchard O J, Nordhaus W D, Phelps E S. The Medium Run [J]. Brookings Papers on Economic Activity, 1997 (2): 89-158.

[19] Baumol W J. Macroeconomics of Unbalanced Growth: The Anatomy of Urban Crisis [J]. The American Economic Review, 1967 (3): 415-426.

[20] Becker G, Murphy K. The Division of Labor, Coordination Costs, and Knowledge [J]. Quarterly Journal of Economics, 1992, 107 (4): 1137-1160.

[21] Becker G. Investment in Human Capital: A Theoretical Analysis [J]. Journal of Political Economy, 1962 (70): 9-49.

[22] Bellante D. The North-south Differential and the Migration of Heterogeneous Labor [J]. The American Economic Review, 1979, 69 (1): 166-175.

[23] Benabou R. Heterogeneity, Stratification and Growth: Macroeconomic Implications of Community Structure and School Finance [J]. The American Economic Review, 1996, 86 (3): 584-609.

[24] Benhabib J, Spiegel M M. The Role of Human Capital in Economic Development Evidence from Aggregate Cross-country Data [J]. Journal of Monetary Economics, 1994, 34 (2): 143-173.

[25] Bertola G, Foellmi R, Zweimüller J. Income Distribution in Macroeconomic Models [M]. New Jersey: Princeton University Press, 2006.

[26] Bhattacharya P C. Rural-Urban Migration in Economic Development [J].

Journal of Economic Surveys, 1993, 7 (3): 243-273.

[27] Bloom D E, Canning D, Sevilla J. The Demographic Dividend: A New Perspective on Economic Consequences of Population Change [J] . Rand, 2003 (4): 23-46.

[28] Bloom D E, Jocelyn E F. Demographic Change and Economic Growth in A-sia [J] . Asia Economic Policy Review, 2009 (4): 45-64.

[29] Boeke J H. Economics and Economic Policy of Dual Societies as Exemplified by Indonesia [M] . New York: International Secretariat of the Institute of Pacific Re-lations, 1953.

[30] Boyer R. A World of Contrasted but interdependent Inequality Regimes: China, United States and the European Union [J] . Review of Political Economy, 2015, 27 (4): 481-517.

[31] Bretscher L, Julliard C, Rosa C. Human Capital and International Portfolio Diversification: A Reappraisal [J] . Journal of International Economics, 2016 (99): S78-S96.

[32] Campbell B A, Kryscynski D, Olson D M. Bridging Strategic Human Cap-ital and Employee Entrepreneurship Research: A Labor Market Frictions Approach [J] . Strategic Entrepreneurship Journal, 2017 (11): 344-356.

[33] Cao K H, Birchenall J A. Agricultural Productivity, Structural Change, and Economic Growth in Post-reform China [J] . Journal of development Economics 2013 (104): 165-180.

[34] Carnoy M. Structural Adjustment and the Changing Face of Education [J] . International Labour Review, 1995, 134 (6): 653-673.

[35] Caselli F, Coleman Ⅱ W J. Cross-country Technology Diffusion: The Case of Computers [J] . The American Economic Review, 2001, 91 (2): 328-335.

[36] Caselli F, Coleman W J. The World Technology Frontier [J] . The Ameri-can Economic Review, 2006, 96 (3): 499-522.

[37] Caselli F, Feyer F. The Marginal Product of Capital [J] . Quarterly Jour-nal of Economics, 2006 (2): 535-568.

[38] Cavalcanti T V, Giannitsarou C. Growth and Human Capital: A Network Approach [J] . The Economic Journal, 2017, 127 (603): 1279-1317.

[39] Charnes A, Cooper W W, Rhodes E L. Measuring the Efficiency of Deci-sion Making Units [J] . European Journal of Operational Research, 1978, 2 (6): 429-444.

[40] Chenery H B, Robinson S, Syrquin M. Industrialization and Growth: A Comparative Study [M] . New York: Oxford University Press for the World Bank, 1986.

[41] Chenery H B, Elkington H, Sims C. A Uniform Analysis of Development Pattern [C] . Harvard University Center for International Affairs, Economic Development Report, Cambridge Mass, 1970.

[42] Chenery H B, Taylor L. Development Patterns: Among Countries and over Time [J] . Review of Economic and Statistics, 1968, 50 (4): 391-416.

[43] Chow G. Capital Formation and Economic Growth in China [J] . Quarterly Journal of Economics, 1993, 108 (3): 809-842.

[44] Colin C. The Conditions of Economic Progress [M] . London: Macmillan, 1940.

[45] De Haas H. Migration and Development: A Theoretical Perspective1 [J] . International Migration Review, 2010, 44 (1): 227-264.

[46] Dekle R, Vandenbroucke G. Whither Chinese Growth? A Sectoral Growth Accounting Approach [J] . Review of Development Economics, 2010, 14 (3): 487-498.

[47] De la Escosura L P, Roses J R. Wages and Labor Income in History: A Survey [R] . Working Paper 03 - 10, Economic History and Institutions Series 06, 2003.

[48] Denison E F. Accounting for United States Economic Growth 1929 - 1969 [M] . Washington, D. C. : Brookings Inst Press, 1974.

[49] Demsetz H. Industry Structure, Market Rivalry, and Public Policy [J] . The Journal of Law and Economics, 1973, 16 (1): 1-9.

[50] Dollar D, Svensson J. What Explains the Success or Failure of Structural Adjustment Programmes? [J] . The Economic Journal, 2000, 110 (466): 894-917.

[51] Dore R. Flexible Rigidities: Industrial Policy and Structural Adjustment in the Japanese Economy, 1970 - 1980 [M] . London: Bloomsbury Publishing Plc (A & C Black), 2012.

[52] Echevarria C. Changing Sectoral Composition Associated with Economic Growth [J] . International Economic Review, 1997 (38): 431-452.

[53] Ehrlich I, Kim J. Immigration, Human Capital Formation, and Endogenous Economic Growth [J] . Journal of Human Capital, 2015, 9 (4): 518-563.

[54] Evangelinos C, Wieland B, Kühnhausen T. Baumol's Cost Disease in the

Local Transit Sector: A Comparative Analysis for Germany and the USA [J] . Rivista Internazionale di Economia dei Transporti/International Journal of Transport Economics, 2012, XXXIX (1): 81-102.

[55] Ercolani M G, Wei Z. An Empirical Analysis of China's Dualistic Economic Development: 1965-2009 [J] . Asian Economic Papers, 2011, 10 (3): 1-29.

[56] Farrell M J. The Measurement of Productive Efficiency [J] . Journal of the Royal Statistical Society, 1957 (120): 253-290.

[57] Feenstra R C, Hanson G H. Productivity Measurements, Outsourcing and Its Impact on Wages: Estimates for the US, 1972-1990 [R] . NBER Working Paper, No. 6052, 1996.

[58] Fei C H, Rains G A. Theory of Economic Development [J] . American Economic Review, 1961, 51 (4): 533-558.

[59] Finley L A. Focus on Economic Growth and Productivity [M] . New York: Nova Science Publishers, 2005.

[60] Frederick H, Bernard M, Barbara S. The Motivation to Work (2nd) [M] . New York: John Wiley & Sons Inc. , 1959.

[61] Fuchs V R. The Service Economy [M] . New York: National Bureau of Economic Research, 1968.

[62] Gao J. Heterogeneous Human Capital and Environment Influence Mechanism of FDI: An Empirical Research Based on the Panel Data Derived from Provinces of China [J] . Modern Economy, 2016, 7 (3): 290.

[63] Gatti D D, Gallegati M, Greenwald B C, et al. Mobility Constraints, Productivity Trends, and Extended Crises [J] . Journal of Economic Behavior & Organization, 2012, 83 (3): 375-393.

[64] Giannini M. Accumulation and Distribution of Human Capital: The Interaction between Individual and Aggregate Variables [J] . Economic Modelling, 2003, 20 (6): 1053-1081.

[65] Gollin D. Getting Income Shares Right [J] . Journal of Political Economy, 2002, 110 (2): 458-474.

[66] Grossman G M, Helpman E. Innovation and Growth in the Global Economy [M] . Cambridge, MA: MIT Press, 1991.

[67] Guerrieri P, Meliciani V. Technology and International Competitiveness: The Interdependence between Manufacturing and Producer Services [J] . Structural Change and Economic Dynamics, 2005 (16): 489-502.

［68］ Grossman S J, Hart O D. An Analysis of the Principal－agent Problem ［J］. Econometrica: Journal of The Econometric Society, 1983: 7－45.

［69］ Grossman S J, Hart O D. The Costs and Benefits of Ownership: A Theory of Vertical and Lateral Integration ［J］. The Journal of Political Economy, 1986, 94 (4): 691－719.

［70］ Hoekman B, Mattoo A. Services Trade and Growth ［J］. Policy Research Working Paper Series, 2008, 17 (2): 191－199.

［71］ Homer S, Sylla R. A History of Interest Rates ［M］. New Brunswick, NJ: Rutgers University Press, 1991.

［72］ Hartwig J. Testing the Baumol－Nordhaus Model with EU KLEMS Data ［J］. Review of Income and Wealth, 2011 (3): 471－489.

［73］ Hoffmann W G. Growth of Industrial Economics ［M］. Manchester: Manchester University Press, 1958.

［74］ Holland J H. Emergence: From Chaos to Order ［M］. New York: Basic Books (AZ), 1999.

［75］ Holmström B, Milgrom P. Multitask Principal－agent Analyses: Incentive Contracts, Asset Ownership, and Job Design ［J］. Journal of Law, Economics & Organization, 1991 (7): 24－52.

［76］ Hsieh C-T, Klenow P J. Misallocation and Manufacturing TFP in China and India ［J］. The Quarterly Journal of Economics, 2009 (4): 1403－1448.

［77］ Hyden G, Karlstrom B. Structural Adjustment As a Policy Process: The Case of Tanzania ［J］. World Development, 1993, 21 (9): 1395－1404.

［78］ Jones C I, Romer P M. The New Kaldor Facts: Ideas, Institutions, Population, and Human Capital ［J］. American Economic Journal: Macroeconomics, 2009, 2 (1): 224－245.

［79］ Jaimovich N, Rebelo S. Nonlinear Effects of Taxation on Growth ［J］. Journal of Political Economy, 2017: 125 (1): 265－291.

［80］ Jorgenson D W, Timmer M P. Structural Change in Advanced Nations: A New Set of Stylised Facts ［J］. Scandinavian Journal of Economics, 2011 (1): 1－29.

［81］ Joshi S, Schultz P. Family Planning as an Investment in Development: Evaluation of a Program's consequences in Matlab ［J］. Economic Growth Center Working Paper, 2007 (2): 951－989.

［82］ Kaldor N. Capital Accumulation and Economic Growth ［M］. London:

MacMillan, 1961: 177-222.

[83] Kaplinsky R. Globalization and Unequalisation: What Can be Learned from Value Chain Analysis? [J] . Journal of Development Studies, 2000, 37 (2): 117-146.

[84] Ketels H M. Industrial Policy in the United States [J] . Journal of Industry Competition and Trade, 2007, 7 (3): 147-167.

[85] Kongsamut P, Rebelo S, Xie D Y. Beyond Balanced Growth [J] . Review of Economic Studies, 2001 (68): 869-882.

[86] Kuznets S. Economic Growth and Income Inequality [J] . The American Economic Review, 1955, 45 (1): 1-28.

[87] Kuznets S. Modern Economic Growth: Findings and Reflections [J] . The American Economic Review, 1973, 63 (3): 247-258.

[88] Kuznets S. Modern Economic Growth [M] . New Haven, Conn: Yale University Press, 1966.

[89] Kuznets S. National Income and Its Composition, 1919-1938 [M] . New York: National Bureau of Economic Research, Inc. , 1941.

[90] Kuznets S. Quantitative Aspects of the Economic Growth of Nations Ⅱ: Industrial Distribution of National Product and Labor Force [J] . Economic Development and Cultural Change, Supplement to 5, 1957: 3-111.

[91] Laitner J. Structural Change and Economic Growth [J] . Review of Economic Studies, 2000 (67): 45-561.

[92] Lall S. The New Multinationals: The Spread of Third World Enterprises [M] . New York: John Wiley & Sons, 1983.

[93] Last A-K, Wetzel H. Baumol's Cost-Disease, Efficiency, and Productivity in the Performing Arts: An Analysis of German Public Theaters [R] . Working Paper Series in Economics, No. 173, 2010.

[94] Lucas R E. Making a Miracle [J] . Econometrica, 1993, 61 (2): 251-272.

[95] Lucas R E. On the Mechanics of Economic Development [J] . Journal of Monetary Economics, 1988 (22): 3-42.

[96] Leontief W W. Quantitative Input and Output Relations in the Economic Systems of the United States [J] . The Review of Economics and Statistics, 1936, 18 (3): 105-125.

[97] Lewis W A. Economic Development with Unlimited Supplies of Labor

[J] . Manchester School of Economc and Social Studies, 1954, 22 (2): 139-191.

[98] Li H, Fraumeni B M, Liu Z, Wang X. Human Capital in China, 1985-2008 [J] . Review of Income and Wealth, 2013, 59 (2): 213-234.

[99] Massell B F. A Disaggregated View of Technical Change [J] . Journal of Political Economy, 1961, 69 (6): 547-557.

[100] Munshi K, Mark R. Networks and Misallocation: Insurance, Migration, and the Rural-urban Wage Gap [J] . American Economic Review, 2016, 106 (1): 46-98.

[101] Myrdal G. Economic Theory and Under-developed Regions [M] . London: Duckworth, 1957.

[102] Nelson R R, Pack H. The Asian Miracle and Modern Growth Theory [J] . Economic Journal, 1999, 109 (458): 416-436.

[103] Nehru V. The Chinese Economy: Fighting Inflation, Deepening Reforms [M] . Washington, D. C. : World Bank Publications, 1996.

[104] Ngai L R, Pissarides C. Structural Change in a Multisector Model of Growth [C] . LSE Research Online Documents on Economics 4468, London School of Economics and Political Science, LSE Library, 2007.

[105] Ngai R, Pissarides C. Structural Change in a Multisector Model of Growth [R] . London School of Economics, 2006.

[106] Nile W H, Jeffrey H D. Human Capital and Learning as a Source of Sustainable Competitive Advantage [J] . Strategic Management Journal, 2004 (25): 1155-1178.

[107] Oulton N. Must the Growth Rate Decline? Baumol's Unbalanced Growth Revisited [J] . Oxford Economic Papers, 2001, 53 (4): 605-627.

[108] Oberfield E. Productivity and Misallocation During a Crisis: Evidence from the Chilean Crisis of 1982 [J] . Review of Economic Dynamics, 2013 (16): 100-119.

[109] Pagano U. Organizational Equilibria and Institutional Stability, in Markets and Democracy: Participation, Accountability and Efficiency [M] //Bowels S, Gintis H, Gustafsson B. Cambridge: Cambridge University Press, 1993.

[110] Paglin M, Rufolo A M. Heterogeneous Human Capital, Occupational Choice, and Male-female Earnings Differences [J] . Journal of Labor Economics, 1990, 8 (1): 123-144.

[111] Park S. Transitional Dynamics of Structural Changes [D] . Mimeo: Uni-

versity of Rochester, 1995.

[112] Pasinetti L L. Structural Change and Economic Growth: A Theoretical Essay on the Dynamics of the Wealth of Nations [M]. Cambridge: Cambridge University Press, 1991.

[113] Peneder M. Industrial Structure and Aggregate Growth [J]. Structural Change and Economic Dynamics, 2003, 14 (4): 427–448.

[114] Petty W. Political Arithmetic [M]. London: R. Clavel & H. Mortlock, 1690.

[115] Piras R. A Long-run Analysis of Push and Pull Factors of Internal Migration in Italy. Estimation of a Gravity Model with Human Capital Using Homogeneous and Heterogeneous Approaches [J]. Papers in Regional Science, 2017, 96 (3): 571–602.

[116] Polachek S W, Das T, Thamma-Apiroam R. Micro-and Macroeconomic Implications of Heterogeneity in the Production of Human Capital [J]. Journal of Political Economy, 2015, 123 (6): 1410–1455.

[117] Ranis G, Fei J C H. A Theory of Economic Development [J]. American Economic Review, 1961, 51 (4): 533–565.

[118] Ranis G, Fei J C H. Development of the Labour Surplus Economy: Theory and Policy [M]. Homewood: Illinois, 1964.

[119] Ravallion M, Huppi M. Measuring Changes in Poverty: A Methodological Case Study of Indonesia during an Adjustment Period [J]. The World Bank Economic Review, 1991, 5 (1): 57–82.

[120] Reardon T, Barrett C B. Agroindustrialization, Globalization, and International Development: An Overviewofissues, Patterns, and Determinants [J]. Agricultural Economics, 2000, 23 (3): 195–205.

[121] Romer P M. Endogenous Technological Change [J]. Journal of Political Economy, 1990, 98 (5): 71–102.

[122] Romer P M. Increasing Returns and Long-run Growth [J]. Journal of Political Economy, 1986, 94 (5): 1002–1037.

[123] Ross S A, Wachter M L. Wage Determination, Inflation, and the Industrial Structure [M]. The American Economic Review, 1973, 63 (4): 675–692.

[124] Samuel B, Gilles S P. Explaining Movements in the Labor Share [J]. The BE Journal of Macroeconomics, 2003, 3 (1): 1–33.

[125] Samy Y, Daudelin J. Globalization and Inequality: Insights from Munici-

pal Level Data in Brazil [J] . Indian Growth and Development Review, 2013, 6 (1): 128-147.

[126] Solow R W. A Contribution to the Theory of Economic Growth [J] . Quarterly Journal of Economics, 1956 (99): 500-521.

[127] Schultz T W. Investment in Human Capital [J] . The American Economic Review, 1961, 51 (1): 1-17.

[128] Singh L. Technological Progress, Structural Change and Productivity Growth in Manufacturing Sector of South Korea [J] . World Review of Science Technology and Sustainable Development, 2004 (1): 37-49.

[129] Sjaastad L A. The Cost and Returns of Human Migration [J] . The Journal of Political Economy, 1962, 70 (5): 80-93.

[130] Smith A. An Inquiry into the Nature and Causes of the Wealth of Nations [M] . London: W. Strahan and T. Cadell, 1776.

[131] Stark O, Wang Y. Inducing Human Capital Formation: Migration as a Substitute for Subsidies [R] . Working Paper, 2001.

[132] Sugihara K. The East Asian Path of Economic Development: A Long-term Perspective [M] //Arrighi G, Hamashita T, Selden M. The Resurgence of East Asia: 500, 150 and 50 Year Perspectives. London and New York: Routledge, 2003.

[133] Syrquin M, Chenery H B. Three Decades of Industrialization [J] . The World Bank Review, 1989 (3): 145-181.

[134] Syrquin M. Resource Allocation and Productivity Growth [M] . Bar-llan University, Department of Economics, Economics Research Institute, 1982.

[135] Taylor J E, Martin P L. Human Capital: Migration and Rural Population Change [M] //Gardner B L, Rausser G C. Handbook of Agricultural Economics, Elsevier, 2001.

[136] Teixeira A A C, Queiros A S S. Economic Growth, Human Capital and Structural Change: A Dynamic Panel Data Analysis [J] . Research Policy, 2016, 45 (8): 1636-1648.

[137] Timmer M P, Szirmai A. Productivity Growth in Asian Manufacturing: The Structural Bonus Hypothesis Examined [J] . Structural Change and Economic Dynamics, 2000 (4): 371-392.

[138] Timothy J K. Notes on Calibrating the Growth Model [M/OL] . http: // www. econ. umn. edu, 2005.

[139] Todaro M P. A Model of Labour Migration and Urban Unemployment in

Less Developed Countries［J］. American Economic Review，1969（1）：138-148.

　　［140］Tokman V E. Policies for a Heterogeneous Informal Sector in Latin America［J］. World Development，1989，17（7）：1067-1076.

　　［141］Vandermerwe S，Rada J. Servitization of Business：Adding Value by Adding Services［J］. European Management Journal，1988，6（4）：314-324.

　　［142］Vavrus F. Adjusting Inequality：Education and Structural Adjustment Policies in Tanzania［J］. Harvard Educational Review，2005，75（2）：174-201.

　　［143］Veenendaal A A，Van Velzen M，Looise J K. Affecting Innovation through HRM：The Role of Creative Capital［J］. European Journal of International Management，2014，8（5）：472-487.

　　［144］Wu H X，Yue X. Accounting for Labor Input in Chinese Industry，1949-2009［Z］. RIETI Discussion Paper Series，2013，12-E-065.

　　［145］Xiao K Y，Borland J. A Microeconomic Mechanism for Economic Growth［J］. Journal of Political Economy，1991，99（3）：460-482.

　　［146］Yao Z. Factor Reallocation Effect and Productivity in China's Economic Growth，1985-2007［J］. Chinese Economy，2010，43（1）：44-70.

　　［147］Young A A. Increasing Return and Economic Progress［J］. The Economic Journal，1928，38（152）：527-542.

　　［148］Young A. Gold into Base Metals：Productivity Growth in the People's Republic of China during the Reform Period［J］. Journal of Political Economy，2003，11（6）：1220-1261.

　　［149］Yujiro H，Ruttan V W. Agricultural Development：An International Perspective［M］. Baltimore：Baltimore Johns Hopkins Press，1971.

　　［150］Yuki K. Sectoral Shift，Wealth Distribution，and Development［J］. Macroeconomic Dynamics，2008，12（4）：527-559.

二、中文文献

　　［1］安虎森等. 新经济地理学原理（第2版）［M］. 北京：经济科学出版社，2009.

　　［2］安占然，崔蕴华. 人力资本异质性、内涵式演进与我国全球价值链位置跃升［J］. 新视野，2016（5）：40-45.

　　［3］蔡昉，白南生. 中国转轨时期劳动力流动［M］. 北京：社会科学文献出版社，2006.

　　［4］蔡昉. 理解中国经济发展的过去、现在和将来——基于一个贯通的增长

理论框架［J］．经济研究，2013（11）：4-16+55.

［5］蔡昉．农村改革对高速经济增长的贡献［J］．东岳论丛，2019（1）：5-12+19.

［6］蔡昉．农业劳动力转移潜力耗尽了吗［J］．中国农村经济，2018（9）：2-13.

［7］蔡昉．中国人口与劳动问题研究报告（2004）——人口转变与教育发展［M］．北京：社会科学文献出版社，2004.

［8］蔡昉．防止产业结构"逆库兹涅茨化"［N］．第一财经日报，2014-12-31.

［9］蔡昉．加强供给侧结构性改革提高经济潜在增长率［J］．债券，2016（3）：7-11.

［10］蔡啸，黄旭美．人工智能技术会抑制制造业就业吗？——理论推演与实证检验［J］．商业研究，2019（6）：53-62.

［11］曹广喜，吕思辰，成伟．新常态下中国产业结构演进的"逆库兹涅茨化"研究——以泛长江经济带和京津冀经济圈为例［J］．阅江学刊，2016（2）：45-54.

［12］曹建海，王高翔．推进我国制造业与服务业融合发展［J］．中国发展观察，2021（24）：43-45.

［13］曾先峰，李国平．资源再配置与中国工业增长：1985～2007年［J］．数量经济技术经济研究，2011（9）：3-18.

［14］查默斯·约翰逊．通产省与日本奇迹——产业政策的成长（1925-1975）［M］．金毅，许鸿艳，唐吉洪，译．长春：吉林出版集团有限责任公司，2010.

［15］钞小静，沈坤荣．城乡收入差距、劳动力质量与中国经济增长［J］．经济研究，2014（6）：30-43.

［16］陈华彬．乡村振兴视阈下农业产业化联合体研究——产生机理、运营机制和实证分析［J］．重庆理工大学学报（社会科学版），2019（3）：36-45.

［17］陈吉元．关于农业产业化的几点看法［J］．浙江学刊，1996（5）：51-54.

［18］陈佳美．组织创新对中国经济增长质量提高的影响分析［J］．经济学家，2013（12）：36-41.

［19］陈景华，韩茹，徐金，等．现代服务业高质量发展的测度、差异及演变——基于山东三大经济圈的视角［J］．山东财经大学学报，2022（2）：64-80.

［20］陈龙，张力．单向促进还是双向加成——中国制造业与服务业就业互动关系研究［J］．北京师范大学学报（社会科学版），2020（6）：128-142.

［21］陈硕颖，黄爱妹．基于供给侧结构性改革的"互联网+"实践辨析［J］．当代经济研究，2018（9）：23-30+97.

［22］陈文琼，刘建平．就近半城市化与去城市两级分化［J］．华南农业大学学报（社会科学版），2018（6）：104-113.

［23］陈晓讯，夏海勇．我国劳动力流动对迁出地经济发展的影响——基于人才获得理论的考察［J］．南京社会科学，2012（11）：29-35.

［24］程大中．中国服务业增长的特点、原因及影响——鲍莫尔—富克斯假说及其经验研究［J］．中国社会科学，2004（2）：18-32+204.

［25］程金华，李学尧．法律变迁的结构性制约——国家、市场与社会互动中的中国律师职业［J］．中国社会科学，2012（7）：102-123+206.

［26］大卫·李嘉图．政治经济学及赋税原理［M］．周洁，译．北京：华夏出版社，2005.

［27］德怀特·帕金斯．从历史和国际的视角看中国的经济增长［J］．经济学（季刊），2005（3）：891-912.

［28］邓宏图，李康，柳昕．农业产业化中的"位势租"：形成机制与利润分配［J］．经济学动态，2018（10）：37-49.

［29］丁栋虹，刘志彪．从人力资本到异质性人力资本［J］．生产力研究，1999（3）：7-9.

［30］丁力．论两类农业产业化［J］．经济理论与经济管理，1999（3）：60-65.

［31］丁任重．供给侧结构性改革理论与实践的再思考——评《供给侧结构性改革的理论创新与路径选择研究》［J］．财经科学，2022（5）：149.

［32］丁守海，丁洋，沈煜，等．新常态背景下服务业就业的滞后风险［J］．中国软科学，2016（9）：28-36.

［33］丁霄泉．农村剩余劳动力转移对我国经济增长的贡献［J］．中国农村观察，2001（2）：18-24.

［34］董志华．人力资本与经济增长互动关系研究——基于中国人力资本指数的实证分析［J］．宏观经济研究，2017（4）：88-98.

［35］都阳，蔡昉，屈小博，等．延续中国奇迹：从户籍制度改革中收获红利［J］．经济研究，2014（8）：4-13.

［36］樊纲，郑鑫．"农民工早退"与新型城镇化——基于刘易斯模型对中国当前一些经济问题及对策的系统分析［J］．劳动经济研究，2014（6）：3-16.

［37］范道津，张雄林．基于异质型人力资本集聚的区域经济发展模式研究
［J］．科技进步与对策，2008（1）：44-47.

［38］范德成，李昊，刘贇．基于改进 DEA——以复相关系数为基准的滞后
期的我国产业结构演化效率评价［J］．运筹与管理，2016（3）：195-203.

［39］方陵生．从产业政策到创新战略：日本、欧洲和美国的经验教训［J］．
世界科学，2020（12）：35-38.

［40］冯园．实体经济降成本的路径选择与行为优化研究［J］．会计研究，
2018（1）：9-15.

［41］盖庆恩，朱喜，史清华．劳动力转移对中国农业生产的影响［J］．经
济学（季刊），2014（2）：1147-1170.

［42］干春晖，郑若谷，余典范．中国产业结构变迁对经济增长和波动的影
响［J］．经济研究，2011（5）：4-16.

［43］干春晖，郑若谷．改革开放以来产业结构演进与生产率增长研究——
对中国 1978-2007 年"结构红利假说"的检验［J］．中国工业经济，2009
（2）：55-65.

［44］高东方．产业结构和就业结构互动演变研究——经典理论的回顾［J］．
首都经济贸易大学学报，2014（3）：114-122.

［45］高远东，花拥军．异质型人力资本对经济增长作用的空间计量实证分
析［J］．经济科学，2012（1）：39-50.

［46］龚关，胡关亮．中国制造业资源配置效率与全要素生产率［J］．经济
研究，2013，48（4）：4-15+29.

［47］龚小庆．经济系统涌现和演化——复杂性科学的观点［J］．财经论丛
（浙江财经学院学报），2004（5）：12-18.

［48］顾荣忠．全局 DEA 评价模型［J］．河海大学学报，1995（5）：
50-56.

［49］顾婷婷，杨德才．马克思人力资本理论刍议［J］．当代经济研究，
2014（8）：29-34.

［50］桂华．集体所有制下的地权配置原则与制度设置——中国农村土地制
度改革的反思与展望［J］．学术月刊，2017（2）：80-95.

［51］郭晗，任保平．人口红利变化与中国经济发展方式转变［J］．当代财
经，2014（3）：5-13.

［52］郭建雄，李志俊．劳动力迁移条件下的农业发展机制［J］．经济研
究，2009（5）：31-41+65.

［53］郭克莎，王延中．中国产业结构变动趋势及政策研究［M］．北京：

经济管理出版社，1999.

［54］郭克莎．总量问题还是结构问题？——产业结构偏差对我国经济增长的制约及调整思路［J］．经济研究，1999（9）：15-21.

［55］郭克莎．制造业生产效率的国际比较［J］．中国工业经济，2000（9）：40-47.

［56］郭熙保，罗知．中国省际资本边际报酬估算［J］．统计研究，2010（6）：71-77.

［57］国务院研究室农村司．加快发展农业产业化经营［J］．宏观经济管理，2001（7）：26-29.

［58］哈尔·R. 范里安．微观经济学：现代观点（第八版）［M］．费方域，等译．上海：格致出版社，上海人民出版社，2010.

［59］韩民春，韩青江，夏蕾．工业机器人应用对制造业就业的影响——基于中国地级市数据的实证研究［J］．改革，2020（3）：22-39.

［60］韩旭东，王若男，郑风田．能人带动型合作社如何推动农业产业化发展？——基于三家合作社的案例研究［J］．改革，2019（10）：98-107.

［61］韩英，马立平．中国高质量发展阶段下的产业结构变迁与经济增长研究——基于结构-效率-速度的逻辑框架［J］．经济与管理研究，2020（12）：28-40.

［62］郝大明．1978-2014 年中国劳动配置效应的分离与实证［J］．经济研究，2015（7）：16-29.

［63］郝大明．农业劳动力转移对中国经济增长的贡献率：1953-2015［J］．中国农业经济，2016（9）：44-57.

［64］何琦，高长春．论创意产品的价值特征与价值构成——基于市场价值实现视角［J］．商业经济与管理，2013（2）：83-89.

［65］何爽，谢富纪．韩国发展战略思想及产业技术政策研究［J］．现代管理科学，2010（4）：31-33.

［66］贺小丹，董敏凯，周亚虹．乡村振兴背景下农民工回流与农村资源配置——基于农民工返乡后行为的微观分析［J］．财经研究，2021（2）：19-33.

［67］贺雪峰．论农村土地集体所有制的优势［J］．南京农业大学学报（社会科学版），2017（3）：1-8+155.

［68］洪银兴．工业和城市反哺农业、农村的路径研究——长三角地区实践的理论思考［J］．经济研究，2007（8）：13-20.

［69］洪银兴．培育新动能：供给侧结构性改革的升级版［J］．经济科学，2018（3）：5-13.

［70］洪英芳．中日韩人口产业结构转换与就业比较研究——以结构"非农业化"时期为中心［J］．世界经济与政治，1999（4）：70-76.

［71］胡鞍钢，才利民．从"六普"看中国人力资源变化：从人口红利到人力资源红利［J］．清华大学教育研究，2011（4）：1-8.

［72］胡定核．从山东诸城模式解析国有中小企业改制［J］．金融研究，2001（3）：89-97.

［73］胡枫，史宇鹏．农民工汇款与输出地经济发展［J］．世界经济文汇，2013（2）：80-95.

［74］胡宏兵．教育人力资本促进经济增长的效应研究——基于抽样面板因果检验方法的实证分析［J］．教育研究，2014（10）：48-56.

［75］胡洪曙，武锶芪．公共服务供给最优规模的确定及其优化［J］．中南财经政法大学学报，2019（4）：122-127.

［76］胡欣然，雷良海．我国地方政府债务的再思考——基于新供给理论与供给侧结构性改革的视角［J］．财经科学，2018（8）：95-106.

［77］胡新艳，罗必良．新一轮农地确权与促进流转：粤赣证据［J］．改革，2016（4）：85-94.

［78］胡永泰．中国全要素生产率：来自农业部门劳动力再配置的首要作用［J］．经济研究，1998（3）：33-41.

［79］胡月，田志宏．如何实现乡村的振兴？——基于美国乡村发展政策演变的经验借鉴［J］．中国农村经济，2019（3）：128-144.

［80］扈鲁．葫芦文化丛书（研究卷）［M］．北京：中华书局，2018.

［81］黄陵东．结构性制约下新生代农民工城市融入自致路径［J］．福建行政学院学报，2011（1）：5-9.

［82］黄群慧．浅论建设现代化经济体系［J］．经济与管理，2018（1）：1-5.

［83］蒋为．增值税扭曲、生产率分布与资源误置［J］．世界经济，2016，39（5）：54-77.

［84］贾康．供给侧改革及相关基本学理的认识框架［J］．经济与管理研究，2018（1）：13-22.

［85］江小涓，李辉．服务业与中国经济：相关性和加快增长的潜力［J］．经济研究，2004（1）：4-15.

［86］靳卫东．人力资本与产业结构转化的动态匹配效应［J］．经济评论，2010（6）：137-142.

［87］莱昂·瓦尔拉斯．纯粹经济学要义［M］．蔡受百，译．北京：商务

印书馆，2011.

[88] 赖德胜. 论劳动力市场的制度性分割 [J]. 经济科学，1996（6）：19-23.

[89] 李长健，张兵，袁蓉婧. 农村土地的社会保障功能与农村土地的完善——兼论农民权益保护问题 [J]. 农村经济，2009（5）：27-29.

[90] 李厚喜. 转型时期中国农村劳动力转移及政策研究 [D]. 北京：财政部财政科学研究所，2011.

[91] 李靖，洪明. 论企业核心能力的形成机理——基于企业家及其人力资本维度上的探寻 [J]. 财贸研究，2003（2）：90-94.

[92] 李丽琴，陈少晖. 国资预算对国有企业去产能体制性障碍的弥合效应分析 [J]. 西安财经学院学报，2018（6）：50-56.

[93] 李培. 我国城乡间资本流动研究 [J]. 全国流通经济，2017（12）：53-54.

[94] 李仁君. 中国三次产业的资本存量测算 [J]. 海南大学学报（人文社会科学版），2010（2）：47-52.

[95] 李翔，刘刚，王蒙. 第三产业份额提升是结构红利还是成本病 [J]. 统计研究，2016（7）：46-54.

[96] 李小平，陈勇. 劳动力流动、资本转移和生产率增长——对中国工业"结构红利假说"的实证检验 [J]. 统计研究，2007（7）：22-28.

[97] 李小平，卢现祥. 中国制造业的结构变动和生产率增长 [J]. 世界经济，2007（5）：52-64.

[98] 李雪艳，赵吟佳，钱雪亚. 人力资本异质性、结构与经济增长 [J]. 商业经济与管理，2012（5）：82-88.

[99] 李勇辉，罗理恒. 人口红利、劳动力跨行业配置与经济可持续增长 [J]. 经济问题，2016（4）：13-20.

[100] 李玉梅. 产业结构调整的"逆库兹涅茨化"问题：理论、原因及对策 [J]. 齐鲁学刊，2018（2）：104-108.

[101] 李玉梅. 中国产业结构变迁中"逆库兹涅茨化"效应测量及分析 [J]. 数量经济技术经济研究，2017（11）：98-114.

[102] 梁猛. 微观经济增长 [M]. 上海：上海交通大学出版社，2014.

[103] 刘方龙，吴能全. "就业难"背景下的企业人力资本影响机制——基于人力资本红利的多案例研究 [J]. 管理世界，2013（12）：145-159.

[104] 刘刚，张晓姗. 中国高速增长的"半城市化"调节模式：布瓦耶和阿瑞吉的比较与补充 [J]. 中国人民大学学报，2017（1）：82-91.

［105］刘刚．中国经济发展中"涌现"的现象及其发展模式的形成和演变［J］．经济学家，2011（1）：23-30．

［106］刘洪银．人口抚养比对经济增长的影响分析［J］．人口与经济，2008（1）：1-6．

［107］刘金涛，刘文．异质性人力资本与经济增长动态关系研究［J］．理论与改革，2014（1）：91-94．

［108］刘猛．美国、欧盟、日本产业政策有何异同［N］．中国财经报，2020-11-28．

［109］刘世锦．供给侧改革的主战场［J］．党政论坛（干部文摘），2016（2）：17．

［110］刘伟，张辉．中国经济增长中的产业结构变迁和技术进步［J］．经济研究，2008（11）：4-15．

［111］刘伟．习近平新时代中国特色社会主义经济思想的内在逻辑［J］．经济研究，2018（5）：4-13．

［112］刘鑫宇．供给侧结构性改革与高质量发展辩证思考［J］．合作经济与科技，2022（8）：32-33．

［113］刘星，郭剑雄．劳动力选择性转移下农业人力资本深化的政策［J］．经济纵横，2012（11）：9-11．

［114］刘志彪．理解高质量发展：基本特征、支撑要素与当前重点问题［J］．学术月刊，2018a（7）：39-45+59．

［115］刘志彪．建设现代化经济体系：新时代经济建设的总纲领［J］．山东大学学报，2018b（1）：1-6．

［116］刘智勇，张玮．创新型人力资本与技术进步：理论与实证［J］．科技进步与对策，2010（1）：138-142．

［117］卢峰．中国农民工工资走势1979-2010［J］．中国社会科学，2012（7）：47-67．

［118］芦千文．现代农业产业化联合体：组织创新逻辑与融合机制设计［J］．当代经济管理，2017（7）：38-44．

［119］鲁晓东，连玉君．中国工业企业全要素生产率估计：1999～2007［J］．经济学（季刊），2012（2）：541-558．

［120］陆旸，蔡昉．改革红利的测算和改革的优先领域［M］//蔡昉，张晓晶．发展新常态下中国经济体制改革探究，北京：中国社会科学出版社，2016．

［121］路美弄．企业异质性、人力资本结构与全要素生产率［J］．会计之友，2017（14）：17-21．

[122] 罗勇，王亚，范祚军．异质型人力资本、地区专业化与收入差距——基于新经济地理学视角［J］．中国工业经济，2013（2）：31-43.

[123] 吕守军．抓住中间层次剖析当代资本主义——法国调节学派理论体系的演进［J］．中国社会科学，2015（6）：62-77.

[124] 吕铁．制造业结构变化对生产率增长的影响研究［J］．管理世界，2002（2）：87-94.

[125] 马欢．"民工荒"对产业发展和宏观经济的影响及启示［J］．产业科技创新，2019（1）：42-46.

[126] 马克思．直接生产过程的结果［M］．北京：人民出版社，1964.

[127] 马克思．资本论（第一卷）［M］．北京：人民出版社，1975.

[128] 马克思恩格斯全集：第26卷［M］．北京：人民出版社，2014.

[129] 马修文．乡村振兴战略的哲学思考——"诸城模式""潍坊模式""寿光模式"［J］．哲学动态，2019（4）：124-127.

[130] 孟捷，李怡乐．改革以来劳动力商品化和雇佣关系的发展——波兰尼和马克思的视角［J］．开放时代，2013（5）：74-106.

[131] 聂辉华．最优农业契约与中国农业产业化模式［J］．经济学（季刊），2012（4）：313-330.

[132] 牛若峰．农业产业一体化经营的理论与实践［M］．北京：中国农业科技出版社，1998.

[133] 齐明珠．中国农村劳动力转移对经济增长贡献的量化研究［J］．中国人口·资源与环境，2014（4）：127-135.

[134] 綦好东，刘浩，朱炜．过度负债企业"去杠杆"绩效研究［J］．会计研究，2018（12）：3-11.

[135] 钱学锋，毛海涛，徐小聪．中国贸易利益评估的新框架——基于双重偏向型政策引致的资源误置视角［J］．中国社会科学，2016（12）：83-108+206.

[136] 钱学锋，张洁，毛海涛．垂直结构、资源误置与产业政策［J］．经济研究，2019，54（2）：54-67.

[137] 钱纳里，鲁宾逊，赛尔奎因．工业化和经济增长的比较研究［M］．吴奇，王孙宝，译．上海：上海人民出版社，1986.

[138] 钱纳里，赛尔奎因．发展的形式——1950-1970［M］．李新华，等译．北京：经济科学出版社，1988.

[139] 钱忠好．节约交易费用：农业产业化经营成功的关键——对江苏如意集团的个案研究［J］．中国农村经济，2000（8）：62-66.

[140] 乔晓楠，张欣．美国产业结构变迁及其启示——反思配第一克拉克定

律［J］．高校理论战线，2012（12）：32-42.

［141］秦少伟．对"农业产业化"提法的困惑［J］．经济体制改革，1997（4）：129.

［142］屈强，何新华，刘中昼．系统涌现的要素和动力学机制［J］．系统科学学报，2017（8）：25-29.

［143］瞿忠琼，陈日胜，冯淑怡．城市群视角下中国农村居民收入不平等研究［J］．南京农业大学学报（社会科学版），2018（6）：79-89+159+160.

［144］冉芳．金融"脱实向虚"、金融结构与全要素生产率［J］．现代经济探讨，2019（11）：61-69.

［145］任保平，甘海霞．中国经济增长质量提高的微观动力机制构建［J］．贵州社会科学，2016（5）：111-118.

［146］任云．日本产业政策再评价及对我国的启示［J］．现代日本经济，2006（4）：11-1.

［147］萨缪·鲍尔斯．微观经济学：行为，制度和演化［M］．江艇，等译．北京：中国人民大学出版社，2006.

［148］邵利敏，王建秀，阎俊爱．社会总资本再生产理论与供给侧结构性改革——基于生产持续性视角［J］．经济问题，2018（9）：36-41.

［149］申明浩，刘文胜．服务业开放对制造业资源错配效应研究——基于工业企业数据库的实证分析［J］．国际贸易问题，2016，407（11）：97-107.

［150］沈柏年，卢建，陈永杰，等．中国第三产业增长与发展政策研讨会纪要［J］．管理世界，1992（3）：47-50.

［151］沈梓鑫，江飞涛．美国产业政策的真相：历史透视、理论探讨与现实追踪［J］．经济社会体制比较，2019（6）：92-103.

［152］施振荣．再造宏碁：开创、成长与挑战（全新增订版）［M］．台北：天下文化出版社，2004.

［153］石智雷，薛文玲．中国农民工的长期保障与回流决策［J］．中国人口·资源与环境，2015（3）：143-152.

［154］舒尔茨·W．西奥多．报酬递增的源泉［M］．姚志勇，刘群艺，译．北京：北京大学出版社，2001.

［155］宋磊．日本的产业政策失败了么［J］．现代日本经济，2016（5）：1-10.

［156］宋美喆．湖南武陵山片区扶贫效率的空间分布及其影响因素——基于全局 DEA 方法与空间自回归面板数据模型的研究［J］．商学研究，2018（1）：89-96.

［157］孙健，马立强．网络经济视角下的企业集群价值链升级模式［J］．社会科学家，2011（10）：124-126.

［158］孙瑞国，王昕彤，赵荣芳．我国农业产业化经营发展的问题与对策研究——以吉林省四平市为例［J］．经济研究导刊，2018（33）：12-13+18.

［159］孙天琦，魏建．农业产业化过程中"市场、准企业（准市场）和企业"的比较研究——从农业产业组织演进视角的分析［J］．中国农村观察，2000（2）：49-54.

［160］唐代盛，邓力源．人口红利理论研究新进展［J］．经济学动态，2012（3）：115-122.

［161］汪伟．经济增长、人口结构变化与中国高储蓄［J］．经济学（季刊），2010（1）：29-52.

［162］王爱华，张珍．农民工"回流式"城镇化：理论逻辑、现实困境与改进路径［J］．当代经济研究，2019（12）：60-67.

［163］王必达，张忠杰．中国刘易斯拐点及阶段研究——基于31个省际面板数据［J］．经济学家，2014（7）：16-26.

［164］王朝明，张海浪，李亚茹．供给侧结构性改革中的失业风险研究——基于消化产能过剩与产业结构调整升级［J］．经济问题探索，2019（3）：10-18.

［165］王春光．农村流动人口的"半城市化"问题研究［J］．社会学研究，2006（5）：107-122+244.

［166］王弟海．健康人力资本、经济增长和贫困陷阱［J］．经济研究，2012（6）：143-155.

［167］王欢芳，李佳英，傅贻忙，等．先进制造业与现代服务业融合动力机制与模式［J］．湖南工业大学学报（社会科学版），2022（1）：52-60.

［168］王芃，武英涛．能源产业市场扭曲与全要素生产率［J］．经济研究，2014，49（6）：142-155.

［169］王若兰，刘灿雷．市场竞争、利润分享与企业间工资不平等——来自外资管制政策调整的证据［J］．中国工业经济，2019，380（11）：42-59.

［170］王慧敏，马千惠．基于供求关系视角的"民工荒"成因分析［J］．经济问题，2014（10）：87-90.

［171］王金营．人力资本与经济增长：理论与实证［M］．北京：中国财政经济出版社，2001.

［172］王亚南．资产阶级古典政治经济学选集［M］．北京：商务印书馆，1979.

［173］王耀中，陈洁. 鲍莫尔-富克斯假说研究新进展［J］. 经济学动态，2012（6）：123-129.

［174］威廉·阿瑟·刘易斯. 二元经济论［M］. 施炜，等译. 北京：北京经济学院出版社，1989.

［175］魏下海，张建武，余玲铮. 人力资本不平等与全要素生产率增长关系［J］. 财经科学，2011（1）：66-74.

［176］魏作磊，刘海燕. 服务业比重上升降低了中国经济增长速度吗［J］. 经济学家，2019（11）：55-63.

［177］温杰，张建华. 中国产业结构变迁的资源再配置效应［J］. 中国软科学，2010（6）：57-67.

［178］吴敬琏. 中国增长模式抉择（增订版）［M］. 上海：上海远东出版社，2008.

［179］吴云松. 上海吸引外商投资障碍的实证研究——基于国际资本流动交易成本理论的分析［J］. 财经研究，2002（1）：72-80.

［180］伍山林. 农业劳动力流动对经济增长的贡献［J］. 经济研究，2016（2）：97-110.

［181］西蒙·库兹涅茨. 各国的经济增长——总产值和生产结构［M］. 常勋，等译，石景云，校. 北京：商务印书馆，1985.

［182］夏杰长，张晓兵. 我国现代服务业发展目标与战略思路［J］. 经济研究参考，2012（46）：3-10.

［183］熊磊，胡石其. 小农户和现代农业发展有机衔接的路径找寻：重庆案例［J］. 当代经济管理，2019（7）：31-37.

［184］徐志刚，宁可，钟甫宁，等. 新农保与农地转出：制度性养老能替代土地养老吗？［J］. 管理世界，2018（5）：86-97.

［185］亚当·斯密. 国富论［M］. 章莉，译. 南京：译林出版社，2012.

［186］闫雪凌，朱博楷，马超. 工业机器人使用与制造业就业：来自中国的证据［J］. 统计研究，2020（1）：74-87.

［187］杨春学，杨新铭. 供给侧改革逻辑的思考［J］. 中国社会科学院研究生院学报，2016（4）：48-58.

［188］杨文广. 我国农村地区公共图书馆建设的诸城模式研究［J］. 科技传播，2015，7（20）：183-184.

［189］杨国梁，刘文斌，郑海军. 数据包络分析方法（DEA）综述［J］. 系统工程学报，2013（6）：840-860.

［190］杨慧. 资本的蜿蜒之路（下）——乔万尼·阿瑞吉访谈［J］. 国外

理论动态，2009（9）：45-52.

[191] 杨建芳，龚六堂，张庆华. 人力资本形成及其对经济增长的影响——一个包含教育和健康投入的内生增长模型及其检验 [J]. 管理世界，2006（5）：10-18.

[192] 杨仁发，李娜娜. 产业结构变迁与中国经济增长——基于马克思主义政治经济学视角的分析 [J]. 经济学家，2019（8）：27-38.

[193] 杨小勇，徐寅. 发挥政府对需求培养作用的理论探析 [J]. 观察与思考，2019（5）：73-80.

[194] 尹成杰. 关于农业产业化经营的思考 [J]. 管理世界，2002（4）：1-6+87.

[195] 余保华，何刚，李恕洲，等. 基于 SEM 的人力资本对经济增长的影响分析——以中东部地区为例 [J]. 安徽理工大学学报（社会科学版），2016（6）：10-15.

[196] 袁富华. 长期增长过程的"结构性加速"与"结构性减速"：一种解释 [J]. 经济研究，2012（3）：127-140.

[197] 岳龙华，杨仕元. 中国劳动力再配置与经济增长实证研究 [J]. 中国社会科学院研究生院学报，2013（4）：29-36.

[198] 臧运平，宋桂娟，郑满生，等. 我国农村地区公共图书馆建设的诸城模式研究 [J]. 中国图书馆学报，2012（5）：4-16.

[199] 张彬斌，徐运保，夏杰长. 新中国 70 年服务业就业问题研究进程与展望 [J]. 学习与探索，2019（9）：119-127.

[200] 张海鹏. 中国城乡关系演变 70 年：从分割到融合 [J]. 中国农业经济，2019（3）：2-18.

[201] 张季风. 中日产业结构调整与产业政策比较分析 [J]. 外国问题研究，1992（1）：21-25.

[202] 张剑源. "结构性制约"及其对农业产业化政策实施的影响 [J]. 中国农业大学学报（社会科学版），2013（2）：67-78.

[203] 张健华，王鹏. 中国全要素生产率：基于分省份资本折旧率的再估计 [J]. 管理世界，2012（10）：18-30.

[204] 张鹏飞，徐朝阳. 干预抑或不干预？——围绕政府产业政策有效性的争论 [J]. 经济社会体制比较，2007（4）：28-35.

[205] 张平. 在增长的迷雾中抉择：行难知亦难——评吴敬琏著《中国经济增长模式的抉择》[J]. 经济研究，2006（2）：120-125.

[206] 张同斌. 从数量型"人口红利"到质量型"人力资本红利" [J].

经济科学，2016（5）：5-17.

[207] 张文玺. 中日韩产业结构升级和产业政策演变比较及启示［J］. 现代日本经济，2012（4）：37-46.

[208] 张衔，徐延辰. 最低工资标准的理论依据与定量分析［J］. 社会科学辑刊，2014（2）：95-102.

[209] 赵德余，顾海英. 从规范经验主义到制度主义——农业产业化研究的文献回顾及研究方法的评论［J］. 学术月刊，2005（3）：44-52.

[210] 郑玉歆，罗斯基. 体制转换中的中国工业生产率［M］. 北京：社会科学文献出版社，1993.

[211] 周惠民，雷贵优. 人口红利、投资与区域差异［J］. 金融与经济，2017（2）：35-40.

[212] 周金涛，安尉. 中国服务业即将步入"黄金时代"［J］. 银行家，2014（6）：20-24.

[213] 周开国，闫润宇，杨海生. 供给侧结构性改革背景下的企业的退出与进入：政府和市场的作用［J］. 经济研究，2018（11）：81-98.

[214] 周国富，李静. 农业劳动力的配置效应及其变化轨迹［J］. 华东经济管理，2013，27（4）：63-67.

[215] 周密，张伟静. 国外结构性改革研究新进展及其启示［J］. 经济学动态，2018（5）：129-143.

[216] 周伟. 乡村振兴背景下农民工回流问题研究［J］. 农业经济，2020（3）：81-83.

[217] 庄子银. 企业家精神、持续技术创新和长期经济增长的微观动力机制［J］. 世界经济，2005（12）：32-43.

[218] 中国人民银行潍坊市中心支行课题组. 控制权改革：企业改制与外部环境的动态研究——"诸城模式"研究［J］. 金融研究，2001（7）：36-45.

后　记

中国经济社会发展的"库兹涅茨阶段"还没有结束
——基于青木昌彦发展阶段理论的检验

　　本书的"背景研究"章节，将产业结构调整中的"逆库兹涅茨化"问题产生的背景界定为"库兹涅茨过程"，简称"K过程"，并认为目前我国的经济发展处于"库兹涅茨过程"的末期，也是"库兹涅茨阶段"的后期。鉴于本书的主要关注点为"逆库兹涅茨化"问题，因此针对其中的缘由在本书的主体内容部分没有展开论述。但是，我们同时也认识到，若对此作较为详细的解释，则更有助于读者加深对问题的认识。因此，我们在后记部分安排了这部分内容。这部分内容不仅针对我国经济社会目前所处于何种发展时期给出了令人信服的理由，而且从侧面解释了为什么"逆库兹涅茨化"问题会出现在这个时期。

　　如前文所述，青木昌彦（Aoki，2012）提出东亚经济社会发展五阶段的研究成果，将东亚各国的经济发展历史按照统一方法划分为五个阶段：马尔萨斯（Malthusian，M）、政府引领（Government-led，G）、库兹涅茨（à la Kuznets，K）、基于人力资本发展（Human Capital Based，H）以及后人口转变（Post Demographic-transition，PD）。其中"库兹涅茨阶段"是在经济发展中最充分利用劳动力转移的阶段，也是产业结构变迁促进经济增长的最为显著的阶段。但针对这一阶段，也有研究者（Bertola et al.，2006）将该阶段称为"生产大于创新"的阶段，认为经济发展以人口红利为基础，但整个社会的人力资本开发程度仍较落后。

　　就目前我国经济社会的发展阶段而言，被认为"迎来了人口转变阶段和经济发展阶段的根本性变化"（Cai，2016）。"库兹涅茨阶段"是否结束成为一个值得探讨的问题。对它的识别与农村劳动力转移潜力大小、工农业生产率差异以及经济发展速度快慢的判定工作密切相关，是影响到相关理论假设检验以及政策制定的重要工作。如果认定经济社会的"库兹涅茨阶段"已经彻底完结，就会导致政策趋向缓行对农村劳动力转移的挖潜工作、大力调整对经济增长速度预期以及改变社会资本的积累方式与方法等。

如何识别一个经济体"库兹涅茨阶段"的起点与终点呢？青木昌彦（Aoki，2012）给出了识别五个发展阶段持续期的综合方法：利用经济增长源分析法，将人均 GDP 增长率分解为人口红利效应、人口经济变化效益、由农村劳动力转移直接导致的结构效应以及非农产业的劳动生产率增长变化效应。

在文献查询和现实考察的基础上，本书认为，青木昌彦的上述识别方法至少存在以下几个方面的问题：

问题一，它仅为识别经济发展五阶段（M、G、K、H、PD）一般特征的方法，而要精准地识别其中的某一特定发展阶段，往往需要补充其他指标。按照青木昌彦的理论观点，上述四个指标中的某些指标对特定发展阶段的界定尤为重要，而另外一些指标仅仅起参考作用。例如"库兹涅茨阶段"最重要的量化识别指标是由农村劳动力转移引致的结构效应（该指标进一步分解为农业就业份额指标以及农业与非农业劳动生产率差异指标）。因为"库兹涅茨阶段"之前的阶段——G 阶段的重要识别依据为体制因素，而其随后阶段——H 阶段的重要识别因素为人力资本水平，所以对"库兹涅茨阶段"的区分依据除结构效应因素外，还应参考体制因素以及人力资本发展水平因素。

问题二，青木昌彦基于结构效应公式所得出的"农业就业份额下降、农业与非农业劳动生产率差异减小会促进人均 GDP 增长"结论与我国的现实不完全符合。农业就业份额下降可谓常态，但是"各产业间生产率的差异变化，及其与经济增长之间关系"的结论，既不同于库兹涅茨（Kuznets，1957）给出的实证结论"某些国家在某些发展阶段，其人均 GDP 的高增长与产业间劳动生产率差异的减小同时发生，而在另外一些国家里却情况相反，人均 GDP 的高增长却伴随着产业间劳动生产率差异不变，甚至变大"，也与我国产业发展的现状不符。因为就我国而言，自市场化以来工农业的劳动生产率差异动态，恰好契合了库兹涅茨上文中所指的"另外一些国家"的情况。事实上，不少学者（刘伟和张辉，2008；蔡昉，2017；李玉梅，2017）的研究成果证明了这一点。

基于上述两个问题，我们认为对"库兹涅茨阶段"终点的量化识别方法必须重新构建，而构建量化识别方法要纳入四个关注点。首先，应关注农业劳动份额与农村劳动力转移所引致的结构效应；其次，应以"逆库兹涅茨化"效应为第三个关注点，因为若产业结构变迁出现较为显著的"逆库兹涅茨化"总效应，则意味着"库兹涅茨阶段"可能到达终点;最后,鉴于人力资本水平整体提升被视为经济发展进入"库兹涅茨阶段"后续阶段(H 阶段)的最基本、最重要的条件,城乡劳动力的人力资本发展水平差异应该成为我们的第四个关注点。

本书依据上述四个关注点开展经济发展阶段的验证工作。该验证工作基本分两个步骤进行:第一步要验证我国经济发展的"库兹涅茨阶段"是否完结的问题,对此我们选用的指标包括"农业就业份额"、"劳动力流动引致的结构效应"以及产业结构调整中的"逆库兹涅茨化"总效应三个;第二步要评估我国经济发展何时进入"库兹涅茨阶段"与"基于人力资本发展阶段"的并行期,采用的考察指标除上述三个指标外,还包括反映人力资本水平的指标。值得注意的是,一旦界定我国已经进入上述所谓的"并行期",则可以判断我国的经济发展已经步入"库兹涅茨阶段"的末期。因此我们通过两步验证工作彻底回答了"中国经济社会发展的'库兹涅茨阶段'还有没有结束"的问题。

一、我国目前经济发展的"库兹涅茨阶段"是否终结

我们将通过农业就业份额、结构效应和"逆库兹涅茨化"总效应三个指标来验证我国目前经济发展的"库兹涅茨阶段"是否终结的问题。

(一)农业就业份额验证

针对农业就业份额,青木昌彦依据东亚各国的经验数据指出:若一国的农业就业份额达到 20% 左右时,则可以认定该国经济发展的"库兹涅茨阶段"基本结束,因此 20% 的农业劳动比重被视为经验法则之一。

根据本书在实证分析章节得出的数据,可得知我国自 20 世纪 90 年代至今的农业就业份额变化情况。请参见表 1。

表 1　1990~2017 年我国农业就业份额变化

年份	就业份额	年份	就业份额
1990	0.60	1998	0.50
1991	0.60	1999	0.50
1992	0.59	2000	0.50
1993	0.56	**1990~2000 年均值**	**0.54**
1994	0.54	2001	0.50
1995	0.52	2002	0.50
1996	0.51	2003	0.49
1997	0.50	2004	0.47

年份	就业份额	年份	就业份额
2005	0.45	2012	0.34
2006	0.43	2013	0.31
2007	0.41	2014	0.30
2008	0.40	2015	0.28
2009	0.38	2016	0.28
2010	0.37	2017	0.27
2011	0.35	**2009~2017 年均值为 0.32**	

注：数值保留小数点后两位数字。

资料来源：国家统计局网站。

表 1 列出了 1990~2017 年我国农业就业份额的变化情况。我们在此再补充上 2018~2019 年的情况（它们没有在表中显示）。2018 年和 2019 年，我国的农业就业份额分别为 0.26 和 0.25。

由表 1 中数据得知，1990~2000 年农业就业份额均值为 54%，这一数值远远高于 20%，且在这一期间的所有年份农业就业份额均超过 50%。此外，考虑到自 2009 年以来农民工总量上升速度下降的事实以及"民工荒"问题愈演愈烈的现实，在此以 2009 年为临界点，计算出 2009~2017 年农业就业份额均值为 32%。可以发现，在该期间内自 2009 年农业就业份额开始下降到 40%以下（2009 年为 38%），随后保持了较为均匀的下降趋势；到 2015 年该数值已经下降到 30%以下（2015 年为 28%），但是截至 2017 年，我国的农业就业份额数值（2017 年为 27%）仍没有接近 20%这一标志性比重。那么，没有在表上显示的 2018~2019 年是什么状况呢？事实上，2018 年和 2019 年这一数据继续保持了缓慢下降趋势，但是仍然是高于 20%的经验数据的。

接下来，我们进一步考察我国东部地区的农业就业份额变化情况，以作为评估结果的参考。自改革开放以来，我国东部地区一直是农村劳动力的主要输入区域，非农产业部门经济发达，经济增长速度较快。可以设想，如果当进入一个新的发展阶段时，东部地区会较早地显示出各种"征兆"。

图 1 列出了我国东部地区 20 世纪 80 年代以来的农业就业比重的发展动态。

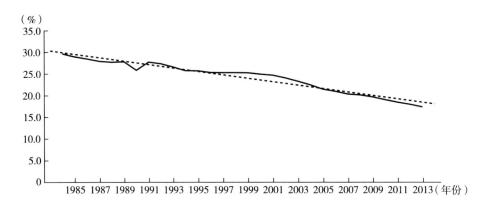

图1　我国东部地区的农业就业份额变化

注：其中东部地区省市包括山东、上海、浙江、海南、广东、北京、福建。

资料来源：国家统计局网站、《中国人口与就业统计年鉴》《中国劳动统计年鉴》。

通过观察图 1 中的数据，我们发现东部地区农业就业比重在 20 世纪 90 年代初大约为 30%；进入 21 世纪以来这一数据开始缓慢下降，直至 2008 年这一数据一直保持在 20% 以上；但是自 2009 年开始，我国东部地区的农业就业比重达到 19.8%，显然低于经验法则所强调的 20%。这一时期全国范围内农业就业比重约为 38.1%，经济发展的不均衡程度可见一斑。

结合表 1 和图 1 的考察结果，我们针对农业就业份额变化给出关于发展阶段的初步验证结论：

农业就业份额数据动态表明，我国的"库兹涅茨阶段"可能尚未完结，因为农业的就业份额没有下降到经验法则规定的水平。此外，针对我国东部地区的农业就业份额数据已低于 20%，既意味着它可能较全国其他地区率先进入新发展阶段，也表明我国的"库兹涅茨阶段"已步入末期。

单一指标的结果往往说服力不够，接下来我们考察由劳动力流动引致的结构效应或结构红利变化情况。

（二）结构效应（劳动再配置效应）验证

我们通过考察结构效应（也称劳动再配置效应，或"结构红利"）数据的变化情况，来继续我们的验证工作。如果在一段时间内，结构效应数值大幅度下降，甚至接近 0 值，则可以断定此时期为"库兹涅茨阶段"的终结期。

在此，我们仍然借助本书在实证分析环节得出的相关数据进行考察，其间的数据来源及测算方法均参考本书的实证研究部分。

图 2 列出了我国 1987~2014 年由劳动力转移带来的"结构红利"情况。

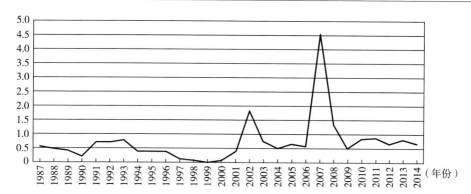

图2 1987~2014年我国劳动力转移引致的结构效应变化

从图2中的数据变化得知，我国的结构效应在21世纪初，以及2007~2008年期间经历了两个高峰期；在2008年之后该数据急速下降；2010年之后，结构效应数值保持较为稳定的态势，其间虽有起伏但波动不大。

在此，我们重点关注2010年①以后的数据。我们注意到，2011年、2012年、2013年和2014年，这四年由劳动力转移带来的结构效应分别为0.88、0.66、0.81、0.68（以百分比为单位）。上述数据与20世纪90年代初基本持平，它们不仅高于0点，而且远高于0.5点。考虑到对应年份的实际经济增长率分别为9.6%、7.9%、7.8%、7.4%，我们进一步可以算出该结构效应对经济增长的贡献率分别为9.2%、8.4%、10.4%、9.2%。因此，我们没有明显的证据能够证明，自2010年以来我国的"结构红利"很快就会消失殆尽。相反地，近年来它们对经济增长近10%的贡献率，以及数据本身所显示出的"小起伏"动态，均表明了我国的劳动力转移政策仍具有给增长带来可观"结构红利"的潜力。

因此，结构效应的数据动态表明，我国的"库兹涅茨阶段"没有结束，仍有可观的结构红利等待被"收割"，只是需要实施适时的产业结构调整政策。

为了进一步增强对发展阶段界点的判断能力，我们接下来考察产业结构调整

---

① 青木昌彦认为，中华人民共和国成立至改革开放以前的时期，属于K过程的前阶段，为完全由政府主导发展的G阶段，当时我国的市场化改革尚未开始，此时的人口红利效应与结构效应较小（初期为负值）；非农产业部门的劳动生产率较低。在1977~1989年，人口红利效应显著，结构效应达到3.47，约占人均GDP增长率的43%，且经济进入高速增长（人均增长率超过8%）的快车道。该阶段被青木昌彦界定为K阶段，同时意味着我国经济发展的K过程由此开始。但是针对我国自1990年之后的发展阶段，很难明晰地判定何时H阶段介入，虽然青木昌彦将随后的阶段全部界定为K与H并行的阶段。针对自2010年至今的时间段，青木昌彦没有说明我国经济发展所处于哪一类的具体阶段。参考：Aoki M. The Five Phases of Development and Institutional Evolution in China, Japan, and Korea [A] // Aoki M, Kuran T, Roland G. Institutions and Comparative Economic Development [M]. Basingstoke: Palgrave Macmillan, 2012: 16.

中的"逆库兹涅茨化"总效应的变化情况。

（三）"逆库兹涅茨化"总效应验证

我们通过分析产业结构调整中的"逆库兹涅茨化"总效应动态来继续我们的验证工作。如果在一段时间内，"逆库兹涅茨化"总效应数值上升很快，甚至远超 0 值，则可以推算出经济发展的"库兹涅茨阶段"可能进入终局。

在此，仍然借助本书在实证分析环节得出的相关数据进行考察，其间的数据来源及测算方法均参考本书的实证研究部分。

图 3 列出了 1987～2019 年"逆库兹涅茨化"总效应变化情况。

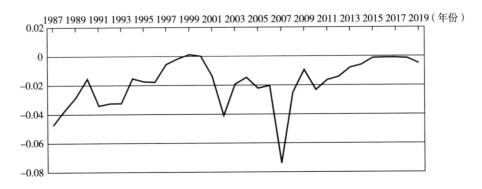

图3　1987～2019 年我国产业结构调整中的"逆库兹涅茨化"总效应

由图 3 得知，在样本期间（1987～2019 年）我国的"逆库兹涅茨化"总效应不够显著，虽然自 2015 年至今它所带来的危险程度较以往增大，但整体数据仍维系在 0 值左右。

因此"逆库兹涅茨化"总效应的数据动态表明，我国的"库兹涅茨阶段"可能仍在持续，由"劳动力逆向流动"给经济发展带来的负结构效应不够显著。

总之，根据上述三个指标的考察结果我们可得出这样的结论：目前我国经济发展的"库兹涅茨阶段"仍在持续，但已经进入阶段的后期。

二、我国何时进入"库兹涅茨阶段"与"基于人力资本发展阶段"并行期

接下来，我们针对我国何时进入"库兹涅茨阶段"与"基于人力资本发展阶段"并行期进行考察。在本书中，我们将"库兹涅茨过程"（K 过程）界定为包括 K 阶段和 K/H 过渡阶段。我们所说的"库兹涅茨阶段"，其外延同"库兹涅茨过程"类似，因为从一般意义上讲，并行期则意味着前一阶段还在延续。

本书曾经在"背景分析"章节列出青木昌彦关于"中国经济发展阶段的划

分情况"的表格。请参见本书的表 3-1。在表 3-1 中，青木昌彦将我国经济发展的"库兹涅茨阶段"界定为自改革开放以来较长的一段时间。针对 2010 年以后的年份，他非常遗憾地没有给出阶段划分。青木昌彦认为，我国经济发展 K 过程的起点是 1977 年，但具体的终点他并没有给出。

另一个遗憾之处在于，青木昌彦针对"库兹涅茨阶段"，以及该阶段与"基于人力资本发展阶段"并行期的时间界点划分（青木昌彦认为，分界点为 20 世纪 80 年代末），并没有给出令人信服的理由。洞察这一时间界点划分的意义在于，它有助于评估我国的经济发展何时进入"库兹涅茨阶段"的末期。因此，我们需要更加有力的证据表明 20 世纪 80 年代末是否可以作为我国进入"库兹涅茨阶段末期"的时间界点。

首先，分析一下青木昌彦给出的计算结果。根据表 3-1 提供的数据①，我们可以通过计算来寻找答案。计算结果表明，青木昌彦所提供的 1990~2000 年的结构效应②，虽然较前期已经下降（数值为 0.80，对人均 GDP 增长的贡献率仅为 8.6），但是在 2000 年之后该效应又再次上升，并对经济增长的贡献率达到了 19.7%。结构效应对经济增长的大贡献率是"库兹涅茨阶段"盛行期的显著特征，而不应该是该阶段末期的特征。因此，仅仅可以与青木昌彦达成共识的是，1990 年之后的阶段仍然是经济发展 K 过程或"K 阶段"的延续，经济增长仍然受益于主要由农村劳动力转移所带来的结构效应；同时，由于工作年龄人口占总人口的比重还未出现下降趋势，意味着我国尚未进入人口红利完全消失的 PD 阶段。

其次，我们根据农业劳动份额、结构效应和"逆库兹涅茨化"总效应的考察结果来进一步明确"库兹涅茨阶段"与并行期的时间界点问题。从农业就业份额的变化情况来看，我国东部地区自 2009 年从事农业劳动的劳动力比重已下降到 20% 这一标志性比重之下，因此 2009 年可能成为时间界点的选择之一。从本书所计算出的结构效应数值变化情况来看，自 2008 年之后结构效应开始下降，虽然其间略有小起伏，大幅度的下降发生在 2008 年和 2009 年，因此 2008 年和 2009 年可能成为时间界点的选择之一。从本书所测算出的"逆库兹涅茨化"总效应数据的变化情况来看，2009 年经历了"逆库兹涅茨化"总效应较大的升幅，

① 青木昌彦认为，1990 年后的官方统计数据，其质量存在一些问题，可能产生由农村劳动力转移导致的结构效应被低估。事实上，国家统计局在 1990 年以后的就业人员是根据第五次全国人口普查资料及历年劳动力调查资料推算的，统计数据口径的调整导致 1990 年劳动力相比于 1989 年有比较大的提高，导致 1990 年的相关测算数据与实际增长数据存在较大差距。

② 请注意，这一效应结果实际上与我们在表 8-2 中的数值并不一样，因为测算方法不一致，而且我们认为，我们采用了比青木昌彦更科学的计算方法。

意味着在该年发生了相当规模的、与劳动生产率相逆的劳动力转移活动。因此，2009 年应该成为相关问题的备受关注年份，它可能成为时间界点的选择之一。综合上述三个指标的考察情况，我们可以得出的结论是 2009 年可能更适合作为"库兹涅茨阶段"与并行期的时间界点。

最后，我们通过考察人力资本水平的相关指标，来进一步确定哪一年为"库兹涅茨阶段"与并行期的时间界点问题。因为"基于人力资本发展"的阶段，显然对劳动力的整体人力资本水平提出较高的要求。显而易见，一国人力资本水平的整体提升被视为该国的经济发展进入"H 阶段"的最基本条件。仍可结合上述三个指标，与人力资本水平指标进行综合分析。在我国经济发展的某个阶段，如果农业就业份额低于 20%，而人力资本整体水平较高，则可认为该时期已经开始步入（纯粹）"基于人力资本发展阶段"（H 阶段），如果某个阶段的农业就业份额仍然处于高位，由农村劳动力转移带来的"结构效应"仍然为正效应，且在一段时间内下降趋势并不明显，"逆库兹涅茨化"效应不显著，而与此同时劳动力整体的人力资本水平提升较为显著，则可以基本断定该时期进入"K 与 H"并行的阶段。

我们将继续考察第四个关注指标——劳动力的人力资本水平。一般认为，人力资本是具备多元异质性的综合指标；但是，与多数相关研究者所面临的困境一样，我们不容易找到显示异质性区别的数据，因此本书在此仅用劳动力的受教育程度来衡量其人力资本水平。

图 4 演示了 1996~2014 年我国劳动力受教育程度分布（所占比重）情况。其中我们将劳动力按照不识字、小学、初中、高中以及大专以上（包括大专）划分为五个不同的等级，相应地，受教育年限分别设置为 1 年、6 年、9 年、12 年和 15.5 年。

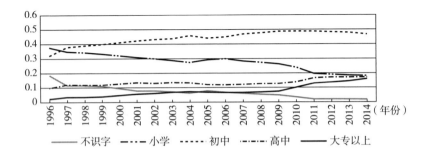

图 4 1996~2014 年我国劳动力受教育程度分布

资料来源：历年《中国劳动统计年鉴》。

在图 4 中，纵坐标表示的是各类受教育程度的劳动力数量在总劳动力中所占的比重。

由图中数据得知，我国劳动力整体的平均受教育程度呈现出越来越高的趋势。具体表现为：不识字或小学学历水平的劳动者所占的比重越来越小，而具有高中或大专以上学历的劳动者所占的比重越来越大，接受过初中教育的劳动者在总群体中占有最大的比重。其中的重要原因包括，我国自 1986 年开始普及九年制义务教育，自 1999 年开始实行高等教育扩招政策，而政策的效果在 2002 年或 2003 年之后开始显现。

值得注意的是，自 2009 年之后以高中和大专为代表的、隶属较高教育等级的劳动力在总就业人员中所占的比重逐步上升，低学历水平劳动力所占的比重逐年下降，一并表明社会劳动力整体的人力资本水平得以提升。这一结论的意义在于我国已经逐步具备了进入"基于人力资本发展阶段"的条件。

关于劳动力人力资本水平指标的考察结果同样支持了"以 2009 年为时间界点"的观点。

三、问题结论以及我国经济发展"K 过程"的细分

首先，我们针对所提出的问题进行回答，然后根据结论对我国经济发展的 K 过程（"库兹涅茨过程"）进行阶段细分。

（一）问题结论

基于上述两个步骤的考察结果，针对"中国经济社会发展的'库兹涅茨阶段'还有没有结束"的问题，在此可以得出如下结论：目前，我国经济社会发展的"库兹涅茨阶段"并没有结束，尚处于该阶段的后期。与此同时，我们还要阐明以下三个方面的观点：首先，青木昌彦关于"我国自改革开放以来经济发展进入'库兹涅茨阶段'"的研究结论是有依可循的，并且可以判断我国的经济发展自此开始进入 K 过程（"库兹涅茨过程"）。其次，青木昌彦关于"我国自 20 世纪 90 年代开始进入 K/H 并行阶段"的结论并不完全符合我国的现实情境。理由有二：第一，在 20 世纪 90 年代我国农业就业份额平均高于 50%，即便是东部发达地区；由农村劳动力转移导致的结构效应出现先降后升的趋势，故没有明显迹象表明（纯粹）这一时期我国经济发展的"库兹涅茨阶段"已经结束；产业结构调整中的"逆库兹涅茨化"总效应远低于 0 值，表明劳动力逆向流动对经济增长的负面效应远没有出现。第二，我国人力资本整体水平显著提升现象发生在 21 世纪之后；而在这之前的 20 世纪 90 年代，我国的劳动力尤其是农村劳动力，由于针对劳动者的义务教育尚处于普及初期，他们受教育程度普遍不高，社会劳动力整体的人力资本水平未能达到"基于人力资本发展阶段"的基本要

求。因此，没有强有力的现实依据支撑"我国经济发展已经由'K 阶段'转向了'K 与 H 的并行期'"的论点。最后，根据多个方面的考察结果，我们认为：我国经济发展由"K 阶段"转向了"K 与 H 的并行期"的时间界点应该为 2009 年。"以 2009 年为时间界点"不仅更符合青木昌彦的"阶段发展理论"的原始逻辑，而且更加契合我国经济发展的现实情境。

（二）我国经济发展"K 过程"的阶段细分

如上文所述，我国经济发展的"K 过程"与"K 阶段"的外延基本一致，均包括"K 阶段"和"K 与 H 的并行期"。因为本书将我国产业结构调整中的"逆库兹涅茨化"问题的产生背景界定为"K 过程"，在此我们将 K 过程进行阶段细分，以进一步明确"逆库兹涅茨化"问题可能出现的具体时期。在阶段细分的过程中，我们既要做到理论与实践相结合，又要做到定量与定性方法的相结合。因此，除参考上述量化指标的考察结果之外，我们还要特别关注相关时期我国的制度沿革情况。

我国经济发展的"K 过程"大致分为两大阶段，即（纯粹）的"K 阶段"以及"K 与 H 并行"阶段，其中将"K 阶段"还可以进一步细分为"K 过程"的发动期与成熟期两个阶段，而将"K 与 H 并行"阶段不再细分，另称之为"K 过程"的转型期或过渡期。因此，我国经济发展的"K 过程"进一步细分为发动期、成熟期与转型期。

那么，如何确定这三个时期的时间界点呢？我们要结合三个方面的内容：一是青木昌彦关于中国经济发展阶段划分的考察结论；二是我们在上文中基于四个指标的考察结果；三是我国农村劳动力流动潜力变化以及相关制度的演化情况。鉴于第三个方面的内容目前为止我们尚未涉及，接下来将专门对此进行说明。

首先，针对我国农村劳动力流动潜力情况加以说明。在我国农村劳动力"半城市化"流动背景下，自 2009 年以后非农产业部门的"民工荒"问题以及"农民工回流"问题均出现愈演愈烈的迹象，并且引起了社会的广泛关注。也就是说，2009 年可谓我国农村劳动力的供给能力与潜力发生较大变化的一年。其次，针对我国体制因素（被青木昌彦视为影响阶段划分的极为重要因素）加以说明。联系到本书在现实考察章节的内容，可知 2009 年是我国《农村土地承包法》的修订年份，且该次修订对保障承包人土地使用权的流转收益意义重大；与此同时，2009 年之后我国中小城镇落户政策已逐步放开。这两项制度安排均可视为影响我国农村劳动力转移进程的大事件。在此之前，我们已经以量化指标为依据分析了青木昌彦将 20 世纪 90 年代初界定为"我国开始进入 K 与 H 并行阶段"的观点存在很多不合理的地方；同样我们借助对多个指标的量化考察结果，得知 2009 年而不是 1990 年，应该成为我国经济发展的一个转折点。

因此，结合制度变迁、农村劳动力转移规模与特征的演变以及上述量化指标考察结果，在此我们将我国经济发展的"K过程"细分阶段的具体时间跨度做出以下界定：我国经济发展"K过程"的第一个阶段，为"K阶段"，包括"K过程"的发动期与成熟期：发动期的时间跨度应为自改革开放初期至20世纪80年代，即1978~1989年，在此我们充分借鉴了青木昌彦的部分考察结果；成熟期应该包括20世纪90年代至21世纪的前10年，即1990~2009年；"K过程"末期，也为"K过程"的转型期和"K与H的并行阶段"，应为自2009年至今的这一段时期。

在我国经济发展的"K过程"中，尤其在其发动期和成熟期，借助"半城市化"调节模式，我国非农产业的劳动力供给条件接近"无限供给"，却仅需提供给工人"维持生计工资"；经济借助"要素驱动模式"得以高速增长。在我国经济发展的"K过程"后期，正是我国经济向高质量发展转型的阶段；与人口红利相关的人口条件发生了变化，劳动力由无限供给转变为有限供给；农村农业劳动的边际产品价值在上升，"农民工回流"问题凸显；在非农产业内部，在服务业进入发展的黄金期的同时恰逢工业进入转型升级期，劳动力从工业转移到服务业的现象频发。因此，"逆库兹涅茨化"问题在这一背景下得以产生。

李玉梅

2023年1月